西部红烛 两代师表
陕西师范大学服务西部基础教育史诗

编写委员会

主　任： 李忠军　游旭群

常务副主任： 李　磊

副主任： 卢胜利　石　峰　罗永辉　杨祖培　董治宝　周正朝
　　　　　　陈新兵　马晓云　李贵安　袁一芳　王云博

委　员：（以姓氏笔画为序）

　　　　王金秀　王海彬　王耀明　曲洪刚　刘　冬　刘　瑜
　　　　刘少锋　刘东风　刘建斌　刘洪超　闫文浩　闫亚平
　　　　许广玺　李小玲　李秉忠　李保新　辛　峰　辛向仁
　　　　宋传东　宋战良　张卫兵　张凌云　郁伟生　罗卫涛
　　　　赵　丽　柯西钢　郭建中　黄　玲　董喜林　路正社
　　　　蔺丰辉　雒朝梁　樊　婧　薛　东　衡旭辉

编写组

主　编： 李　磊　马晓云

责任编辑： 刘建斌

执笔人：（以姓氏笔画为序）

　　　　马晓云　李铁绳　吴国彬　张　帆　张小东

西部红烛
两代师表 | 陕西师范大学
服务西部基础教育史诗

第一卷
"西部红烛"为祖国闪耀

本书编写委员会 ◎ 编

陕西师范大学出版总社

图书代号：SK24N1842

图书在版编目（CIP）数据

西部红烛　两代师表：陕西师范大学服务西部基础教育史诗 / 本书编写委员会编. -- 西安：陕西师范大学出版总社有限公司, 2024.9. -- ISBN 978-7-5695-4702-3

Ⅰ. G639.29

中国国家版本馆 CIP 数据核字第 2024JB0891 号

西部红烛　两代师表

陕西师范大学服务西部基础教育史诗

XIBU HONGZHU LIANGDAI SHIBIAO
SHAANXI SHIFAN DAXUE FUWU XIBU JICHU JIAOYU SHISHI

本书编写委员会　编

出版统筹 / 刘东风　雷永利
执行编辑 / 杜莎莎　杨　杰
责任编辑 / 谢勇蝶　杜莎莎　崔胜强　熊梓宇
责任校对 / 张　姣　王丽敏
装帧设计 / 王伟博　安　梁
出版发行 / 陕西师范大学出版总社
（西安市长安南路 199 号　邮编 710062）
网　　址 / http://www.snupg.com
印　　刷 / 中煤地西安地图制印有限公司
开　　本 / 787 mm × 1092 mm　1/16
印　　张 / 93.75
插　　页 / 8
字　　数 / 1280 千
版　　次 / 2024 年 9 月第 1 版
印　　次 / 2024 年 9 月第 1 次印刷
书　　号 / ISBN 978-7-5695-4702-3
定　　价 / 498.00 元

读者购书、书店添货或发现印刷装订问题，请与本公司营销部联系、调换。
电话：（029）85307864　85303629　传真：（029）85303879

前 言

习近平总书记指出:"建设教育强国,是全面建成社会主义现代化强国的战略先导,是实现高水平科技自立自强的重要支撑,是促进全体人民共同富裕的有效途径,是以中国式现代化全面推进中华民族伟大复兴的基础工程。"建设教育强国,龙头是高等教育,基点在基础教育。基础教育搞得越扎实,教育强国步伐就越稳、后劲就越足。师范教育是基础教育事业发展的动力源泉,承担着为中小学培养合格师资的重任。新中国成立初期,党和政府在布局新中国的师范教育时就明确认识到:"师范教育就好比工业中的重工业,机器中的工作母机,是全部教育工作的中心环节。"作为党和国家部署在祖国西部的一所教育部直属师范大学,建校八十年来,陕西师范大学始终坚持服务基础教育的战略方向,坚守办好师范教育的初心使命,用理想、信念和情怀高举西部教育大旗,为祖国教育事业的发展培养了一批又一批优秀师资,为基础教育特别是西部基础教育做出了突出贡献,铸就了"扎根西部、甘于奉献、追求卓越、教育报国"的"西部红烛两代师表"精神,在西部大地上谱写了一部壮丽的教育史诗。

人是需要一点精神的,一所大学也是这样。大学精神是大学文化的内核和最高表现形式，是大学独特气质和价值规范体系的凝练。"西部红烛两代师表"精神是陕西师范大学为党育人、为国育才的客观精神写照，是陕西师范大学立德树人、教育报国的灵魂所系。经过八十年的发展积淀，"西部红烛两代师表"精神已经内化成为陕西师范大学师生、校友赓续红色血脉、传承红色基因的思想共鸣和情感认同，成为学校具有鲜明特色和辨识度的文化标识，成为激励广大师生、校友建功立业新时代的内生动力和推动学校高质量发展的强大动能。

"西部红烛两代师表"精神体现在陕西师范大学为中国教育特别是西部基础教育服务的执着与坚守。1944年，在抗日战争的烽火之中，怀揣着教育救国的坚定理想，陕西师范大学的前身——陕西省立师范专科学校应运而生。1949年8月，以省立师专为基础归并国立西北大学文学院教育学系成立国立西北大学师范学院，一所新型师范院校开始发端。20世纪50年代，国家大力加强师范教育，提出"每一大行政区必须设一由大行政区教育部直接领导的师范学院；每一省和大市应设一师范专科学校，如有条件，亦得设师范学院"。由此，西北大学师范学院独立建制，定名为西安师范学院，并在1959年扩建出西安师范学院绥德分院。1960年，西安师范学院与陕西师范学院合并，成立陕西师范大学。陕西师范大学日后与北京师范大学、华东师范大学、东北师范大学、华中师范大学、西南师范大学一起发展成为教育部直属师范大学，被誉为"教师的摇篮"。

新中国成立后，陕西师范大学紧紧围绕国家发展基础教育的战略需要和人民群众对美好教育的期待，在加快改革建设发展步伐和提高办学治校

前言

水平过程中，与时俱进地深耕在西部大地上。在这个过程中，虽然教育发展环境、发展任务和发展方式不断发生变化，但陕西师范大学坚持为基础教育服务的建校初心从来没有变化过，使命从来没有松懈过。从20世纪80年代提出"办成全国一流师范大学"，到21世纪初提出"把学校建设成为以教师教育为主要特色的综合性研究型大学"，再到新时代提出"建设中国特色、世界一流的师范大学"，陕西师范大学在全面提升综合实力的同时，始终坚守着一所社会主义师范大学的初心使命。"教师教育是立校之本，是学校的主责主业"，"教师教育是学校服务国家、谋求发展的逻辑起点，也是践行使命、形成特色的必然要求"，"以教师教育和学科建设为主线，建设能够代表国家标准，有力支撑和服务教育强国建设和西部教育崛起的教师教育体系"，诸如这样的发展理念已经深深扎根在陕西师大的血脉中。目前，陕西师范大学公费师范生培养规模位居部属师范大学第一，5个师范专业通过三级认证，卓越教师人才培养计划2.0、国家"优师计划"、"国优计划"等深入实施，"根基在西部、亮点在边疆边境、影响在全国、视野在'一带一路'与国际"的教师教育工作格局基本形成。学校内合西部高师，外联东部前沿，逐步成为东中西部围绕服务西部师范教育、进行高师院校合作的西部龙头和全国枢纽。同时，不断提升服务基础教育和推进西部师范教育的能力，探索打造现代化的西部教师教育示范园区，努力使学校成为西部教师培训提升的集散地、教师资源的配置地、西部教师教育现代信息技术创新发展的集散地和东部拉动西部教师教育一体发展的对接地，在建设西部教师教育珠峰、辐射引领西部师范院校过程中积极参与铸就新时代师范教育的新辉煌。

习近平总书记指出:"老师应该有言为士则、行为世范的自觉,不断提高自身道德修养,以模范行为影响和带动学生,做学生为学、为事、为人的大先生,成为被社会尊重的楷模,成为世人效法的榜样。""大先生"在根本上决定着一所学校的办学高度和育人内涵。"西部红烛两代师表"精神,从实践党的要求的意义上说,也是对如何源源不断地培育"大先生"的实践回答,是教育家精神的具体化和具象化。

"西部红烛两代师表"精神体现在陕西师范大学一代代为培育优秀师资而辛勤耕耘的教师身上。八十年来,一批批优秀教师,在陕西师范大学弘文励教,福荫学子,成为境界高尚、专业精湛、学术精良的一代师表。目前,学校有专任教师2100余人,其中具有博士、硕士学位的教师占专任教师总数的97%,正高级教师675人,副高级教师876人,博士研究生指导教师574人,硕士研究生指导教师1038人。学校拥有国家级人才115人次、省部级人才300人次。2020年,为激励广大师生弘扬"西部红烛两代师表"精神,争做"四有"好老师,努力成为"大先生",为国家特别是西部教育事业高质量发展贡献力量,学校面向教师和校友设立最高荣誉奖项"西部红烛两代师表奖",在校内外引起热烈反响。以教育家精神为引领,传承弘扬"西部红烛两代师表"精神,为党育人、为国育才,弘扬高尚师德,潜心教书育人,以身示范,为人师表,这是陕西师范大学的老师们薪火相传、矢志不渝的人生追求和价值践履。

"西部红烛两代师表"精神体现在陕西师范大学一代代为西部基础教

育发展默默奉献的校友身上。建校八十年来，陕西师范大学为祖国教育事业，特别是西部基础教育事业培养了一批批扎根西部、坚守担当的优秀教师，他们用爱心、智慧和奉献支撑起了西部教育事业的一片天。数据统计显示，建校以来，学校有全日制毕业生19万余人，其中70%的毕业生奋战在教育战线。2007年国家公费师范教育实施以来，学校迄今共招收公费师范生36684人，占6所教育部直属师范大学公费师范生总数的四分之一，招收的公费师范生西部生源比例占全部公费师范生的70%，公费师范生全部回到生源省区就业，对推进西部基础教育发展做出了重要贡献。据不完全统计，陕西省90%以上的中学都有陕西师范大学的毕业生任教，80%以上中学的校长、名师毕业于陕西师范大学。可以说，在西部特别是西北地区，只要有基础教育的地方，就有陕西师范大学的毕业生。这支奋战在祖国西部基础教育中的队伍，凸显了陕西师范大学"扎根西部、甘于奉献、追求卓越、教育报国"的精神底蕴，成为祖国西部发展中一道亮丽的教育风景线，也让陕西师范大学与西部基础教育的命运紧紧地联系在了一起。"毕业了，到西部去！"已经成为陕西师范大学莘莘学子响亮的青春誓言。

人们常用红烛比喻和赞颂教师的崇高品质——燃烧自己，照亮他人。西部红烛，就是陕西师范大学的真实写照。"扎根西部、甘于奉献、追求卓越、教育报国"的精神品格也已深深融进一代代陕西师大人的心灵，他们自觉地把这种精神化作理想、信念和品格。盏盏红烛、点点烛光，汇聚成耀眼的光芒，照亮了西部孩子们奔向未来的道路，也传承着一所大学始终不渝的精神。

值此陕西师范大学建校八十周年之际，学校党委经过研究，为全面总结梳理八十年来陕西师范大学服务西部基础教育的做法和经验，特组织编写并出版《西部红烛　两代师表——陕西师范大学服务西部基础教育史诗》一书。本书从不同维度记述了学校服务基础教育发展的担当和作为，并采用人物通讯的写作手法，对学校办学历史上涌现出的典型教师和校友的事迹进行了介绍。期待本书的出版，在回望历史、缅怀先辈，荟萃群英、昌明精神的同时，更能激励新时代陕西师大人接过历史的接力棒，以习近平新时代中国特色社会主义思想和党的二十大精神为指导，不忘初心，砥砺前行，在教师教育和基础教育领域再创佳绩，在西部大地上再谱华章，为教育强国建设做出新的更大的"陕师贡献"。

本书编写委员会

2024 年 6 月

目 录

绪论　一所西部师范大学的精神传承　/ 001

第一章　奋力建设一流师范大学　/ 023

 第一节　陕西省立师范专科学校的创办　/ 025

  一、中国师范教育的发展历程　/ 026

  二、在三秦大地上点亮救亡图存的红烛之光　/ 028

  三、走上全面改造的新发展道路　/ 034

 第二节　西安师范学院的独立发展　/ 034

  一、陕西高等教育快速发展　/ 035

  二、组建西北大学师范学院　/ 036

  三、一所新型师范院校的诞生　/ 039

 第三节　陕西师范学院的成立发展　/ 046

  一、筹备建立中等教育师资训练班　/ 046

  二、扩建成立陕西师范专科学校　/ 047

  三、全面建设陕西师范学院　/ 048

 第四节　陕西师范大学的诞生发展　/ 051

  一、力争"出潼关、进北京、争取全国发言权"　/ 051

  二、跻身师范大学"国家队"发展新平台　/ 057

  三、开辟服务西部、辐射全国的发展新阶段　/ 065

  四、开启特色鲜明世界一流大学建设新征程　/ 075

第二章　打造西部教师教育高峰　/ 081

第一节　大力加强教师教育基础学科专业建设　/ 083
一、不断拓展本专科层次学科专业建设　/ 084
二、加强硕士研究生层次学科专业建设　/ 103
三、加强博士研究生层次学科专业建设　/ 110

第二节　不断创新教师教育人才培养模式　/ 112
一、本专科层次人才培养模式的调整优化　/ 112
二、研究生层次教师教育培养模式的不断完善　/ 125

第三节　持续深化教师教育与基础教育研究　/ 130
一、建设高水平教师教育学术期刊　/ 130
二、建设高层次教师教育研究平台　/ 134
三、产出高质量教师教育研究成果　/ 139
四、打造高水平师资队伍　/ 143

第三章　拨旺西部基础教育之火　/ 149

第一节　优秀学子扎根西部基础教育　/ 151
一、西部红烛筑梦人　/ 151
二、薪火相传支教行　/ 157
三、志愿服务献爱心　/ 160

第二节　创办分校开拓陕西师范教育　/ 161
一、创办省立师专陕南分校　/ 162
二、建立西安师范学院绥德分院　/ 162
三、创办陕西师范大学宝鸡、汉中分校　/ 163
四、举办陕西师范大学西安、咸阳、渭南、榆林、安康、商洛专修科　/ 164

五、构建陕西高等师范教育体系　/ 164

第三节　职后教育助力西部地区师资水平提升　/ 166

　　一、培养陕西中等教育师资　/ 166

　　二、开拓继续教育办学渠道　/ 167

　　三、组建"两中心一学院"　/ 169

　　四、赋能教育家型教师成长　/ 171

第四节　开展校地共建服务地方经济社会发展　/ 175

　　一、实施校县共建教育发展工程　/ 175

　　二、共建教师教育创新实验区　/ 178

第五节　书写教育帮扶的时代担当　/ 179

　　一、景谷模式　/ 179

　　二、岚皋模式　/ 181

　　三、"志智双扶"结硕果　/ 184

　　四、沿河故事　/ 186

　　五、县中托管帮扶工程　/ 187

　　六、对口支援地方院校　/ 189

第四章　教育强国的时代答卷　/ 191

第一节　"百校行"精准对接　/ 193

　　一、用脚步丈量祖国西部基础教育版图　/ 193

　　二、精准掌握西部基础教育发展的需求　/ 200

第二节　西部师范协同创新　/ 205

　　一、创建西部师范大学教师教育创新与发展联盟　/ 205

　　二、设立陕西教师发展研究院　/ 211

　　三、参与师范教育协同提质计划　/ 215

第三节　跨越千里的国门握手 / 216
　　一、"红烛苗圃"育苗育心 / 216
　　二、开展国门学校校长能力公益培训 / 225
第四节　"一带一路"教育人文交流 / 229
　　一、搭建教育交流"高架桥" / 230
　　二、搭建人才培养"立交桥" / 234
　　三、搭建科学研究"同心桥" / 236
　　四、搭建文化互通"连心桥" / 238

第五章　新闻媒体眼中的陕师大 /241

第一节　教师的摇篮 / 243
　　一、坚守师范大学初心 / 243
　　二、践行立德树人使命 / 248
　　三、名师荟萃育英才 / 255
第二节　祖国西部一道亮丽的教育风景线 / 259
　　一、选择：到西部去，到边疆去 / 259
　　二、奋斗：让青春在祖国最需要的地方闪光 / 264
　　三、聚力：同心共筑西部教育梦 / 269
第三节　让"西部红烛两代师表"精神绽放时代光芒 / 274
　　一、办学治校的宝贵精神财富 / 274
　　二、高质量发展的不竭源泉 / 278

附录　学校发展各个时期的主要负责人 /287

绪论 一所西部师范大学的精神传承

大学是人类社会对精深学问、娴熟技艺、高超智慧与美好道德向往追求的反映与结果，承担着传播知识、弘扬真理、塑造价值、锤炼品质、提升审美的重要使命。作为一所大学传承与发展内在基因的校园文化和学校精神，则是这所大学办学治校最为深沉、最为持久也最为稳定的力量源泉。以"教教人之人、育育才之才"为特色的师范大学，在师范生人才培养的目标、过程、途径和成效等方面都有着更高的标准、更严的要求。因此，当着眼于师范生未来职业的平凡性和未来事业的伟大性时，师范大学在精神层面和道德层面的传承与实践就更加呈现出了特定且鲜明的价值追求与人文情怀。

位于祖国西部的陕西师范大学，成立于抗战烽火的硝烟中，成长于新民主主义革命和社会主义革命与建设时期，发展于改革开放和社会主义现代化建设新时期，跨越于中国特色社会主义新时代，其八十年波澜壮阔的发展历程，折射着中华民族走向复兴的奔涌和激荡，交织着中华民族曲折和奋进的历史脉搏，承载着党领导下的师范教育事业的理想和责任。以"扎根西部、甘于奉献、追求卓越、教育报国"为主要内涵的陕西师范大学"西部红烛两代师表"精神鼓舞着一代代陕西师大人砥砺奋进、勇毅前行，为西部基础教育人才培养和质量提升挥洒着青春汗水、书写着时代华章。建校八十年来，这一精神体现在陕西师范大学为中国教育特别是西部基础教育服务的执着与坚守上，彰显在学校为培育优秀师资辛勤耕耘的一代代教师和为西部教育事业发展默默奉献的一代代校友身上，深深融入陕西师范大学办学治校的血脉之中，成为学校履行立德树人使命、支撑社会主义现代化强国建设的显著标识。

一、"西部红烛两代师表"精神具有深厚的理论渊源、文化底蕴和现实基础

"西部红烛两代师表"精神是伟大的民族精神和时代精神在陕西师范大学的生动呈现，具有深厚的历史底蕴和内在的生成逻辑。这一精神是三秦文化尊

师重教优良传统在新的历史条件下的传承与延续，承接着延安时期中国共产党领导教育工作精神的独有内涵，彰显着党的教育事业在西部地区发展实践的生发与发展。这一精神是中国特有教育家精神的具象化表达，更是对新时代党领导下师范教育事业的精神升华。

"西部红烛两代师表"精神是三秦文化尊师重教优良传统的历史延续。三秦文化扎根三秦大地，从北至南，黄土高原、关中平原、秦巴山地构成三秦大地独特的地理地貌，历史上也曾出现以关学为代表的中华优秀传统文化和以延安精神为代表的红色革命文化等文化高峰。从历史来看，三秦文化的丰富内涵和深厚底蕴本身就包含尊师重教的优良传统，并以此为基础不断生成、形塑着中华民族对于教育的基本价值认同。在古代，宝鸡千阳的燕伋望鲁台被誉为"中华尊师第一台"，见证了孔门七十二贤之一的燕伋东望恩师孔子的思念之情；韩愈"古之学者必有师，师者所以传道受业解惑也"的千古名句深刻阐发了教师职业和教育事业的功能定位与作用使命；眉县横渠镇横渠书院是"北宋五子"之一的张载就学讲学之地，他"为天地立心，为生民立命，为往圣继绝学，为万世开太平"的理想抱负成为后世儒生不懈追求的精神坐标。在近代，五四运动之后马克思主义教育思想在陕西广泛传播，三原渭北中学、三原女子学校、富平立诚中学、凤翔右辅中学和一大批小学相继建立，以杜斌丞、魏野畴、李子洲、李可亭、夏家驹、王森然等为代表的教育家和教育工作者立足讲台，传播先进思想和先进理论；陕甘宁边区时期，中国共产党领导创办了边区师范（延安）、关中师范（淳耀）、三边师范（定边）、鄜县师范（今富县）、陇东中学（庆阳）、绥德师范（绥德）、米脂中学（米脂）等7所以师范教育为主的中等学校，形成了边区师范教育的基本格局。这些历史的积累和文化的沉淀为推崇师道传承、强调师道文化提供了丰富的滋养和宝贵的资源。

"西部红烛两代师表"精神是延安时期中国共产党领导教育工作精神的时代传承。延安时期是中国共产党领导中国革命的重要时期，在中国共产党百余年发展历程中占有重要地位。党中央到达延安之前，陕甘宁边区文盲率极高，被称为"文化荒漠"，全区小学数量极少，学生也是以富家子弟居多，中学屈指可数，更遑论高等教育事业的发展。因此在中国共产党落脚陕北之前，陕甘宁地区的教育十分落后。面对当时师资匮乏、办学条件恶劣等不利因素，中国共产党以开创性的实践探索形成了新民主主义教育的成功范例。中国人民抗日军事政治大学（简称"抗大"）、延安大学、陕北公学、中国女子大学等30多所院校纷纷成立，延安不仅成为革命圣地，更成为人才圣地。

条件虽然艰苦，精神光芒万丈。在党的领导下，围绕革命的目标和中心任务，办学方向和人才培养始终沿着正确的道路前进，无论遇到多大困难，为党育人、为国育才的基本原则和基本理念都从未移易。没有课堂就在窑洞前的坪地上、树荫下的空地上上课；没有桌子凳子就席地而坐，膝盖就是活动的桌子；没有纸张就用淡蓝色的马兰草造的纸写字，有时还用桦树皮写诗。正是这些艰苦的条件，磨炼和造就了一大批革命人才的成长。他们以艰苦奋斗、顽强拼搏的精神克服各种困难和阻力，如饥似渴地学习马克思列宁主义、毛泽东思想和各种文化知识，提高了理论素养，树立起科学的世界观、人生观、价值观，增强了为人民服务的能力和本领，成为中国革命事业的中坚力量。

坚持中国共产党对教育事业的领导，是延安时期教育事业发展的基本经验。毛泽东同志把"坚定正确的政治方向"作为抗大教育方针之首。正确的政治方向，最重要的就是坚持中国共产党对学校的全面领导，坚持用马克思列宁主义理论和共产主义信仰统一思想。在中国共产党的领导下，一批批革命所需的人才茁壮成长，广大人民群众的爱国热忱得到激发，为夺取抗战胜利创造了有利条件。高校校长由中共中央决定、高校负责人由中共中央领导担任、高校干部由中国共产党直接管理、高校人才培养始终坚持学习与生产劳动相结合的原则、高校招生向农民子女敞开大门等一系列措施的实施，体现着新民主主义文化教育方针——民族的、科学的、大众的教育在这一时期的生动实践，也凸显着中国共产党的教育方针和办学目标的核心要义和根本追求。

正确的政治方向、坚定的理想信念、不屈的斗争精神、刻苦的学习态度是延安时期中国共产党领导教育事业的伟大精神与意志品质的基本内涵，既是新时代党领导教育事业发展的强大内生动力，更是"西部红烛两代师表"精神最为宝贵的思想资源。同时，这一时期中国共产党领导教育事业的伟大成就和宝贵经验，成为新时代教育事业发展的优渥土壤，也成为"西部红烛两代师表"精神发生发展最为深厚的历史渊源。

"西部红烛两代师表"精神是党的教育事业在西部地区发展实践的长期沉淀。我国西部地区由于自然环境艰苦、交通和经济条件相对落后等原因，在引进和留住教师等方面都存在一定难度，进而导致西部地区的教育发展水平与东部发达地区相比有很大差距。因此培养和造就能够在西部留得住、干得好的高素质教师队伍就具有十分重大的战略意义。2007年以来，教育部直属6所师范大学实施国家公费师范生政策，一大批来自西部的师范生毕业后又回到西部，成为卓越教师，极大地改善了西部基础教育的师资条件。党的十八大以来，以习近平同志为核心的党中央站在中华民族伟大复兴战略全局的高度，不断解决好基础教育优质均衡发展的问题，着力在教师队伍建设、人才培养质量等方面下功夫。2020年5月，中共中央、国务院《关于新时代推进西部大开发形成新格局的指导意见》强调，要支持西部地区高校"双一流"建设，着力加强适应西部地区发展需求的学科建设。可以说，没有西部教育的现代化就不会有国家教育的现代化，而没有西部基础教育的现代化，就不会有西部教育的现代化。

陕西师范大学的发展历程是党领导下教育事业在西部地区发展实践的生动写照。在八十年的发展历程中，陕西师范大学用理想、信念和情怀高擎西部教育大旗，以70%的师范生到西部地区就业而为推进西部地区基础教育发展做出了重要贡献。陕西师范大学的毕业生们扎根西部、扎根边疆和民族地区，矢志育人、无怨无悔，成为当地基础教育领域的骨干。在西部特别是西北地区，只要有优质中小学的地方，就有陕西师范大学的毕业生。

中国特色社会主义的语境既为教育工作者提供了建功立业的宏大舞台，也对教育事业提出了更高的期望和要求。中国共产党领导教育事业发展的初心使命从未改变；陕西师范大学作为党领导下的师范大学，以教师教育为立校之本而服务国家、奉献社会的初心使命也从未改变，对接经济社会发展重大战略需求、服务西部基础教育的理念和原则已经深深扎根在学校事业发展的生动实践中。陕西师范大学作为一所具有伟大而崇高精神的学校，不断书写着中国特色社会主义教育事业的西部篇章。

"西部红烛两代师表"精神是中国特有教育家精神的具象化表达。习近平总书记在2023年9月9日致信全国优秀教师代表时首次阐发了中国特有的教育家精神，鼓励广大教师要以教育家为榜样，大力弘扬教育家精神，牢记为党育人、为国育才的初心使命，树立"躬耕教坛、强国有我"的志向和抱负。教育家精神包括心有大我、至诚报国的理想信念，言为士则、行为世范的道德情操，启智润心、因材施教的育人智慧，勤学笃行、求是创新的躬耕态度，乐教爱生、甘于奉献的仁爱之心，胸怀天下、以文化人的弘道追求，是社会主义核心价值观在教育事业中的进一步延伸，也是教育工作者必须遵循的职业操守和行为规范。同时，中国特有教育家精神作为一类特定群体的精神，映照在祖国西部大地上、映照在具体的陕西师大每位教师与从事教育工作的校友身上，必然要以面向西部地区客观条件、面向教育事业发展需求、面向教书育人使命的具体内涵和具体形式呈现出来。

"西部红烛两代师表"精神是中国特有教育家精神在陕西师范大学办学思路与发展实践中的生动体现，是爱国主义、奋斗品格、坚守意志、奉献精神在这一所学校中的具象化表达。这一精神将教育家精神所涵盖的理想信念、家国情怀、道德操守、育人要求、躬耕态度、卓越品质等有机统一起来，通过人才培养的彰显度、学校事业与民族复兴的契合度等表现出来，从而使教育家精神以一种更加丰富、更加鲜活的形式展示出来。"西部红烛两代师表"精神是以爱国主义为核心的民族精神和以改革创新为核心的时代精神的陕西师大形式，具有强大的现实感召力和时代吸引力。

"西部红烛两代师表"精神是新时代党领导下的师范教育事业的精神升华。一方面，这一精神形成于高等师范教育对接西部基础教育的生动实践。基础教育作为教育体系大厦的"地基"，是为整个教育体系打基础的。而决定基础教育质量的关键在教师。因此，师范教育在基础教育的发展过程中扮演着至关重要的角色。可以说，师范教育的人才培养质量直接决定了基础教育的水平。面对西部地区教育相对落后的客观情况，立足中国特色社会主义新时代的历史方位，提高西部基础教育质量，实现均衡化高质量发展，进而培养出各种类型的高层次人才，西部地区师范教育的任务更加艰巨。西部地区师范教育在社会主义现代化建设的各个阶段虽呈现出不同的特点，但服务党和国家发展战略需求、服务社会主义现代化建设，并最终成为我国教育体系重要组成部分的发展主线始终没有改变，特别是在新时代的历史语境中，这一特征更是尤为突出。"西部红烛两代师表"精神正是伴随着我国师范教育对接西部基础教育的生动实践而逐渐产生发展的。

另一方面，"西部红烛两代师表"精神淬炼于西部师范院校育人的艰苦实践。西部教育发展的不平衡不充分问题体现在教育教学实践的各个环节、各个方面和各个领域，如办学条件的艰苦、师资力量与人才培养的薄弱、教育投入与政策支持的有待提高、教育教学改革创新的进展缓慢等等。新时代新阶段面对高质量发展的新任务，教育、科技、人才已经成为建设社会主义现代化国家的基础性、战略性支撑，已经上升到党之大计、国之大计的战略性高度。强化教师人才队伍建设，增强卓越教师人才培养也就成为推动地区经济发展、社会进步、文化繁荣的关键一招。在有限条件下，西部地区要想实现教育资源的优化配置，生成自身的内在发展动力，实现教育、人才、科技良性循环，以吃苦耐劳和甘于奉献的精神品格努力建立高质量的师范院校和培养优秀的教育家型人才就发挥着关键因素和核心动力的重要作用。"西部红烛两代师表"精神正是在西部师范院校育人环境艰苦、育人任务紧迫、育人责任重大等实践中淬炼形成的。

此外，"西部红烛两代师表"精神还凝结于陕西师范大学自身的办学实践。陕西师范大学坚持立德树人根本任务和以文化人的弘道追求，致力于引领西部教育发展和培养卓越教育家型教师。无论是在校的"一代师表"，还是已经走上社会的"一代师表"，都是具有社会责任感、创新精神和实践能力的优秀人才。进入21世纪，学校积极响应国家号召，招收的国家公费师范生西部生源比例占全部国家公费师范生的70%，位列教育部直属师范大学之首。国家公费师范生全部回到生源省区就业，成为推动当地基础教育发展的重要力量。同时，学校主动服务党和国家的战略需求，通过援助西部高校、共建教师教育创新试验区、发展远程教育共享、拓宽教师专业能力、开展教育精准帮扶等，促进西部教育优质均衡发展。在"三区三州"脱贫攻坚的重点地区，学校先后承担了"国培计划""美丽园丁计划""教育部中小学教师信息技术应用能力提升工程创新培训"等任务，为西北地区乃至全国的教育事业发展做出了重要的贡献。

同时，学校还积极参与社会服务，主动参与社区教育、继续教育、对外汉语教育等领域，为地方经济和社会发展提供智力支持和人才保障。这些科研和社会服务活动不仅提升了学校的学术水平和社会影响力，也为推动西部地区乃至全国的教育事业发展做出了积极贡献。近年来，学校积极组织边境国门学校"红烛苗圃"实践育人活动，开展边境县国门学校校长公益培训，促进了东西部教育资源的共享和互补。西部基础教育"百校行"调研活动、西部师资培训项目、与西部地区的科研机构企业等建立广泛的合作关系等活动的开展，有效对接了西部基础教育现实需求,为西部地区的教师提供了专业知识、教育教学方法、科研能力等多方面的有效支撑,为西部地区的经济社会发展提供了有力支持。这些都展现了作为一所位于祖国西部的部属师范大学的责任与担当,彰显着学校对社会主义教育事业的执着追求和不懈努力。

二、"西部红烛两代师表"精神具有丰富的内涵与鲜明的价值

从生成逻辑和实践基础来看,"西部红烛两代师表"精神是理论与实践、历史与传统、文化与社会相互作用、相互融合的产物。"西部红烛两代师表"精神作为一个整体性概念,首先包含"西部红烛"和"两代师表"两个层面的内容。这两个层面相互联系,互为前提:"西部红烛"是精神内涵的具象化呈现,"两代师表"是这一精神在动态延展与弘扬过程中的实践化呈现。前者以逻辑内涵为主要载体,突出精神品质的抽象性;后者则是以师大学人和师大学子为主体,突出精神品质的实践性。二者各有侧重,作为一个整体共同构建了"西部红烛两代师表"精神的丰富内涵,具体表现在扎根西部、甘于奉献、追求卓越、教育报国四个维度。

扎根西部,是忠诚祖国、坚守担当的家国情怀。站在民族复兴的高度,从新时代坚持和发展中国特色社会主义的历史主题出发,国家发展、民族振兴与人民幸福是同教育事业的发展和立德树人使命的完成紧密结合在一起的。中国特色社会主义进入新时代,发展的不平衡不充分问题已经成为社会主要矛盾的主要方面。西部地区特别是西北地区还存在着与新时代发展水平不相适应的短板和弱项,并成为制约这一地区教育发展的关键因素。而西部地区恰恰又是最需要人才、需要教育的地方。为了实现中华民族伟大复兴,为了让所有人共享改革发展的成果,我们需要一大批有情怀、有信仰、有担当的人的奉献与付出。因此,从中国特色社会主义伟大事业后继有人的层面、从

经济社会发展需要全体人民共同参与和共同享有的层面来看，扎根西部就是忠诚于党领导下中国特色社会主义建设的伟大事业、忠诚于人民群众实现人的全面发展的价值追求、忠诚于社会主义教育事业立德树人的育人实践和职业操守，就是能够在最艰苦、最基层的环境中履行教师的职责、坚守教育的使命、担当复兴的大任。

甘于奉献，是淡泊名利、无怨无悔的崇高品质。教师的职业是平凡的，但教师的事业是伟大的。说平凡，是因为教师职业成就的具体呈现相对没有那么显眼，不那么容易站在"聚光灯"下；说伟大，是因为教师职业对于国家发展、社会进步乃至人类文明的延续都具有重要作用。教师承载着传承文化、传播知识、传播思想、传播真理，塑造灵魂、塑造生命、塑造新人的历史使命。因而教师所从事的职业和所推进的事业是现实性和理想性的高度统一。这种现实与理想之间的强烈碰撞必然要求教师具备一种奉献的精神。"西部红烛两代师表"精神在具体的展开中突出强调淡泊名利的旷达和无怨无悔的坚守。从淡泊名利的旷达来说，就是能够扎扎实实在教师岗位上埋头苦干，始终将教师的责任，特别是西部地区基础教育教师的责任放在第一位，不计个人得失，始终做学生成长成才的默默支撑者与坚定守护者；从无怨无悔的坚守来说，就是能经受住身心的艰苦考验，特别是能够坚守自己的从教初心，不为外物所动，不因环境的改变而改变。

追求卓越，是勇攀高峰、力争一流的奋斗品格。由于使命的重要和责任的重大，教师在社会中具有特殊性。这种特殊性一方面表现为学识深厚，另一方面则表现为道德高尚。因此无论是教师的学识修养，还是教师人才的培养，都必须能够以追求卓越作为基本的导向。陕西师范大学承担着西部基础教育人才培养的重要使命，因而追求卓越的特质，一方面体现于陕西师范大学奋力建设中国特色、世界一流师范大学的目标追求；另一方面体现于"两代师表"锐意进取创新、不断超越自我的精神品质，是陕西师大办学成效的卓越、育人的卓越和教师群体的卓越。

教育报国，是矢志教育、初心不改的价值追求。 教育作为上层建筑的重要组成部分，发挥着传播统治阶级思想、维护统治阶级利益、协调上层建筑运行的重要功能。我国作为社会主义国家，人民当家作主，办学必须坚持社会主义的方向，在育人目标上也就理所当然地要以为人民服务为根本宗旨，要坚守为社会主义国家服务的价值追求。八十年来，陕西师大的发展始终坚持与民族命运同频共振，与国家教育事业发展紧密相连，一批批师大人怀抱教育强国志向，扎根西部、艰苦奋斗。这种教育报国的精神是学校家国情怀的体现，是陕西师范大学为国家发展、民族振兴和人民幸福所做出的巨大贡献，更是发展教育事业与爱党、爱国、爱社会主义的高度统一。因此，"西部红烛两代师表"精神不仅是个人的坚守、群体的卓越，更是几代师大人在国家民族事业发展中以教育来报效国家、报效民族的永恒追求。

而"两代师表"表达的则是陕西师范大学特有精神品质的传承与延续。"师表"即是指在学问、道德、品格、技能等方面发挥表率和模范作用。"为人师表"蕴含着教师的优秀品质和卓越品格，并且内在地规定着教师在为人为事上要能够于全社会起到高线引领和模范带头的作用。"两代"即是在人才培养的空间状态中对教师、学生以及学生未来职业选择和事业发展的整体性概括。这里的"两代"不是一个严格的时间概念，不同于人口繁衍中对于伦理关系和血缘关系的概括，也不同于事物更新过程中对于创新发展和新事物迭代升级的称呼，而是基于教育过程与教育结果而言的。"一代"是在陕西师范大学辛勤耕耘、教书育人的教师群像；"一代"是从陕西师范大学走出去，特别是走上基础教育岗位发挥立德树人作用、履行立德树人使命的陕西师范大学毕业生群像。这些毕业生虽然在学校的身份是学生，但是从其所从事的事业来看，仍然是履行立德树人使命的"一代师表"。因此，这里的"代"更多表明的是一种事业的传承、一种责任的接力、一种使命的延续。

总之,"两代师表"既是陕西师范大学在校教职工"为人师表"的缩影,也是走出陕西师大在基础教育讲台上潜心育人的师大学子"为人师表"的缩影,二者统一于陕西师范大学的办学实践和教育使命,统一于"扎根西部、甘于奉献、追求卓越、教育报国"的崇高品格,统一于一批批师大师生前赴后继的不懈探索、努力追求和接续奋斗。

综上来看,"西部红烛两代师表"精神承载着陕西师范大学师生共同的理想信念,在整体贯通的逻辑中回答着"培养什么人、怎样培养人、为谁培养人"的教育根本性问题,又在价值指向与文化涵育的层面回答着陕西师范大学作为党领导下的一所社会主义师范大学应当肩负起什么样的使命、应当培养什么样的老师以及如何为人民为社会主义服务等一系列办学治校的具体问题。"西部红烛两代师表"精神具有精神追求与人文情怀相统一、立足区域与面向世界相统一、坚守初心与时代创新相统一、创造性与传承性相统一的基本特征。

精神追求与人文情怀相统一。大学作为社会组织的基本细胞,在社会构成中发挥着相对独立的育人系统功能,是人文精神的重要承载者。一所大学无论是理工科见长还是人文学科积淀深厚,只有大力弘扬人文精神,才能真正担当起自身的文明使命。同时,大学除凸显自身的人文底蕴外,其在价值观念的教育、行为规范的养成、人文知识的储备、审美旨趣的提升等方面也需要发挥自身的特有作用。因此从这个意义上来说,大学又是一个实现人的内在修养提升与外在行为规范而呈现的知行合一场所。

人文精神在本质上来说是人对自身存在价值与存在意义的关注和思考,是对人的终极价值关怀的体现。"西部红烛两代师表"精神作为精神追求与人文情怀的统一是在陕西师大特有的办学实践、特定的办学场域、特殊的人才培养指向等具体框架内产生的。同时,这一精神又形塑了这所大学独有的历史底蕴与文化气质,是对学校师生教与学实践展开价值层面的深刻观照，规约着广大师生在教学、科研、学习中应当向着什么样的目标迈进，怎样与经济社会发展需求相对接，如何在国家富强、民族振兴的层面更好地实现自我。由此，这种精神通过发挥对师生的引领作用与导向功能而具有更加深远的育人意义，不断实现着高尚精神对人的塑造、深厚人文底蕴对人的培养。

立足区域与面向世界相统一。从"西部红烛两代师表"精神产生的历史渊源、生成的空间环境、国家战略布局的最初目的以及人才培养的基本指向等因素来看，这一精神带有鲜明的区域特点，呈现出西部大地的独有精神风貌：对艰苦环境下基础教育的长期投入和"扎根奉献"意志品质的强调与聚焦。同时，伴随着"一带一路"沿线国家和地区民间学术的交流交往不断增多，教育间的合作也更加深入。陕西师大培养出来的学生或是管理和组织区域、校域之间的合作，或是直接参与对外交流活动，发挥着文化使者的重要作用；同时，随着大批留学生进入陕西师大开展学习，这种校园精神又通过学校的整体氛围和文化环境使留学生进一步读懂师大、读懂中国，在一定程度上让"西部红烛两代师表"精神作为"中国故事"的一个重要内容得到广泛传播。

总起来说，西部在中国为不发达的一片区域，"一带一路"沿线国家则多为发展中国家。陕西师大既为西部地区基础教育事业发挥作用，同时也为"一带一路"沿线国家基础教育事业做出贡献。这种作用和贡献是一所中国西部的师范大学的职责和使命所在，也是新时代师范教育人才培养"胸怀天下"的重要标识。其上接"协和万邦"的中华文明历史传统，中承"国际主义"的无产阶级革命原则，下合"人类命运共同体"的使命担当，在教育事业中得到了统一、实现了升华。

坚守初心与时代创新相统一。实现中华民族的伟大复兴首先要从基础教育做起，通过一代代"新人"的培养而使这一事业接力前进。从教育救国到教育建国，从教育建国到教育兴国，从教育兴国再到教育强国，陕西师大始终紧扣教师教育的主题主线，始终聚焦师范人才的培养要求，始终关注基础教育发展的现实需要，以人民为中心、以发展为中心、以学生成长为中心，在中华民族伟大复兴波澜壮阔的历史征程中不断淬炼初心、践行使命。

教师教育是一个无法与具体时空相剥离的教育实践过程。社会主义发展的每一历史时期，教师教育的培养目标、能力指向和价值要求都会在具体的历史语境中呈现出不同的形式。但是为社会主义服务、为人民服务、立德树人、弘扬中国特有教育家精神的教师教育本质规定却始终没有改变。"西部红烛两代师表"精神既坚守初心，又坚持时代创新，传承着以爱国主义为核心的伟大民族精神，弘扬着党以改革创新推动社会主义教育事业和各项事业蓬勃发展的伟大时代精神，同时又赋予这些精神以新的时代内涵和育人要求。

最后，我们还要充分把握"西部红烛两代师表"精神的时代价值。"培养什么人、怎样培养人、为谁培养人"是教育要回答的根本问题。师范大学作为"教教人之人、育育才之才"的重要场所，更是要将立德树人和培养"四有"好老师作为办学治校的责任和使命。对于人才的培养，特别是教师人才的培养，不仅仅是专业知识和育人技能的生成过程，更是教师职业操守、人文情怀、科学精神、师德师风等各个方面的养成过程。因此校园文化和校园精神的浸润、办学治校历史传统和价值观传统的赓续在教师教育过程中就具有十分重要的意义。

"西部红烛两代师表"精神的时代价值首先体现在其育人价值上。社会主义在一定意义上或者说在其产生的源头上，首先是作为一种价值追求和伦理准则而出现的。社会主义的产生反映了当时社会发展的现实状况，又以时代精神的形式得到具体呈现。同时这种精神又会通过社会的具体领域、具体行业表现出来，从而是普遍性与特殊性的统一。"西部红烛两代师表"精神就是社会主义的时代精神在教育战线的具体呈现，是中国特色社会主义教育事业在西部大地结出的精神硕果，具有重要的育人作用。

"西部红烛两代师表"精神作为一种大学精神对于教育环境和教育介质起到了塑造作用。这一精神通过有形的或无形的途径搭建了培养未来卓越教育家的重要人文环境和精神载体,是学校开展教书育人、立德树人工作的强大动力和不竭源泉。从"知"的角度来说,这一精神让学生能够在对现实国情的感悟中、对西部发展的体验中、对学校办学治校传统的延续中认识中国、认识西部、认识母校和自己所从事的事业,打牢理想信念和道德情操的基础;从"行"的角度来说,这一精神作为价值标准和价值原则不断通过校园文化的浸润使学生在内化为自觉认同的基础上进一步外化为实际行动;从"意"的角度来说,这一精神通过集体"人格"和整体"校格"来凸显陕西师范大学在培养人才、服务国家、奉献社会方面的重大意义,实现对整个社会风尚的引领。

同时,"西部红烛两代师表"精神也是中国共产党人革命精神谱系的具体呈现,是党领导教育事业的精神表达,凸显着党对领导教育事业的规律性把握。中国特色社会主义教育事业作为中国特色社会主义伟大事业的重要组成部分,直接关乎人民群众的美好生活。但教育发展的不平衡不充分是一个长期困扰我国教育事业发展的问题,要解决好这一问题就需要更多高素质的教师去充实基础教育教师队伍,特别是边远贫困地区的基础教育教师队伍,进而提升教育的整体质量。因此,这一方面需要通过经济的发展、各类资源的投入来实现硬件的提升,同时也需要精神力量的感召和精神旗帜的引领来攻坚克难,从而将现实的客观性和主观的能动性统一起来。

总之,"西部红烛两代师表"精神体现着陕西师范大学扎根西部地区所肩负的育人初心和育人使命,是进一步实现为党育人、为国育才的重要资源,也是中国特色社会主义教育规律在特定历史环境中的展开,从而具有鲜明的实践价值、理论价值与文化价值。

三、大力弘扬"西部红烛两代师表"精神

"西部红烛两代师表"精神不是纯粹逻辑意义的学理呈现,也不是一种抽象的文化标记,而是要通过实践的弘扬转化为师生的认识自觉和行动自觉,更好地服务国家、服务社会、服务人民。弘扬"西部红烛两代师表"精神必须坚持为党育人、为国育才与学生全面发展成长成才相统一,民族复兴的时代要求与个人发展相融合,脚踏实地的干事创业精神与仰望星空的追求卓越精神相促进的基本原则。

为党育人、为国育才与学生成长成才相统一。坚持为党育人、为国育才就是要充分认识教育对国家富强、民族振兴、人民幸福的基础性作用,充分领会教育在育人导向、育人宗旨、育人目标方面的基本要求。习近平总书记指出,"教育必须培养社会发展所需要的人","一流大学都是在服务自己国家发展中成长起来的","只要我们在培养社会主义建设者和接班人上有作为、有成效,我们的大学就能在世界上有地位、有话语权"。这深刻揭示出了教育与政治、经济和文化发展的内在关系,也进一步阐明了新时代中国高等教育所承载的历史使命和时代任务。

"西部红烛两代师表"精神的使命在于育人。让师范教育回归到塑造灵魂、塑造生命的本体上来,为所培育的人才"注入"高贵的灵魂是陕西师大始终不变的育人初心。站在新时代的历史方位,陕西师范大学以培养"有理想信念、有道德情操、有扎实学识、有仁爱之心"的师范人才为己任,让伟大民族精神在西部的一所高校中得到了生动演绎,让那些矢志教育事业的莘莘学子体验到了教书育人的价值和生命成长的意义。

民族复兴的时代要求与个人发展相融合。当今中国最鲜明的时代主题,是全面建设社会主义现代化强国、实现中华民族伟大复兴的中国梦。"为中华之崛起而读书""把青春献给祖国""请党放心、强国有我",这些不同时代的

青春誓言生动表明了中国青年始终是中国社会发展进步的生力军和突击队。习近平总书记指出："青年时代树立正确的理想、坚定的信念十分紧要，不仅要树立，而且要在心中扎根，一辈子都能坚持为之奋斗。这样的有志青年，成千上万这样的有志青年，正是党、国家、人民所需要的。"青年是整个社会力量中最积极、最有生气的力量，青年一代有理想、有担当，国家就有前途，民族就有希望，实现发展目标就有源源不断的强大力量。

弘扬"西部红烛两代师表"精神就必须不断引导学生将个人前途与国家富强、民族振兴的伟大事业紧紧结合起来。要让学生们在中华民族伟大复兴的大历史背景下积极规划自己的人生、开展自己的学习、选择自己的职业与未来努力的方向。在学以报国中胸怀远大理想，自觉将个人成长成才的宏伟抱负融入民族复兴的历史新征程。

脚踏实地的干事创业精神与仰望星空的追求卓越精神相促进。教师教育是教育事业的工作母机，是教师队伍建设的源头活水。陕西师范大学作为西北唯一一所教育部直属师范大学，立足西部基础教育发展现状，把教育报国之志牢固建立在对马克思主义的信仰、对中国特色社会主义的信念、对中华民族伟大复兴的信心上，不断引领西部教师教育的创新发展。"西部红烛两代师表"精神的弘扬与践行要紧密结合学校内涵式发展实践，坚持为西部基础教育服务的基本要求，实现脚踏实地的干事创业与仰望星空的精神追求相互承接、相互促进、相互作用，与时代同步伐、与人民共命运，为建设社会主义现代化强国提供有力的人才支撑和智力支持。

中国特色社会主义进入新时代，在习近平新时代中国特色社会主义思想的指导下，教师教育也进入了为实现教育强国做出更加积极、更加有为的贡献的新阶段。陕西师范大学扎根西部、对接西部、服务西部，不断提升支持西部基础教育和教师教育的能力，为推进整个西部教育事业均衡而高质量的发展做出重要贡献。

就弘扬"西部红烛两代师表"精神的基本路径来说，要着力在教师教育的主责主业上下功夫，一方面通过显性的宣传研究和教育阐释来扩大影响、增强认同，另一方面则要通过学校自身的发展，以师生员工和毕业校友为载体来使之得以传承弘扬。

一是要在推动教师教育水平提质升级中使这一精神展示出来。一流大学的建设，关键在于建设一支高素质的教师队伍，抓好师德师风是高素质教师队伍建设的首要条件。陕西师大长期聚焦师德师风养成教育，通过多种方式抓好教师队伍建设，着力在教师的思想武装、理论学习、情感认同等方面下功夫，不断强化教师队伍的责任意识和使命意识。同时还将师德师风作为评价教师的第一标准，积极推进教师评价改革，对师德失范行为"零容忍"，通过体制机制建设为教师立规矩、拉红线、树警示。从而用思想教育的"柔"与制度建设的"刚"共同塑造出重师德、强师风、尊师道的浓厚校园氛围，为"西部红烛两代师表"精神的弘扬创造基础性的文化环境与精神土壤。

同时还要能够立足本职，提升教师专业能力。一方面要不断提升本校教师的教育教学能力和育人水平，以学科建设为载体，在专业研究成果向教学成果的转化上下功夫。特别是要能够通过思政课程和课程思政的相互配合，将"西部红烛两代师表"精神作为重要的教学内容和教学资源融入学生的第一课堂和第二课堂。另一方面学校要通过自身的发展成效，不断成为服务西部教师教育、基础教育和教育现代信息技术创新发展的全国枢纽、集散地和对接场，从而为提升西部教师的信息素养、综合素质、专业水平和创新能力发挥出应有的作用。这样，"西部红烛两代师表"精神也就能得到更加实践化的彰显。

此外，还应当聚焦内涵式发展，通过扩大宣传阐释来增强"西部红烛两代师表"精神的影响力和感召力。宣传阐释是弘扬"西部红烛两代师表"精神的一条基本路径，只有通过宣传的作用才能让更多的人认识到这一精神。也只有通过阐释的作用才能使人们正确把握这一精神的内涵，从而更好地理解这所学校、走近这所学校。这就既需要在学理层面挖掘、凝练"西部红烛两代师表"精神，同时也要通过在校与已毕业杰出人物的生动案例来具体加以呈现和弘扬。近年来，学校通过《人民日报》、《光明日报》、《中国教育报》、《中国青年报》、"学习强国"学习平台等重要报刊、媒体平台和专项研究阐释项目不断扩大"西部红烛两代师表"精神的影响力，使得这一精神深入广大在校师生员工和毕业校友内心，并且也正日益成为全国人民关注的一种精神标识。

二是要在推动师范人才培养高质量发展中使这一精神传播开去。一方面要进一步加强对师范生的价值引领与精神感召，通过国情教育、校史教育等将"西部红烛两代师表"精神贯穿于各类国家公费师范生理想信念、职业道德和教育教学的全过程，从而让这一校园文化和学校精神能够薪火相传、生生不息。学校通过专项招生和人才培养工作、广泛深入的各类主题教育活动、丰富多彩的校园文化生活等将弘扬"西部红烛两代师表"精神与践行师范生理想信念紧密结合起来，引导在校师生明白"践行'西部红烛两代师表'精神就是陕西师范大学培养出来的学生践行理想信念的具体表现"的道理，引导广大学生树立"以德立身、以德立学、以德施教、以德育德"的意识，引导他们投身祖国最需要的地方和行业的自觉。

另一方面还要提升师范生的教育教学能力，通过专门的课程设置、专业的技能培训过程、专有的人才培养方案等打造一批具有未来教育家潜质的优秀教师。陕西师大秉持"东南学艺，扎根西部"的理念，在国内外发达地区建立实践教学基地，派遣学生赴基础教育发达地区的知名中学以及境外开展教育实习工作，大力培养学生的教育教学实践能力。同时在实践教学模块中通过课程体系和体制机制的完善，为培养学生教学基本功和解决教学实际问题搭建平台、激发立志从教的职业信念，为他们早日成长为"四有"好老师和未来教育家奠定坚实基础。

三是要在推动学校各项事业加速发展高质量发展中使这一精神落到实处。
要弘扬"西部红烛两代师表"精神，必须使之转化为学校各项事业发展的成效。因为任何精神层面的东西只有在转化为现实的成果后才能为人们所认同和接受。近年来学校坚持"两条主线、一个根本、一个关键"的"二一一"新型发展思路，各项事业取得了显著成效，实现了跨越式发展。

坚持教师教育主线，打造服务西部教育新格局。学校充分用好教师教育资源优势，主动对接西部各省份在基础教育和教师教育方面的紧要需求，通过整合校内教师教育机构资源，打造出一系列教师教育和基础教育的特色品牌，在统筹提升职前培养、职后培训、继续教育、基础教育质量中打造学校服务西部教育的新格局。

坚持学科建设主线，不断优化学科建设布局，重点突出国家战略需求导向，对标世界一流标准，服务国家经济社会发展。学校以一流学科为引领，辐射带动学科整体水平提升，逐渐形成了重点明确、层次清晰、结构协调、相互促进的学科体系。同时进一步优化学科布局，促进新兴学科与交叉学科建设，不断拓展学校学科的新优势、新格局。

坚持以高水平人才队伍建设为根本，持续推进人才强校战略。学校通过教育评价综合改革和人事制度改革等一系列组合拳，引育高层次、领军型人才，建强中青年骨干教师队伍，为学校各项事业发展提供坚实的人力支持。

总之，陕西师范大学不断用学校发展新成效来贡献中国特色社会主义的伟大新时代。学校始终将教师教育作为立校之本、主责主业，作为办学特色和使命任务，以培养适应中西部基础教育发展的教师为己任，不断建立和完善代表国家标准，有力支撑和服务教育强国建设和西部教育崛起的教师教育体系。陕西教师发展研究院的成立有效支撑了陕西和西部教育高质量发展；对接西部基础教育"百校行"调研活动已经连续开展三届，真正将"西部红烛两代师表"精神以实践的方式书写在祖国西部的大地上；边境国门学校"红烛苗圃"实践育人团队把稳边固边的国家安全理念、各民族共同发展共同繁荣筑牢中华民族共同体的信念播撒在当地孩子的心中；深度参与共建"一带一路"，用教育不断书写着心灵与心灵映照、文明与文明共生的新时代丝路新篇章……立足新阶段、面向新征程，这所根基在西部、亮点在边疆、影响在全国、格局在世界的师范大学将以更加昂扬的姿态致力于培养卓越人民教师和未来人民教育家，不断服务健全中国特色教师教育体系，为教育强国建设、为中华民族伟大复兴贡献出"陕师力量"。

第一章

奋力建设一流师范大学

陕西师范大学的前身是1944年创办的陕西省立师范专科学校。1949年，以陕西省立师范专科学校为基础，归并国立西北大学文学院教育学系，成立国立西北大学师范学院。1954年，西北大学师范学院独立设置，更名为西安师范学院。1960年，西安师范学院与陕西师范学院合并，定名为陕西师范大学，1978年划归教育部直属，成为教育部直属的6所重点师范大学之一，并于2005年入选"211工程"国家重点建设高校。2007年，学校担负起首届国家免费师范生培养的重任。2017年，学校进入国家首批"双一流"建设高校行列，全面开启特色鲜明世界一流大学建设新征程。2022年，学校再次入选国家"双一流"建设高校，按照"两条主线、一个根本、一个关键"发展思路，奋力建设中国特色、世界一流师范大学。

第一节　陕西省立师范专科学校的创办

"师"作为"教育者"的含义，在夏、商、周三代就已出现，称"师保"（《尚书·太甲中》）。西汉董仲舒用了"师帅"（"今之郡守、县令，民之师帅"——《汉书·董仲舒传》）一词，司马迁用了"师表"（"国有贤相良将，民之师表也。"——《史记·太史公自序》）一词，均着重体现"师"的表率作用。西汉扬雄有言："师者，人之模范也。"（《法言·学行》）模和范，本义指用来浇灌铸塑的模型工具，把"师"与"模范"联系起来，则体现了"师"应当是世人的模范。后汉的赵壹将"师"与"范"作为一个独立的词来连用，曰"君学成师范，缙绅归慕"（《后汉书·赵壹传》）。在这里，"师范"一词是学习的模范之意，后引申为效法的意思。在西方，"师范"一词的英文为normal，源于拉丁文norma，意为木工的标尺、模型，均含规范之意。normal school则指培养教师的机构即师范学校。可见，无论中文"师范"的原意，还是拉丁文norma的原意，均含有模范、典范、榜样之意。顾明远主编的《教育大辞典》中把"师范"定义为"可以师法的模范。对教师职业特征概括"，师范教育则定义为"培养师资的专业教育。包括职前培养、初任考核试用和在职培训"。

一、中国师范教育的发展历程

远古时期，教育还没有从生产劳动和社会生活中分离出来，因此也就没有专门的教育机构和专门的教师职业，教育的特征是养老与育幼紧密结合，长者为师、师长结合。古代社会，政教合一，官师一体，学校成为官学，教师成为官师，做官不成，退而为师，从教有成，提升为官；入官之前，从教待征，致仕之后，归而从教。同时，私学与官学并存，在私学系统形成了蒙学教师、讲学经师、书院教师。纵观古代教育和教师发展的历史，官师与私学教师并存，二者相辅相成，共同铸就了中华民族的古代教育。从严格意义上说，中国古代没有专门培养教师的教育即师范教育，中国师范教育的产生源于晚清近代社会。

1840 年，鸦片战争爆发，有着几千年文明历史的中国被卷入西方资本主义世界性扩张的浪潮中，中国由独立自主的封建国家逐步沦为半殖民地半封建国家。在内忧外患中，中国从古代走向近代，救亡图存的维新运动开始兴起。社会变革推动近代教育产生，近代教育发展引发师范教育兴起，在教育救国的社会思潮下，一批仁人志士反复强调"振兴教育，师范尤要"，为创办师范教育奔走呼号。1896 年，梁启超在《时务报》发表《变法通议·论师范》，指出："欲革旧习，兴智学，必以立师范学堂为第一义"，"故师范学校立，而群学之基悉定"。这是中国近代历史上首次专门论述师范教育问题。1897 年，盛宣怀在上海设立南洋公学师范院，这是中国第一所师范学院，开中国师范教育之先河。1898 年，军机大臣、总理衙门遵筹开办京师大学堂，呈《奏拟京师大学堂章程》，提出"今当于堂中别立一师范斋，以养教习之才"。这是我国历史上首次由政府正式规定，建立专门培养教师的师范学校。1902 年，管学大臣张百熙呈奏《钦定学堂章程》（即"壬寅学制"），明确规定了师范教育系统。1902 年，京师大学堂师范馆开办，这是中国近代第一个高等师范教育机构，标志着中国近代高等师范教育的诞生。1903年，张之洞、张百熙、荣庆等人重订《奏定学堂章程》（即"癸卯学制"），中国近代第一次有了完备的独立设置的师范教育系统。

辛亥革命胜利后，中华民国政府先后颁布了《师范教育令》《师范学校规程》《高等师范学校规程》等规章制度，较为完整的独立师范教育体制初步形成。1922年颁布新学制（即"壬戌学制"），师范学校归并于中学，高等师范学校改为师范大学或设于大学内，初步形成了普通中学、大学与师范教育机构共同培养教师的格局，独立封闭的师范教育体制逐步消解，师范教育发展进入低谷阶段。随后，相对独立的师范教育体制逐步建立。

中国共产党成立后，中国革命的面貌焕然一新，师范教育发展也进入新的天地。作为伟大革命事业的重要组成部分，中国革命发展到哪一步，中国共产党就把人民师范教育事业推进到哪一步，特别是在中央苏区和陕甘宁边区局部执政时期，党更是积极推动人民师范教育蓬勃发展。土地革命战争时期，苏区师范教育是在土地革命和武装斗争中逐步发展起来的。1929年10月，红军攻克福建上杭城后召开了上杭县第一次工农兵代表大会，提出要"开办列宁师范，制造教师人才"。1930年，在上杭县成立列宁师范学校，这是苏区政府创办的第一所新型师范学校，后在龙岩县开办列宁师范暑期学校，在永定县开办闽西列宁师范短期学校。中央苏区创建后，中国共产党在当时的艰难条件下大兴师范教育。1932年，在江西瑞金先后创办了闽瑞师范学校、中央列宁师范学校。1933年，在江西宁都建立第一列宁师范，在兴国建立第二列宁师范，在闽北苏区、鄂豫皖苏区、湘鄂西苏区等也开办了师范学校和教师培训班。在此基础上，不断总结经验，制定了《高级师范学校简章》《初级师范学校简章》《短期师范学校简章》和《小学教员训练班简章》等一系列重要规定，将师范教育分为四级，建立了新型师范教育制度，为在苏区振兴教育事业、保障工农群众受教育权利起到了重大作用。抗日战争期间，抗日民主根据地师范教育持续发展。在毛泽东的关怀下，1937年2月，在延安成立鲁迅师范学校，这是抗日民主根据地最早开办的师范学校。1939年，鲁迅师范学校与边区中学合并，成立边区第一师范学校。同年，在关中设立边区第二师范学校，在定边设立边区第三师范学校；1941年，接管绥德师范学校。1941年成立鄜县师范学校，1943年鄜县师范学校与边区第一师范学校合并成立延安师范学校，中国共产党领导下的边区师范教育事业不断发展。抗日战争时期，中国共产党没有独立设置高等师范学院，陕北公学、延安大学等高等学校承担培养中学教师和教育干部的任务。1940年，边区通过了《师范学校暂行规程》，巩固了新型师范教育制度，有力推动了边区教育文化事业发展，为中国革命的胜利和新中国的建设特别是教育事业的发展储备了大量人才。解放战争时期，各解放区积极扩大师范教育规模，提高师范教育质量，形成了革命的新民主主义师范教育，即民族的、大众的、科学的师范教育，使中国近代师范教育的发展进入一个崭新的阶段。

随着中国共产党的新民主主义教育思想和理论在陕西的广泛传播，抗战胜利前夕创办的陕西省立师范专科学校受到较大影响。西安解放后，西安市军事管制委员会对陕西师范大学前身的主体学校——陕西省立师范专科学校进行接管改造，使其成为新民主主义教育的重要组成部分。可以说，陕西师范大学扎根在陕西这块革命沃土之中，凝结着延安时期推动新式师范教育开拓创新的宝贵经验，搏动着奋力救国的赤胆忠心。

二、在三秦大地上点亮救亡图存的红烛之光

随着国立西北师范学院迁往甘肃兰州，为适应陕西中等教育事业发展对教师的需求，1944年，陕西省政府核准同意黎锦熙、萧一山、王捷三、高文源、唐得源等为筹备委员，教育厅厅长王友直兼主任委员，划拨经费55万元，筹建陕西省立师范专科学校（简称"省立师专"），指定西安崇廉路前女子中学旧址为陕西省立师范专科学校校址。7月28日，陕西省政府决议聘请国内教育界名家、时任国立西北师范学院师范研究所教授郝耀东为校长。郝耀东对教

育事业满怀历史责任感和使命感，主政省立师专后，提出"发展师范教育以造就中等学校优良师资、改进中等教育与研究师范教育问题及改造社会风气等"的办学使命，将自己的教育思想践行于省立师专的建设中。

（一）10 间教室：筚路蓝缕，开拓奠基

省立师专在初创时，面积有 30 余亩，有教室 10 间，学生宿舍 25 间，教职员宿舍 30 余间，其他用房 10 余间，另有办公厅 1 座 9 间，礼堂 1 座，操场 1 个。后于 1946 年 3 月底购入比邻的北洋工学院西京分院旧址 70 余亩，使校园占地面积扩大至 100 余亩，拥有楼房及西式平房校舍 90 余间，翌年又另添建教室一排，共计百余间。

郝耀东上任后，即着手建章立制，拟定招生简章。1944 年 9 月 3 日、4 日陆续在《西京日报》发布招生广告，动员学生报名。经过一个多月的甄选，招录国文、史地、英文、数学、理化等科 5 个班，共计 268 名新生。

招收的学生中包含陕西省各县保送生。为培养陕西各县中等学校师资，平衡中等学校师资发展，学校制定《陕西省各县保送学生入省立师范专科学校办法》，商请各县从优选拔保送 1—2 名中小学教师予以培养与提高，开启学校主动对接西部地区基础教育的先河。

陕西省立师范专科学校办公及实验楼

（一）招考科别：暂设国文、英文、数学、理化、史地五科。

（二）学员待遇：免收学费并津贴膳费。

（三）投考资格：㈠师范学校毕业服务期满或服务满一年以上成绩优良经主管教育行政机关核准者；㈡高级中学及其同等学校或具有同等学力者。

（四）考试项目：（甲）笔试：㈠国文；㈡英文（师范毕业生考教育概论）；㈢数学（理化及数学科考高等代数，解析几何，三角；其他各科考高等代数，平面几何，三角）；㈣公民史地；㈤理化生物；（乙）口试；（丙）体格检查。

（五）报名手续：㈠填写报名单；㈡呈验毕业证书及服务证件；㈢缴最近二寸半身相片三张；㈣报名费八十元。

（六）招生日期：九月五日至十五日。

（七）考试日期：九月二十日至二十二日。

（八）报名及考试地点：崇廉路本校（前女子中学旧址）。

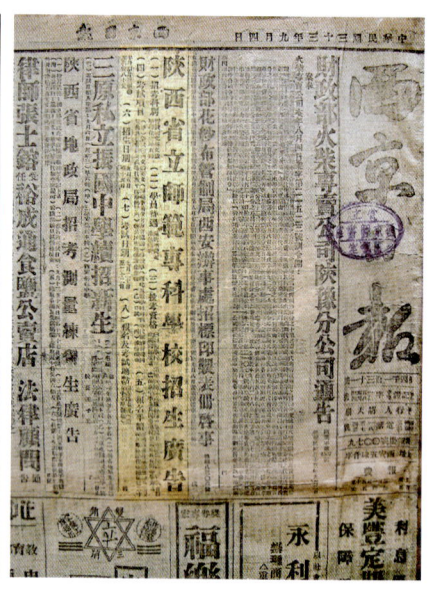

陕西省立师范专科学校招生广告（《西京日报》1944年9月4日）

新生入学后，省立师专制定了《陕西省立师范专科学校学则》，共计12章49条，分别从入学条件、科别与课程、注册及选科、试验及成绩、转科、休学后复学、奖励及惩戒、操行评定、追缴公费等方面对学校的教育教学和学生的学习生活等规范做出详细规定。

凤县保送生学生名册 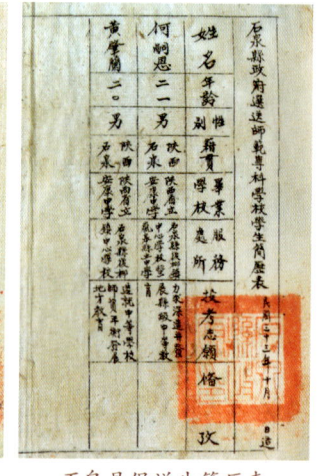　　石泉县保送生简历表

抗战胜利后，在汉中的高等学校分别迁往西安、兰州等地，汉中一时间无一所大学。1946年春，为了满足陕南高中毕业生升学深造的要求，以及为汉中、

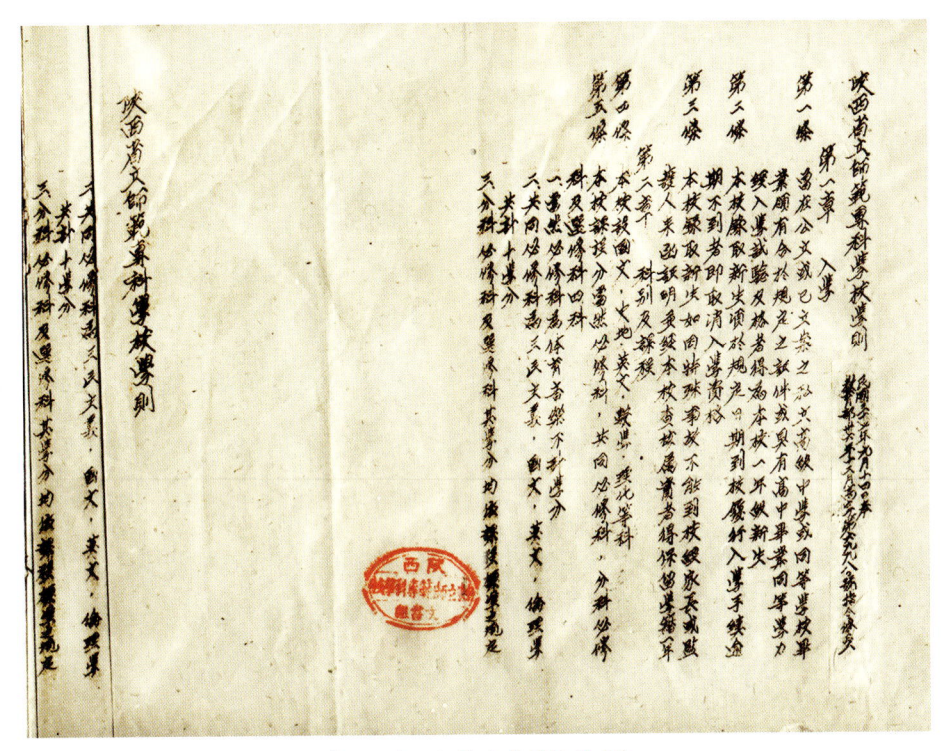

《陕西省立师范专科学校学则》

安康地区培养初级中学师资的需求，陕西省决定成立陕西省立师范专科学校陕南分校。由龙文担任省立师专陕南分校主任，全面主持校务。该校以培养初级中学、简易师范学校之合格师资为宗旨，学制为三年，前两年在分校学习，最后一年到西安校本部学习。在毕业要求与生活待遇上，享有与校本部学生相同的毕业资格以及公费与津贴待遇，即不仅修业期满可以取得相同的毕业证书，且在校期间也免缴学费和住宿费，每月还可按时领取一定的膳食补助津贴。

（二）23名教员：同心勠力，奋楫笃行

省立师专在创办之初，结合省内中等教育师资的实际需求，分设国文、史地、英文、数学、理化5科，学制三年（自1947年秋起，学制缩短为两年）。国文科主任郑伯奇，教授有高宪斌、刘海蓬，讲师有马学良；史地科主任许重远，教授有陆懋德、周传儒，讲师有荣若绅；英文科主任李贯英，教授有王侃，讲师有武济平、钟静萱；数学科主任程宇启，副教授有宋宪亭；理化科主任祁开

智，教授有侯又可，讲师有李立家、王扶中；另有音乐讲师张树南。1945年8月，全面抗战胜利后，学校为适应陕西教育复员计划，又于同年秋增设文史地、数理化2个专修科，各1个班，学制均为一年，学生毕业后由陕西省教育厅分派各县初级中学服务。文史地专修科主任由潘廉方担任，数理化专修科主任由王新甫（后为李仙舟）担任。省立师专陕南分校仅设有国文和数学2科，主任分别由张永宜和刘书琴担任。

省立师专建校初期有教员23人、职员25人。其中有不少从国外留学归来者，如留美教育硕士郝耀东、留德教育博士刘海蓬、留法数学博士程宇启、留美历史硕士许重远、留美物理硕士祁开智、留美哲学博士王凤岗、留英毕业生周传儒、留美数学博士马修如、留日化学博士李仙舟、留美毕业生王侃、留日毕业生霍自庭等。还有随国立北平师范大学内迁而来的郝圣符、王钧衡、高元白等，当时都已是教授，他们中的部分又兼科主任，为省立师专的发展做出了贡献。先后在陕南分校任教的教员有龙文、赵福林、张永宜、刘书琴、付瀛、熊文涛、李著昭、朱翠轩、段绍九、吴继舜、杜松寿、黎顺清等。他们是陕西师范大学的开创者，是我们永远怀念的前辈先贤，更是鼓舞感召一代代师大人接续奋斗、不懈拼搏的精神丰碑。

（三）958名毕业生：红烛闪耀，薪火相传

创校初期，虽物质条件欠缺，但师生学习、研究热情高涨，奋斗精神始终如一，"常能以人力之充沛，补物力之不足……均席地卧薪，饱受风霜，而毫无怨言"。校内的学术氛围也极为浓厚，"如研究会、讲演会、辩论会、座谈会等，凡与身心修养有关系的集会，均极发达"。郝耀东在创校伊始，为全体师生做题为《师专的使命》的专题报告，指出师专不仅要造就中学师资和发展师范教育，更要改进中等教育和改造社会风气。在学校自办刊物《师风》发刊词中他说："师专的成立不仅造就中学师资，并须能设法解决中等教育上的各种问题。且师范专科学校，有辅导中等学校的责任，故宜与中等学校取得密切

联络。"因为肩负为当地中学输送师资的责任，学校经常召集中等学校开展各科教学座谈会，共同就中等教育各科教学中面临的一些问题进行深入探讨与交流，从而提高省内中等教育办学水平。

省立师专作为师范生培养单位，按照教育部要求，在毕业前需组织教育实习。1947年，第一届三年制学生毕业前，郝耀东带领毕业生一行189人赴南京、上海一带考察学习，并相继经由苏州、杭州转赴镇江、芜湖等地参观后，于当月31日经南京、徐州、郑州返回，前后历时二十余天，足迹遍及12个省市。一行人分别在江苏省立江宁师范、镇江师范、江苏省立教育学院、国立社会教育学院、国立艺专及金陵大学附中、育才中学、上海中学等10余所中学及商务印书馆印刷厂、申报馆、浙江图书馆、湖滨博物馆等7家文化单位参观考察。考察期间，在南京，郝耀东带领学生拜访于右任。于右任在寓所内摆设陕西小吃招待学子。此行，郝耀东表达了对于右任在省立师专建校过程中给予的帮助铭记在心、感激加，同时也可看出于右任对家乡教育事业的满怀热情和殷切期盼。实习结束后，学生陆续毕业，学校的第一批毕业生也从这里走向祖国西部基础教育岗位。

省立师专（包括陕南分校）先后走出958名毕业生，为中学培养出了一批优秀师资，他们中的大多数扎根陕西各市县中等学校教学一线工作，既填补了当时陕西中等教育师资缺口，又极大地推动了当时陕西教育文化事业的发展，助力了陕西社会经济建设发展。1947届史地科毕业生马登峻，是陕西省立师范专科学校第一个地下党支部书记，20世纪50年代，他担任西安中学校长，对西安中学进行大刀阔斧的改革，使西安中学跃升为全省龙头学校。1948届英文科毕业生樊克强，一生扎根陕西基础教育，为泾阳县、富平县、三原县、乾县的教育事业发展做出了卓越贡献。同届英文科毕业生黑义忠，大学毕业后，首先想到的是要振兴家乡的教育事业，毅然放弃了留校工作的机会，满怀以学治愚、以教治贫的热情返回榆林神木县，后创办了横山中学。

三、走上全面改造的新发展道路

1949年5月20日，西安解放，实行军事管制。5月27日，奉中国人民解放军西安市军事管制委员会管字第34号令关于"依据中国人民解放军总部颁布之约法八章，省立师专应在接管之列，兹特任命辛安亭同志等人为本会军事代表前来负责接管"的指令，以辛安亭、刘泽如为军代表组长的接管工作组对陕西省立师范专科学校进行全面接管。刘泽如曾先后担任陕北公学师范部主任、延安大学教育学院院长、陕甘宁边区陇东中学校长、延安大学教育系主任等职，在师范教育、普通教育、干部教育、高等教育、政治思想教育等方面都具有深厚的教育理论积淀与教育实践经验。刘泽如曾说："办学校是为人民的事业培养人才。"他不断总结边区时期党领导师范教育的历史经验，使这条红色血脉持续转化为陕西师范大学办学治校的深厚精神力量。

1949年8月，西安市军事管制委员会在陆续完成对西安的高等院校接管之后，为适应西北新解放区的实际情况，着手对部分西安高校进行调整与合并。西安市军管会8月4日签发会字第20号令，"省立师专、医专、商专等三个专科学校与西北大学合并"，"以师专为基础归并西大教育系成立师范学院"。

陕西省立师范专科学校完成了其在中国教育史上意义深远、影响后世的历史使命。创办于抗日战争战火硝烟之中的陕西师范大学，从建校伊始就将教育救国写入学校精神的字里行间，其血脉中奔涌着中国革命的红色基因，始终与民族命运起伏共振，与国家教育事业发展紧密相连。

第二节　西安师范学院的独立发展

1949年9月底，《中国人民政治协商会议共同纲领》获得通过，明确提出了中华人民共和国的文化教育政策。根据《共同纲领》的精神，教育部召开第一次全国教育工作会议，确定了中国共产党领导下教育事业的总方针，对改造旧教育、建设人民新教育的各项任务进行了部署。在过渡时期总路线公布以后，党和国家进一步确定了社会主义教育的发展目标，开始了从新民主主义教育向社会主义教育的过渡。师范教育作为整个教育事业的一个重要组成部分，当务之急在于改造旧的师范教育，培养大批适应新中国教育事业发展需要的人民教师。

一、陕西高等教育快速发展

中华人民共和国成立之初，高等教育与国家经济社会发展的适应程度、专业设置的结构和比例、不同地区不同层次人才培养的数量和质量都存在着不足。为了满足新生的社会主义政权的需要，为了更好地适应国民经济的恢复和国家建设的需求，为了尽快提升广大人民群众的科学文化素质和思想政治素质，在中国共产党的领导下，覆盖全国高等学校的院系调整工作拉开了帷幕。院系调整不仅使全国高校的办学资源更集中，而且院系设置和区域布局更加合理，很多地区结束了近代百年来没有高等教育的历史。这一时期，也是陕西高等教育快速发展、实现飞跃的关键时期。1955年，交通大学由上海开始迁往西安；东北工学院、青岛工学院、苏南工业专科学校、西北工学院等院校的土建类专业整合成立西安建筑工程学院（后更名为西安建筑科技大学）；1956年，华东航空学院由南京迁到西安，更名为西安航空学院，后与西北工学院合并为西北工业大学；同年由苏南工业专科学校、青岛工学院、西北工学院的部分专业，组建成了西安动力学院。众多高校的"西迁"，使陕西高等教育的实力得到极大增强。通过院系调整，到1956年，陕西高等学校发展到13所，位居全国前列。

1950年到1956年的全国院系大调整主要是受到苏联教育体制的影响，在高等师范教育领域同样进行了院系调整。新中国成立后，高等师范院校的设置比较混乱，独立设置的师范大学和普通大学内的教育学院、师范学院并存。1950年，教育部先后颁布《关于改革北京师范大学的决定》《北京师范大学暂行规程》，确立了新中国高等师范教育的办学方向，为全国高等师范教育改革构建了框架，对全国师范院校进行了初步改造。1952年颁布《关于高等师范学校的规定（草案）》《师范学校暂行规定（草案）》，确定师范学院分级设立，将师范学校归入中等专业学校，与普通中学分列；师范大学、师范学院、师范专科学校归入专门院校，从而建立了相对封闭、独立的师范教育体系，形成了"中师—师专—师院师大"三级师范教育体制。经过院系调整后，师范院校全部改为独立设置。到1953年，全国共有高等师范院校31所，1957年为58所，全国师范院校的区域布局更加合理。在此背景下，西安师范学院以独立姿态出现在中国师范教育的历史舞台上。

二、组建西北大学师范学院

1945年，西北大学奉教育部令增设教育学系。1949年，西安市军事管制委员会根据陕西省立师范专科学校的办学条件，决定"以师专为基础归并西大教育系成立师范学院"。9月2日，以省立师专为主体，正式组建成立西北大学师范学院，刘泽如为首任院长。1950年，根据西北军政委员会决定，陕西省立师范专科学校陕南分校（位于今汉中市）也归并西北大学师范学院，在读的国文、数学两科学生100余人编入西北大学师范学院相应的系科继续学习。

西北大学师范学院分设教育行政、国文、史地、数学、理化5个系（本科），刘泽如兼任教育行政系主任，高元白任国文系主任，李瘦枝任史地系主任，刘亦珩任数学系主任，侯又可任理化系主任。教员共计22人，包括专任教授9人，兼任教授1人，专任副教授2人，兼任副教授1人，专任讲师3人，专任助教6人。1950年3月，教育行政系改称教育系，国文系改称中国语言文学系。为贯彻落实"师范学校为培养中学师资服务"的政策，先后增设史地、生物、中文、理化、数学、政教6个专修科。

西北大学师范学院建立之初，院长刘泽如订立了办学目标，并对专业布局进行调整。西大师院《迎新特刊》中介绍道："西大师范学院是培养普通中学、工农速成中学、师范学校的师资，以及其他中等专业学校普通课的师资的学校，是以马克思列宁主义毛泽东思想武装学生的头脑,要求学生成为忠实于人民教育事业和具有教育科学理论与业务知识并且身体健康的人民教师。"

西北大学师范学院的教学工作始终与国家发展同频共振,为更好地做到学以致用,为国家经济社会发展特别是西部地区的建设服务,学校重视学生的教育实习工作。1952年的教育实习,是学校第一次统一的有计划的教学实习,参加实习的有教育系四年级,中文系三、四年级,理化系四年级,数学系三年级,史地系四年级学生,共计39人,分别赴市女中、市六中实习,时长六周,本次实习,增强了学生的理想信念。次年,西大师院各系四年级学生28人、指导老师5人,赴北京进行首次有计划的教育参观,历时二十二天。一行人参观了中国人民大学、北京师范大学、北京大学等高校,在北京市第四中学、北京市师范学校等进行教学参观。在北京师范大学附中一部和女附中进行试教,并在北京师范大学听普希金教授讲教育学课。还参观了北师大二附小和幼儿园、中国科学院心理研究室等。各科系分别参观了相应的高校、研究院、公司、工厂等。前后两次教育实习,从西安走向北京,从中学走向大学,学生们通过亲身实践,愈加体会到教育之真谛、教师之光荣,树立了信心,鼓舞了士气,在教学方法和教学环节设计上,更加趋向周密、完整,有计划性,贴合中学实际,更加突出师范教育的社会功能,体会到教师蕴藏

1951年西北大学师范学院史地系师生与院长刘泽如(前排右四)合影

的巨大社会价值。

1952年8月，西北军政委员会教育部根据全国高等师范院系的调整精神，决定将西北大学师范学院独立设置，随即在西安市南郊吴家坟附近选址建校。刘泽如之子刘盼之回想起当年父亲选校址时说道："当时那个地方，真的是什么都没有，既没有村庄也没有住户，连个树木都没有，当时我父亲就讲：'高校要和城里离开，不然城市将来发展受到影响，学校怎么办，宁可放到远点不要搁到跟前，这样是有好处的。'"虽然条件艰苦，但师范学院的教职员工火热地参与到新校区的建设中来。时任采购组副组长的教员刘念先回忆说，当时每天要跑200多里路，但大家都有一股乐观肯干的劲头，想到这既是为自己的学校奔走，又是为祖国建设增砖添瓦，有一种兴奋感和自豪感，"看见砖瓦木料一天比一天多，房屋一天比一天高，哪能不高兴呢！"

在全校教职员工的共同努力下，仅仅四个月的时间，吴家坟新校址就基本建设完成。1952年12月，西北军政委员会教育部颁发"西北大学师范学院"木质方印一枚。此时，师范学院虽还冠在西北大学名下，但实际上已具有办学的独立性。1952年底，教育系部分师生搬迁至新校址。1953年1月，中文系、数学系、史地系迁入新校址；8月，政教系迁入新校址。1954年8月，实验

西北大学师范学院新校址校门

西北大学师范学院新建成的办公楼

西北大学师范学院教学楼、科学楼落成纪念

教学大楼建成，理化系、生物专修科也随之迁到新校址。师范学院的迁校工作全部结束。

三、一所新型师范院校的诞生

1953年，国家开始实行发展国民经济的第一个五年计划，"一五"期间需补充10万名左右中等学校师资，而当时的高等师范学校却只能培养出4万名毕业生。面对严峻的形势，在陕西省西安市建立一所独立的高等师范院校势在必行。1954年6月7日，西北行政委员会发布通知，正式独立设置西北大学师范学院，并更名为西安师范学院。8月11日，刘泽如被任命为西安师范学院院长。

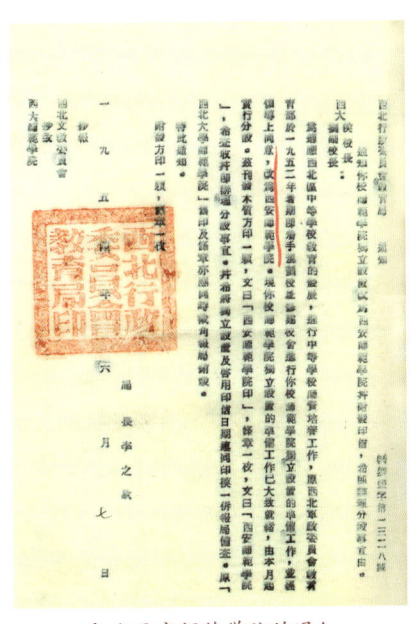

定名西安师范学院的通知

中央人民政府主席毛泽东为刘泽如颁发的任命书

西安师范学院校门

西安师范学院鸟瞰图

1953年初，西北大学师范学院的部分行政单位和系科搬迁到南郊新校址后，为解决教职工子女入托教育问题，学院开办附属幼儿园，1954年8月更名为西安师范学院幼儿园。同时，创办西安师范学院附属小学。1955年10月，为了改进西安师范学院在教育理论、教学方法等方面的科学研究工作，加强师院与中学的联系，提高与保证培养中学师资的教育质量，陕西省教育厅将具有革命历史传统的省立西安第二中学划归西安师范学院，作为教学实习基地，并更名为西安师范学院附属中学。学院各系不断加强与附中的联系，使师院附中成为学院进行教育理论与教学方法研究的场所。1956年，附中迁入西安师范学院校内，以便学院教师和附中教师共同研究教材教法以及中学教育的实际问题。

西安师范学院附中校门　　　　　　　　学生实习

西安师范学院根据教育部"高等师范学校应根据中等学校教学计划设置系科"的要求，将理化系分为物理、化学两系，物理系主任为吕秉义，化学系主任为侯又可；史地系分为历史和地理两系，历史系主任为史念海，地理系主任为黄国璋。此外，对其他行政机构也做了部分调整，增设了函授部。1958年5月，西安师院与中国科学院陕西分院协作，建立了教育研究所、应用声学研究所和应用光学研究所，刘泽如兼任教育研究所所长。

（一）铸造师魂、陶冶师德、培养师能

院长刘泽如反复强调，师范院校的学生，是未来的人民教师，在学校就要考虑到将来如何为人师表，因而必须注意铸造师魂、陶冶师德、培养师能。

基于社会主义建设的需要，高等师范学校在学生培养过程中特别注重将教学理论与生产实际相结合。地理系200余名师生在系主任黄国璋的带领下，跋山涉水，从事陕西地理考察，在陕西汉中地区进行了"湑水河流域综合考察与

规划"的生产实习，这也是地理系有史以来规模最大的一次综合考察实习。数学系师生400余人，分赴国棉四厂、国棉六厂、公路设计院、金属结构厂、机械化施工公司等生产单位进行了两个多月生产实践，师生对于数学是否能直接为生产服务和数学专业如何进行"三结合"等问题，有了明确的认识和不少的经验，写出了137本通俗数学小册子。这些实地考察和生产实践，不仅丰富了教学内容，而且对陕西省经济的发展做出了贡献。

从西安师范学院走出的一届届毕业生，扎根三秦大地各市县，深入教学一线，躬耕教坛，为中小学教师队伍建设发展、为新中国的教育事业做出了不可磨灭的贡献。在院长刘泽如的带领下，西安师范学院贯彻全国师范教育会议精神，坚持面向教学的工作方向，提倡尊师重教、尊重科学，完成好为中学培养师资的任务，为把学校建成一所新型的师范院校而努力。

历史系学生为大华纱厂编写厂史

1959年7月渭水河流域规划工作结束大会上，城固县委、县政府向学校赠送锦旗
（右侧接收锦旗者为黄国璋）

（二）有计划、有组织、创造性开展科研工作

学院响应国家"向科学进军"的号召，提出"研究结合教学"的方针。

学院围绕"面向教学,面向中学,为生产建设服务"的方针,有计划、有组织、创造条件开展科研工作。1955年,有4个研究课题被列为重要教学研究题目推荐给高教部,这是西安师范学院自开展科学研究以来取得的第一批研究成果,对学校科研工作发挥了示范作用。1957年,出版了西安师范学院历史上第一部学术专著——霍松林的《文艺学概论》。1958年成立的教育研究所由刘泽如兼任所长,下设陕甘宁边区教育研究室,其作为我国最早从事此项研究的机构之一,为陕甘宁边区教育的研究和发展做出了重要贡献。在具体的教育学研究方面,刘泽如联系边区教育的发展实践,积极开展教育学基本理论研究,不断推进马克思主义教育理论

霍松林《文艺学概论》

刘泽如《辩证唯物论与心理学》手稿

和创新实践,开创了辩证唯物主义心理学的研究体系,取得了丰硕的成果。他认为,"教育是教育人的工作,因此,必须掌握人的思想意识的发展规律,依照人的思想意识的发展规律去教育人"。

1954年,学院已建成专业实验室14个。1956年3月,学校举行第一届科学讨论会,会上提出报告的有12篇科学论文并分别进行了研讨,坚定了

第一届科学讨论会

物理系研制的第一台模拟电子计算机，研制人员正向参观的群众介绍其性能

应用声学研究所揭牌

小型气象园

教师从事科学研究的信心。1958年，物理系研制出学院第一台模拟电子计算机，大大拓展了教学内容；同年，应用声学研究所、应用光学研究所成立，应用声学研究所研制出学院第一台超声波医用钻床。地理系新建了土壤地理、植物地理、天文等实习实验室，充实、扩大了原有气象园、绘图室、地质实习实验室。地理系主任黄国璋倡导区域地理学研究，在他的带领下，地理系从1958年开始编纂《陕西省汉中专区地理志》，这是我国第一部按近代地理科学的理论和方法编纂的专区级地理志。

（三）青年教师培养有方，学术大师群星璀璨

西安师范学院高度重视教师队伍建设。学院采取"按部就班、循序渐进"的方法培养助教，促进青年教师快速成长。院长刘泽如亲自培养了两名心理学助教，耐心而认真地进行指导，取得很好的效果，对其他教师培养助教工作起到了榜样促进作用。中文系主任高元白通过开办青年教师培训班、师傅带徒弟、选送优秀青年教师进修等方式培养青年教师。地理系主任黄国璋采取"留下来、送出去、请进来、借过来"的"三来一送"师资队伍建设方针，即选拔优秀毕业生留校任教，选拔优秀中学地理教师来校任教，将年轻教师送往其他高校或科研机构进修或代培，请外校名师进校讲课，以先借后调的方式吸纳优秀师资等方式推进师资队伍建设。1955 年建校初期，学校有教师 217 人、行政人员 29 人。1955—1956 学年度第一学期，学院有助教 146 人，其中 19 人在外校进修，45 人独立开课，19 人讲授一门课程的部分章节。这一学期，146 名助教中，有 30 名提升为讲师，提高了青年教师的信心，也为学院的发展提供了坚实的后备力量。

1956 年，我国社会主义改造基本完成以后，开始转入全面的大规模社会主义建设。西安师范学院也在这一时期实现

中文系主任高元白在上课

物理系主任吕秉义在上课

快速发展，培育新型教师，建设高质量教师队伍，探索属于自己的高等师范院校发展之路，在此过程中涌现出一批师院之星，在各自的领域散发光亮。

首任院长刘泽如一生忠诚党的教育事业，坚持以马克思主义为理论指南推动学科发展，开创了辩证唯物主义心理学的研究体系；地理系主任黄国璋是发展中国近代地理学的先驱，为学院地理系科的发展做出了巨大贡献；中文系主任高元白为中国教育事业奋斗一生，为中国语言文字学的教学和科研做出了杰出贡献。这些书写西部师范教育史诗的师坛群星还有陈高佣、史念海、赵恒元、朱本源、斯维至、霍松林、聂树人、刘胤汉……有奠基早期师范教育的教育学人马师儒、吴元训，也有毕业后再三提出支援大西北、建设教育事业的史明轩。他们有如夜空中的星，在闪烁间愈发明亮，在汇聚中终显璀璨。他们有的是全面抗战初期随平津等地高校内迁而来，永远地留在了西部大地，有的是陕西省自己培养起来的一代名家，都在这片山横水纵、土厚天高的广袤天地扎根奉献，将中国特有的教育家精神和学术报国力量代代传承，书写着中国高等师范教育的西部篇章。

第三节　陕西师范学院的成立发展

1953 年，中央制定国民经济第一个五年计划，国家进入社会主义改造时期。1956 年，我国基本完成对生产资料所有制的社会主义改造，新中国全面进入社会主义建设时期。截至 1960 年，全国中等师范学校达到 1964 所，高等师范院校达到 227 所。这一时期，陕西省中等教育师资训练班、陕西师范专科学校、陕西师范学院的创建与发展，构成了陕西师范大学历史发展的第二条源流。

一、筹备建立中等教育师资训练班

当时，陕西的中等教育发展迅速，中学对师资的需求与日俱增，西安的师范院校布局尚无法满足中等教育教师队伍建设的需要。根据全国教育工作会议精神，陕西省文教厅于1953年8月创办了陕西省中等教育师资训练班（简称"中教班"），培训初级中学师资。校址暂设在位于书院门的陕西省西安师范学校内，并于西安南郊瑞禾村筹建新校舍。

陕西省文教厅厅长景岩征兼任中教班班主任，设语文、数学两科，学制一年。1953年9月，第一批学员进入中教班学习，这些学员包括由各县选送的优秀小学校长、教导主任、中学职员等共240人，以课堂试教与班主任工作为重点，讲解课堂讲授所需的理论和方法，同时为学员提供在陕西省女中、西安工农速成中学、西安市三中等中学集中实习的机会。第二年，增设地理科，学制四个半月。从1953年到1956年，先后共有515名学生从中教班毕业，成为中学校长和优秀教师、辅导员等。

陕西省中等教育师资训练班校门

二、扩建成立陕西师范专科学校

在中教班的新校址即将建成之际，这个短期师资训练班又开始承担新的历史任务。为适应中教班逐年扩大的招生规模，1954年8月，在中教班的基础上扩建成立陕西师范专科学校，并继续附设中等教育师资训练班。同年11月，陕西师范专科学校迁址南郊瑞禾村，与西安师范学院南北相望。原政庭任陕西师范专科学校校长，专业设置有政教科（1955年改为历史政治科）、中国语言文学科、数学科、物理科，1955年增设生物化学科。学生401人，教师44人。学校初创时不论在师资配备方面，还是仪器设备方面，都存在较大困难。在陕西省委和省教育厅的直接领导和关怀支持下，先后从中学抽调了一批具有丰富教学经验的优秀教师来校任教，并由北京师大、东北师大等校分配来一批本科毕业生和研究生毕业生担任助教，逐步充实和增强了教师队伍和教学力量。这些优秀师资也为后来的陕西师范学院、陕西师范大学的发展壮大发挥了重要作用。

三、全面建设陕西师范学院

1956年，全国高等院校的调整仍未结束，中教班和陕西师专四年毕业生合计756人，在短期内暂时缓解了初级中学师资缺口问题。在1956年暑假期间，陕西省教育厅研究决定以陕西师范专科学校为基础，建立陕西师范学院。任命原政庭为陕西师范学院副院长。将陕西师范专科学校的物理系并入西安师范学院，停办历史政治科，同时将西安师范学院的化学系和生物科调整至陕西师范学院。同时，开办陕西师范学院附属小学、附属幼儿园。1957年冬，陕西省委批准成立中共陕西师范学院委员会，委派王鲁南任党委第一书记。

陕西师范学院校门

陕西师范学院校园图

  陕西师范学院建院后，即着手进行教学改革，改革措施得到了陕西省委的肯定。陕西省委在发给省内各高等院校的一则文件中，对陕西师院从实际出发，大破大立进行教学改革的做法予以肯定，并提出此举值得其他各院校借鉴。

  为深化教学改革，陕西师院在改进基础课、加强基本训练方面用足力气，下足功夫。1958年，生物系和化学系的部分师生参加了由陕西省计划建设委员会组织的野生植物调查队，他们在一个多月的时间内，协助地方摸清了几个县的野生植物品种，并进行了分析和鉴定，这与在校期间学习的植物学、化学等基础理论知识是分不开的。中文系的学生，在学习了文学理论和语言知识后，还必须掌握将这些理论知识用来分析具体作品和进行写作的能力。高等师范院校毕业生毕业后要去往各个县城，甚至乡村，这些学生不单是从事教学工作，在生产建设落后地区还要担任地方上的技术人员，更好地将教育和地方经济建设发展相结合。物理系通过对超声波的研究，不但直接服务于生产建设，同时还丰富了无线电、振动与波、声学、电磁学等方面的教学内容，扩大了教师在这些方面的基础理论知识领域，为该系系统开设声学基础、超声学、振动理论等选修课创造了条件。这些均说明只有提高科学研究水平，才能用最新的科学知识武装学生，推动基础学科的发展和研究的创新。

教育科学教研室讨论教材改革

中文系召开教学研讨会

化学系主任侯又可检查物化教学准备工作

数学系主任魏庚人在上课

陕西师院由中教班、陕西师专发展而来，在此期间共培养了3227名毕业生，他们中的绝大多数扎根西部基础教育岗位，为西部教育事业奉献终生。这一时期，招生、毕业人数逐年增长，专任教师数量逐渐增加，专业化程度逐步提升，师资队伍建设有了快速发展。当时的陕西师院聚集着一批教坛巨匠，他们中，有将"当一辈子教师"作为人生最高理想信念的数学系主任魏庚人，有将家作为饲养室进行科学研究的生物系青年教师郑哲民，还有在革命时期为中共搜集翻译情报、战斗在敌人心脏中的无名英雄——外语教研室主任王敦瑛。他们把一生献给了西部师范教育事业，在三秦大地默默书写着杏坛佳话，耿耿丹心，烛照春秋，是陕西师大人践行"西部红烛两代师表"精神的真实写照。

丰富多彩的学生活动

第四节　陕西师范大学的诞生发展

1960年，西安师范学院与陕西师范学院合并，成立陕西师范大学，扩大了办学规模，提升了办学层次，基本形成了以本科教育为主的师范大学，初步确立了在西北地区引领师范教育发展的地位。1978年，学校成为教育部直属师范大学，在国家规划高等师范教育大区布局中获得重点支持发展的重要地位。2005年，学校入选全国"211工程"建设高校，在陕西师范大学发展史上具有里程碑意义。2017年，学校入选国家首批"双一流"建设高校，全面开启特色鲜明世界一流大学建设新征程。

一、力争"出潼关、进北京、争取全国发言权"

1960年下半年开始，党中央文教小组开始贯彻"调整、巩固、充实、提高"八字方针。1961年10月，教育部召开第二次全国师范教育会议，肯定师范教育的重要性，明确师范教育的主要任务是培养合格的中小学师资，确定逐步压缩师范教育规模，对师范教育进行了全面调整。1960年5月7日，陕西省人

陕西省省长赵伯平为刘泽如颁发的任命书

民委员会同意将西安师范学院与陕西师范学院合并，成立陕西师范大学。任命刘泽如为党委书记兼校长，全校上下明确办学目标，为把学校办成全国先进的革命的共产主义师范大学而奋斗。

　　陕西师范大学成立之初，全校设有11个系（本科）和10个科（专科），覆盖了中学教育的全部课程。其中，政教系主任为巩重起，教育系主任为朱勃，中文系主任为高元白，历史系主任为史念海，数学系主任为魏庚人，物理系主任为赵恒元，电子系主任为吕秉义，化学系主任为侯又可，生物系主任为王振中，地理系主任为黄国璋，体育系主任为陈毓瓒，外语教研室主任为王敦琰。1960年，副校长郭琦提出"五年小成，十年中成，十五年大成"（"小成"指拿下教学任务，闯过教学关；"中成"指拿下科研任务，闯过科研关；"大成"指教学、科研两方面赶上全国水平）和"出潼关、进北京、争取全国发言权"两个鼓舞人心的战略目标。1961年上半年，陕西省高教局批准学校9个专业招收研究生，首届共招收13名研究生。1962年下半年因调整机构、精简人员而中止研究生培养。1965年，建立留学生机构，首次招收汉语专业留学生100人。这一阶段，随着学校系科的扩大和专业的扩展，由原来以专科教育为主转向以本科教育为

20 世纪 60 年代陕西师范大学校门

主,同时开展研究生教育和留学生教育,标志着学校办学层次明显提升,教育质量逐步提高,从此步入了社会主义新型师范大学的行列。

1960年,陕西师范大学成立后,西安师范学院附中更名为陕西师范大学第一附属中学,陕西师范学院附属中学更名为陕西师范大学第二附属中学。1972年1月,陕西师范大学第一附属中学更名为西安市第八十四中学,陕西师范大学第二附属中学更名为西安市第八十五中学,全部归西安市教育部门管理。1979年10月,西安市第八十四中学更名为陕西师范大学附属中学,归陕西师范大学领导管理,延续发展至今。西安师范学院和陕西师范学院原主办的附属小学分别更名为陕西师范大学第一附属小学、陕西师范大学第二附属小学;西安师范学院幼儿园与陕西师范学院幼儿园合并组建为陕西师范大学幼儿园。1962年5月29日,陕西师范大学决定将第一附属小学与第二附属小学合并,更名为陕西师范大学附属小学。陕西师范大学附属学校积极服务大学师范教育的改革发展,始终与陕西师范大学同频共振、同气连枝,共同引领基础教育改革发展。

（一）贯彻党的教育方针，服务国家战略需求

陕西师范大学成立之初，全校有教职员工 1447 人，其中专任教师 638 人，全校有学生 5724 人，其中本科学生 3766 人，专科学生 1958 人。为使师生尽快适应新的教学要求，学校在课程设置上，建设性地提出加强基础理论、基本知识、基本技能训练的"三基"训练。随后，中共中央正式批准试行《教育部直属高等学校暂行工作条例》（即《高教六十条》），其中规定："高等学校的基本任务，是贯彻执行教育为无产阶级政治服务、教育与生产劳动相结合的方针，培养为社会主义建设所需要的各种专门人才。"正是由于"三基"训练打下了良好的基础，陕西省委决定将学校作为贯彻《高教六十条》的 3 所试行单位之一。

数学系系务会讨论"三基"训练实施规划

（二）学术研究百家争鸣，提振士气力攀高峰

主持学校党委及行政工作的党委副书记、副校长郭琦曾说"咱们的科研不

学校要求青年教师首先须过"教学关"

能争取联合教室（联合教室是当时学校开大会、做学术报告的地方，现已更名为积学堂）的发言权，要出潼关、进北京、争取全国发言权"，激励鼓舞全校教师积极开展学术研究。据1963年的数据统计，学校进行科学研究的教师有111人，占全校教师总数的30%；当年计划进行的科研项目为139项，其中关于教学研究的有40项。次年，学校召开科学讨论会，各系推荐参加讨论会的论文有66篇，讨论会的论文作者一半是中青年教师。这次科学讨论会是学校贯彻执行《高教六十条》以来，教师结合专业和教学开展科研的一个高峰，同时也显示出青年教师的学术研究水平有了迅速提高。

1965年9月22日《光明日报》第315期《史学》栏目专刊发表学校青年教师孙达人的文章《应该怎样估价"让步政策"》，引起了全国学术界，尤其是史学界的重视，引发了热烈的争鸣讨论。《光明日报社六十年大事记（1949—

《陕西师范大学科学研究论文选辑》

2008）》记载："毛泽东主席看了，十分赞赏。"彼时的孙达人，是一位刚刚30岁的年轻讲师，躬耕教坛十八载后，于1983年出任陕西省副省长。虽离开了讲台，但孙达人始终心系教育，只要有时间就会回到学校为学生们授课。

（三）坚持以教学为主的原则，大力培养青年教师

教育系为学校教师专门开办脱产进修班和外语补习班。进修教师经过为期四个半月的集中学习，通过对英语、俄语相关教材的学习，以及研读大量专业书籍，教学能力和外语水平得到了显著提高，产生了教育学、外国教育史、普通心理学等基础课程的校本教学大纲、教学讲义。

历史系史念海教授为青年教师制订学习计划，他所指导的青年教师都有"两个本子"，一本写读书札记，一本写学习日志。读书札记每周6篇，每篇400—600字，记录当天的读书体会和问题；学习日志则要分时段记录每天读的书的章和节。每周一篇论文，每学期形成一篇达到发表标准的论文。这样的

史念海指导学生写读书札记和学习日志（后人摘录）

教学方法坚持了二三十年，史念海1990届博士生、陕西师范大学李令福教授等史门学子均对"两个本子"感触颇深。李令福曾回忆道："老师常引用清代史学理论家章学诚《文史通义》一书中'札记之功，必不可少。如不札记，则无穷妙绪，如雨珠落大海矣'这句话。"对于李令福的"两个本子"，史念海均细改细批，一次不缺，一篇不少，周周如此。史念海的学生继续使用"两个本子"方法对学生进行教学科研训练，将严谨求实的学术精神代代相传。

二、跻身师范大学"国家队"发展新平台

1966年5月至1976年10月，学校教育事业遭受了严重损失，在艰苦的环境下，仍取得了一定成绩。1966年至1971年间，学校停止招生，教学科研工作受到冲击。1972年学校开始恢复招收工农兵学员，从1972年到1976年，学校每年招收工农兵学员六七百人，教学科研工作逐步恢复。1972年，学校创办发行中学教学参考系列刊物。1973年10月，复刊后的《陕西师大学报（哲学社会科学版）》出版发行。1974年，《陕西师大学报（自然科学版）》开始出版发行。1975年，《陕西师大学报》更名为《陕西师范大学学报》。同年，经与省、地教育局协商，学校成立宝鸡、汉中分校，宝鸡分校设立中文、数学、

物理、政教 4 个专业，汉中分校设立中文、数学、物理、化学、体育 5 个专业。同年 10 月，陕西省教育局批准学校成立周至分校。1976 年，学校教学科研步入正轨，获得新生。

随着全国教育战线进入拨乱反正、恢复整顿、发展提高的新阶段，师范教育的重要性再次凸显，地位得到重新确定，进而快速恢复和发展。1977 年 8 月，邓小平在全国科学和教育工作会议上提出"师范大学要办好"。1978 年 10 月，教育部印发《关于加强和发展师范教育的意见》，指出"大力发展和办好师范教育是发展教育事业、提高教育质量的基本建设"，强调"教育部直属的 6 所高等师范院校（北京师大、华东师大、吉林师大、华中师大、西南师大、陕西师大）应担负为各地师院、师专、中师和重点中学培养师资的任务"。在此思路指导下，高等师范院校的恢复与发展工作迅速展开。1978 年，国务院批准恢复和新建高等师范院校 102 所。1980 年，教育部召开全国师范教育工作会议，指出师范教育具有自身特点，要按师范教育的规律办学；确定了师范教育恢复发展的步骤，首先要办好 6 所教育部所属的高等师范院校，发挥示范作用。20 世纪 80 年代，师范教育主要有两种倾向，一是各级各类师范机构盲目追求升级，二是高师院校向综合大学发展。1985 年，《中共中央关于教育体制改革的决定》指出发展师范教育和培训在职教师是发展教育事业的战略措施，高等师范学校要坚持为中等教育服务的办学思想。1986 年 3 月，国家教委《关于加强和发展师范教育的意见》要求，真正把师范教育提到发展教育事业的战略地位上；各级各类师范院校要坚持为基础教育服务的办学思想；师范教育实行中央和地方分级管理，国家教委直接领导 6 所直属师范大学，其余师范院校由地方政府管理。高等师范院校综合化的趋势由此得到遏制。

20 世纪 90 年代起，师范院校转型升级，高等师范院校逐步走向综合化。1993 年 2 月，国务院发布《中国教育改革和发展纲要》，要求各级政府办好师范教育，其他高校要承担培养中小学和职业技术学校师资的任务。这标志着新中国师范教育从独立封闭走向多元开放。1996 年，国家教委印发《关于师

20世纪80年代陕西师范大学校门

20世纪90年代陕西师范大学校门

范教育改革和发展的若干意见》,提出要健全和完善以独立设置的各级各类师范院校为主体,非师范类院校共同参与,培养和培训相沟通的师范教育体系;师范教育基本稳定为中等师范教育、高等师范专科教育、高等师范本科教育三个层次,适度发展本科,按需发展专科,调整、加强中师。这是我国首次从政策上明确规定非师范院校在教师教育工作中的作用和地位,标志着我国独立封闭的师范教育体制开始向混合开放型师范教育体制转变。1997年,在高等师范院校转型背景下,按照教育成本分担原则,师范生开始缴费入学。1999年,教育部印发《关于师范院校布局结构调整的几点意见》，提出师范教育以师范院校为主体，其他高等学校积极参与，中小学教师来源多样化；层次结构重心逐步升高，由三级师范（高师本科、高师专科、中等师范）向二级师范（高师本科、高师专科）过渡；职前职后教育贯通，逐步构建体现终身教育思想的教师教育新体系。1999年，中共中央、国务院印发《关于深化教育改革全面推进素质教育的决定》，提出"调整师范学校的层次和布局，鼓励综合性高等学校和非师范类高等学校参与培养、培训中小学教师的工作，探索在有条件的综合性高等学校中试办师范学院"。此后，师范院校逐步走上综合化发展道路，综合性大学参与教师教育工作，我国逐渐确立了师范教育优先发展战略性地位，初步建立了多元开放的教师培养培训体系，混合开放的师范教育体制初步形成。

　　这一时期，陕西师范大学的发展进入了新阶段，各项事业迈上了新台阶。1978年2月17日，经国务院批准，陕西师范大学由陕西省属划归教育部直属，实行由教育部与陕西省双重领导、以部为主的领导体制。"五年小成，十年中成，

国发〔1978〕27号文件：陕西师范大学划归教育部直属

十五年大成"和"出潼关、进北京、争取全国发言权"的战略目标实现了。从此，陕西师范大学跻身中国师范大学"国家队"行列，标志着学校事业跃上了一个新的发展平台。

（一）明确办学定位，调整学科布局

陕西师范大学始终贯彻党的教育方针，积极响应国家发展需求，不断提高人才培养水平。1978年，学校工作重点转移到教学和科研上来，努力把学校办成"既是教学中心，又是科研中心"的社会主义师范大学。学校先后成立了陕西师范大学西安专修科、咸阳专修科、榆林专修科、渭南专修科、安康专修科、商洛专修科，积极主动为地方加快培养中学师资。

1980年，学校确定中国历史地理、唐史、古典文学、分析化学、光学、中国自然地理、超声学、无脊椎动物学等8个学科为校级重点学科，搭建了既能培养高质量专门人才，又能提高本学科科研水平的学术平台。1981年11月25日，国务院学位委员会下达首批博士、硕士学位授予单位名单，陕西师范大学位列其中。历史地理学获批博士学位授予权，为学校首个博士学位授

陕西师范大学首届博士学位授予典礼

权点，史念海担任该学科的博士研究生指导教师，也是当年陕西省获批的 28 位博导中唯一的文科博导。史念海先后培养了 30 余位历史地理专业博士研究生和一大批硕士研究生，这些学生都在历史地理学的教学和研究领域发挥着重要作用。

为了在更多领域服务经济社会发展，学校开设非师范专业。1985 年到 1994 年的十年间，学校根据社会需要共增设了 14 个本科非师范专业，基本形成了以师范教育为主体、非师范教育适度发展的专业建设格局。学校始终坚持为中等教育培养师资不动摇，把提高培养质量放在首位。1996 年，在学校 29 个本科专业中，师范教育类专业占 24 个。至 2006 年，学校本科专业总数达到 62 个，其中师范专业 24 个，非师范专业 38 个，构建了综合性的学科专业布局，初步形成了一个以教育学科为特色的教师教育体系，增强了学校的综合办学实力，为学校向综合化发展奠定了基础。为国家和西部地区培养高水平教师是学校矢志不渝的办学方向，非师范专业的不断发展，既适应了我国社会主义市场经济体制建设与发展需要，也在一定程度上增强了学校办学活力，为高水平的教师教育提供了有力支撑。

（二）扎根西部热土，教育初心如故

陕西师范大学始终坚持为基础教育服务、为西部培养优秀师资的初心不动摇。20 世纪 80 年代中期，学校主要面向陕西、甘肃、青海、宁夏、新疆招生，为西北五省区培养中学师资。到 90 年代中期，招生地域逐步增加到 23 个省、自治区和直辖市。这一时期，学校人才培养规模大幅增加，其中师范生仍为主体，占比达到 75%，分配到教育系统毕业生的到位率一直保持在 95% 以上。2003 年 12 月 26 日《中国教育报》报道，2001 年以来的三年中，陕西师范大学毕业生一次性就业率分别为 97.68%、99.01%、97.43%，在教育部 6 所直属师范大学中稳居第一，在陕西高校中名列前茅。无论是在西北边陲，还是在东南沿海，学校毕业生以良好的业务素养、扎

实的专业功底、朴实的工作作风、踏实的工作态度赢得了社会的广泛好评，为学校树立了良好口碑，为学校在日后承担国家公费师范教育、培养基础教育卓越教师奠定了良好基础。

这些毕业生中，有的将一生的热情和智慧挥洒在三尺讲台上，从风华正茂到两鬓斑白，教书育人，无怨无悔；有的仍继续奋战在基础教育一线，成为各自学校的教学骨干或名师校长，支撑起西部基础教育的一片天。1983届物理系毕业生仰孝升回到家乡陕西省山阳中学任教，四十余年扎根祖国西部山区，一生只为一事来，甘做教育的留守人、筑梦人，投身祖国西部基础教育事业，在平凡的岗位上教书育人、坚守担当、奉献祖国。1983届数学系安振平毕业分配到地处半山区的咸阳永寿县的边远小镇中学——常宁中学任教，他牵挂着贫瘠的家乡和大山里的孩子们，"我要留下来，这里需要我！"是他的心声。1984届地理系闫素平在毕业分配时，多次申请到西藏去当教师，理由是"西藏高原地域广阔，自然资源丰富，但现在还未广泛开发，要使冰冷的高原沸腾起来，需要高原孕育的儿女去认识它、热爱它、打扮它，因此，那里的孩子需要受到各种教育，那就更需要教师"。在西藏任教一年后，闫素平又赴新疆昌吉和乌鲁木齐，继续将西部红烛之光播撒在西部广袤的土地上。1998届政治经济学院曾长春毕业后回到家乡上海，但他念念不忘上学期间在靖边县、旬邑县支教的情景，适逢沪滇对口帮扶发展的教育项目推行，他立即报名，且一直留在西南边陲，一待就是二十余年。他曾因让学生在晚自习时间欣赏晚霞的绚烂，被网友称为"最浪漫的老师"。

（三）对接基础教育，服务教学教研

在这期间，学校十分重视科学研究工作，以人才强校，以科研兴校。1978年3月，学校恢复设置1962年撤销的教育系。为推动教育理论、教育史、教育情报、教学现代技术等研究，同年6月恢复了陕西师范大学教育研究所，为教育研究的开展提供了有力平台。随着学校科学研究工作走向深入，一批新的

科研机构相继建立。1981 年 1 月，教育部批准成立陕西师范大学唐史研究所。1983 年 4 月，教育部批准成立陕西师范大学古籍整理研究所。学校还相继组建了文学研究所、教育管理科学研究所、基础数学研究所、毛泽东思想研究所等研究机构，形成了一支老中青结合、专兼职结合的科研队伍。

1972 年，学校承担起为中学教师编写教学参考资料的任务，创办"中学教学参考"（简称"中教参"）系列杂志，先后创办了《中学政治教学参考》《中学语文教学参考》《中学数学教学参考》《中学物理教学参考》《中学化学教学参考》，1979 年和 1985 年，学校又先后创办了《中学历史教学参考》《中学地理教学参考》和《中学生物教学参考》。中教参自问世以来备受全国各地中学师生的青睐。在那个资料匮乏又求知若渴的年代，得到教学参考对中学师生来说如获至宝，读者在给编辑部的来信中表示："哪期得不到，就感到肚子饥。"内蒙古海拉尔一中的一位教师在给时任陕西师大杂志社总编辑杨建华的信中写道："我是一位民族地区的教育工作者，我们这里经济落后，信息闭塞，你们编辑的刊物使我从中学习和加深了许多书本里和学校中得不到的知识。"《中化参》编辑部初创时期，没有办公室、没有稿件，时任主编杨建华的布兜就是他的移动办公室，他常提着装有编辑部所有"家当"的布兜到处约稿，走到哪里就在哪里抽空办公。《中物参》主编庄崇光在视网膜脱落、双目几乎失明的情况下，听着作者稿件的录音，口述进行修改编辑，以其惊人的毅力，五年内编辑刊物 30 多期，共计 180 万字，将《中物参》发行量推到了历史顶峰。

历经二十多年的探索，张熊飞教授主持的国家教委"诱思探究教学理论与实践"课题，在 1995 年先后通过省

张熊飞教授在全国第九届诱思探究教学研讨会上做报告

级、国家级鉴定,被专家们评价为具有国内领先水平的基础教育研究成果。1996年3月,陕西省教委决定在全省中学推广该项目研究成果,全国建立了100多个教学、科研、行政三结合的教改实验基地,实验研究遍布100多所中小学,30多个省、自治区、直辖市的50多万中小学教师不同程度地运用诱思探究法开展学科教学改革。诱思探究教学实验研究经历了调查体验、实验摸索、筛选深化三个阶段,取得了显著的社会效益,初步形成了比较系统的诱思探究教学理论。这一成果的大范围推广,对提高中小学教育质量、实施素质教育发挥了很好的作用,培养了一大批学者型、科研型的教师。

诱思探究教学深化探索结题鉴定会

三、开辟服务西部、辐射全国的发展新阶段

21世纪以来,国家陆续出台了系列教师教育方面的政策文件,持续深化教师教育改革。2001年5月,国务院《关于基础教育改革与发展的决定》提出,"完善以现有师范院校为主体、其他高等学校共同参与、培养培训相衔接的开放的教师教育体系"。这是我国教育政策文本中首次使用"教师教育"概念,这标志着我国师范教育向教师教育转型。2002年,教育部印发《关于"十五"期间教师教育改革与发展的意见》,首次对"教师教育"进行界定:"教师教育是在终身教育思想指导下,按照教师专业发展的不同阶段,对教师的职前培养、入职教育和在职培训的统称",提出"初步形成以现有师范院校为主体,其他高等学校共同参与,培养培训相衔接,体现终身教育思想的开放的教师教育体系","鼓励其他高等学校特别是高水平的综合大学参与教师培养、培训,或与师范院校联合、合作办学,为中小学教师特别是高中教师来源的多元化作

2004年雁塔校区老西门

2004年雁塔校区图书馆

出积极贡献"。教师教育进一步朝着开放化、综合化的格局迈进。2004年，教育部《2003—2007年教育振兴行动计划》提出，创新教师教育，形成开放灵活的教师教育体系。这进一步明确了新时期我国教师教育改革发展的基本思路。2010年，《国家中长期教育改革和发展规划纲要（2010—2020年）》提出以开放灵活的体系为教师教育发展的方向。从此，综合性院校进军教师教育领域，师范院校向综合性院校转型发展，在更加综合的学科专业环境中开展教师培养培训。

随着教师教育改革的逐步深化，我国初步形成了以师范院校为主体、综合性院校参与教师教育的格局。这也为陕西师范大学的高水平建设带来新的历史机遇。2005年，学校第九次党代会确立了以教师教育为主要特色的综合性研究型大学的办学目标，其中"有特色"主要指教师教育办学特色；"综合性"主要指学校的学科门类比较齐全，学科结构比较优化，综合优势比较明显；"研究型"主要指学校以创新性的知识生产、传播和应用为中心，以产出高水平科研成果和培养高层次精英人才为目标，并在促进经济建设、科技进步、文化繁荣、社会发展和人类文明等方面做出重要贡献。2005年学校入选"211工程"

2001年长安校区破土动工

2004年长安校区喷泉广场

重点建设高校，成为学校发展史上的重要里程碑。2007年学校开始承担国家免费师范生培养重任，随后入选国家"教师教育优势学科创新平台"建设高校。21世纪的第一个十年里，学校建设了长安新校区，极大改善了办学条件，在祖国西部大地继续书写着21世纪的红烛故事。

（一）跻身"211工程"重点建设高校行列，乘势而上形成办学新型格局

2005年，学校跻身国家"211工程"重点建设高校行列。全校师生和广大校友精神振奋，为母校事业进一步发展感到自豪。这一结果，一方面是学校加快发展、努力进取得来的，另一方面更是体现了国家和教育部对这样一所地处西部的师范院校的关心和支持。学校从2008年起至2011年底，通过"211工程"三期建设项目，在重点学科建设、创新人才培养、队伍建设等方面取得了重要的建设成效和标志性成果。

在学科平台建设方面， 一级学科博士点增加到15个，一级学科硕士点增

陕西师范大学"211工程"重点建设项目签字仪式

加到 40 个，并获得教育博士专业学位授权，博士后科研流动站增加到 12 个。

在实验平台建设方面，2003 年，学校第一个教育部重点实验室——药用植物资源与天然药物化学教育部重点实验室获批建设，之后获批建设历史文化遗产保护教育部工程技术研究中心（2006）、应用表面与胶体化学教育部重点实验室（2007）、现代教学技术教育部重点实验室（2011）。2008 年，西北濒危药材资源开发国家工程实验室获批建设，实现了学校国家级重点研究基地建设零的突破。

在科学研究方面，"十一五"期间，在保持基础理论研究优势的同时，特色研究、前沿研究、高技术应用研究的优势开始形成。2010 年，"汉江上游（南水北调水源区）万年尺度古洪水水文学研究"项目获得国家自然科学基金重点项目资助，打破了学校多年来没有国家自然科学基金重点项目的局面。高层次论文数量明显增加，从 2005 年 SCI（E）一区论文尚无人发表到 2011 年发表 24 篇，SCI（E）二区论文由 2005 年的 13 篇增加到 2011 年的 91 篇。2006 年，学校全年科技项目经费达到 1118.09 万元，首次突破 1000 万元大关，到 2011 年，科技项目经费实现跨越式增长，达 8347.99 万元。

西北濒危药材资源开发国家工程实验室揭牌仪式

2005—2011年国家级、部级科技项目、科研项目经费表

年份	国家级、部级科技项目（项）	科技项目经费（万元）
2005	—	921.35
2006	1	1118.09
2007	4	2944.71
2008	—	2749.29
2009	1	3099.35
2010	2	3576.18
2011	2	8347.99

人文社会科学各级各类科研项目逐年递增，自2005年第一次以独立申报单位和首席专家身份获得一项教育部重大攻关项目起，连年保持可持续发展的良好势头。2007年度，教育科学学院游旭群教授的课题获准为全国教育科学"十一五"规划国家级项目，是学校首次获准为该项目的立项课题；2010年获得2项国家社科基金重大招标项目，属历史性突破；"十一五"期间，共获批75项国家社科基金项目，实现了飞跃式发展；在"十二五"开局之年的2011年，共获批国家社科基金项目32项，实现新的突破。尤为值得一提的是，学校争取的人文社会科学科研经费也从2006年的264万元猛增至2011年的3085万元，增长达10倍之多。

在人才培养方面，研究生规模不断扩大，全日制在校研究生的人数从"211工程"实施前的5708人增长到8161人。研究生教育创新计划的建设更加系统化且取得良好效果，入选全国优秀博士论文1篇。

在师资队伍建设方面，在"211工程"三期建设项目期间，引进双聘院士3人，全职引进国家"千人计划"特聘专家1人，引进和培养"长江学者"4人，其中特聘教授2人，聘任陕西省"百人计划"特聘专家8人、陕西省"三秦学者"特聘教授2人。组建起一批高水平的学术创新团队，师资结构显著优化，队伍素质明显提升。截至2011年底，教师队伍中具有博士学位的比例

提高到 52%，具备高级职称和外校学缘的比例分别提高 5.7% 和 8.5%。

进入"211 工程"后，学校办学规模逐步扩大，人才培养规模和质量稳步提高，学科建设取得突破性进展，教学科研成果显著，办学条件大为改观，办学实力和水平显著提升。学校始终坚持以以教师教育为主要特色的学科建设为基点，优化学科结构和布局，汇聚学科力量，精心构建基础厚实、

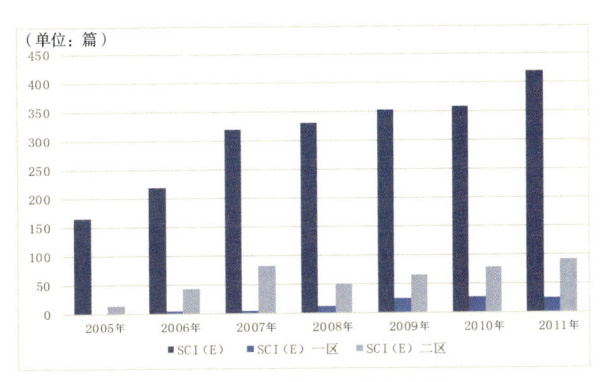

2005—2011 年 SCI 论文统计

2005—2011 年国家及教育部社科项目

重点突出、特色鲜明、综合化程度较高、具有较强竞争力和影响力的学科平台与学科群，不断完善学科体系，形成多学科协调发展的新格局，更好地支撑教师教育的专业需要。

（二）入选国家"教师教育优势学科创新平台"，奋力而为支撑教师教育发展

为促进教育优先发展、均衡发展，国家出台《教育部直属师范大学师范生免费教育实施办法（试行）》，决定从 2007 年秋季起在 6 所教育部直属师范大学实行师范生免费教育，旨在培养大批优秀教师，提倡教育家办学，鼓励更多的优秀青年终生做教育工作者，进一步形成尊师重教的浓厚氛围，让教育成为全社会最受尊重的职业。国家免费师范生在校学习期间免除学费，免缴住宿费，并补助生活费。国家免费师范生入学前与学校和生源所在地省级教育行政

部门签订协议，毕业后须从事中小学教育十年（后修订为六年）以上。免费师范毕业生一般回生源所在省份中小学任教，在协议规定服务期内，可在学校间流动或从事教育管理工作。省级教育行政部门负责组织用人学校与毕业生进行双向选择，为每一位毕业生安排落实任教学校，确保有编有岗。符合条件的免费师范毕业生可免试在职攻读教育硕士专业学位和与教学相关的学术性硕士学位。2018年，国家出台《教育部直属师范大学师范生公费教育实施办法》，师范生免费教育升级为师范生公费教育，旨在吸引优秀人才从教，培养大批有理想信念、有道德情操、有扎实学识、有仁爱之心的"四有"好老师，大力营造尊师重教的浓厚氛围。

陕西师范大学积极响应国家号召，承担起这一光荣重任。2007年，学校在全国31个省、自治区、直辖市录取免费师范生2580名。在绝大部分省市，各省第一志愿报考人数和录取成绩都比2006年有所提高，充分说明国家在6所部属师范大学实行的师范生免费教育政策受到了全社会的普遍欢迎，也从另一个侧面表明了社会对陕西师范大学人才培养的认可。

学校经过充分调研、论证，科学制定国家免费师范生培养方案，积极创新教师教育培养模式，切实保障和提升国家免费师范生的培养质量。2009年起，依托师范类国家特色专业，学校陆续建设了13个创新实验班，这些实验班兼具师范和非师范属性，学生毕业后，可在继续深造、企事业单位就业和基础教育从教中选择，与免费师范教育互为补充，很好地支撑了教师教育的专业需要，为培养具有综合素质的创新型人才提供了更广阔的平台。2011年6月，历经了四年的尝试、创新和发展，首届国家免费师范生毕业之际，郝春梅、李敏欢、陈进、杨茸、扎西、柴政、彭庆、杨昌志、肖虹、伞艳华作为陕西师范大学首届免费师范生代表，与其他5所部属师范院校毕业生代表在北京一起参加了首届免费师范生毕业典礼。

"回西藏，是我这一生最坚定的选择。"外国语学院首届国家免费师范生扎西毕业后，回到家乡从事农牧民子女教育教学工作。文学院首届国家免费师范生赵海龙毕业后回到家乡青海从教，但他始终心系高原牧区落后教育现状，在 2020 年，从省城西宁来到果洛州玛沁县第一民族中学任校长，赵海龙不畏青藏高原高寒缺氧的艰苦环境，凭借在陕西师范大学汲取的养分和积淀，努力改变当地教育面貌。旅游与环境学院首届国家免费师范生张杰来自贵州山区，在学校学习期间心中就埋下了一颗奉献教育的种子，毕业后毅然回到贵阳市第十二中学，回馈家乡教育发展。音乐学院首届国家免费师范生王之玥，毕业后

学校首届免费师范生代表赴京参加毕业典礼

义无反顾地选择了西安市长安区太乙宫街道初级中学，成为一名乡村音乐老师，扎根西部、扎根农村、扎根一线十余年，用音符串起乡村孩子的笑声，用红烛照亮乡村教育的未来。

为进一步落实教育部直属师范大学师范生免费教育政策，推动教师教育改革发展，培养造就大批优秀教师和教育家，2008 年 12 月，教育部、财政部决定在 6 所部属师范大学启动实施"教师教育优势学科创新平台建设项目"，对学校突出以教师教育为主要特色的办学目标具有重要意义，标志着学校教师教育人才培养工作进入一个快速发展的新时期。2009 年 5 月，学校全面启动项

目建设工作。这一时期，学校以教育学和心理学一级学科建设为龙头，以教师教育相关学科为支撑，不断凝练学科方向，健全学科体系，为优势学科创新平台项目的实施创造了良好的学科环境，教育学等 20 个专业被列为教师教育学科专业建设项目，形成了"教育硕士＋教育博士"的专业学位教育体系；坚持"厚基础、宽口径、高素质、强能力"的培养理念，按照通专结合、文理渗透原则，积极实施"2+2"本科教师教育人才培养模式改革，创新了国家免费师范生培养模式；搭建教师专业能力成长平台、高水平的实验教学平台、师范生技能大赛共享平台，培养国家免费师范生实践创新能力。2009 年陕西师范大学在全国高校中率先建成处于国内领先水平的教师专业能力发展中心，搭建教师专业能力实训实验室 25 个，组建由 100 余名专家组成的专、兼职实训团队，探索教师职前培养和职后培训的实训模式，试行教师专业能力等级证书制度，为国家高素质教师能力实训提供了引领和示范。该中心于 2012 年获评国家级教师教学发展示范中心，为全国 30 个教师教学发展示范中心之一。

学校不断加强教师教育师资队伍建设，到 2008 年，学校教师教育相关学科教师 145 人，其中高级职称 84 人，博士生导师 16 人，具有教育学或心理学博士学位的教师占教师教育相关学科教师总数的 21%。其中，学科教学论教师 57 人，教育技术学教师 18 人。获批教育部科研创新团队 1 个，建设国家级教学团队 3 个，省级教学团队 11 个，获评国家级教学名师 2 人，省级教学名师 16 人，入选各类人才工程计划和荣誉称号 29 人。年龄、学缘、学历、职称结构合理的教师教育师资队伍，为学校教师教育学科的快速发展起到了良好的支撑作用。

通过"教师教育优势学科创新平台"建设，创新了国家免费师范生培养模式，搭建了国家免费师范生实践创新能力培养平台，形成了一批引领教师教育的研究成果，建成了教师教育数字化课程教学资源。项目建设的三年间，学校教师教育特色发展战略深入人心，教师教育办学特色进一步彰显，教师教育优势学科专业体系不断完善，国家免费师范生培养质量不断提升，特色研究成果不断涌现，服务基础教育的能力显著增强。

四、开启特色鲜明世界一流大学建设新征程

2012年,国务院《关于加强教师队伍建设的意见》提出,构建以师范院校为主体、综合大学参与、开放灵活的中小学教师教育体系,继续强调多元开放的教师教育格局。2018年,《中共中央 国务院关于全面深化新时代教师队伍建设改革的意见》提出,建立以师范院校为主体、高水平非师范院校参与的中国特色师范教育体系;支持高水平综合大学开展教师教育,推动一批有基础的高水平综合大学成立教师教育学院,设立师范专业,参与基础教育、职业教育教师培养培训工作;扩大教育硕士、教育博士培养规模,提高教师培养层次,提升教师准入学历标准。2018年,教育部等五部门印发《教师教育振兴行动计划(2018—2022年)》提出,基本形成以国家教师教育基地为引领、师范院校为主体、高水平综合大学参与、教师发展机构为纽带、优质中小学为实践基地的开放、协同、联动的现代教师教育体系;重点建设一批师范教育基地,鼓励高水平综合性大学成立教师教育学院;建立健全本专科层次到研究生层次的教师教育学科专业培养体系,大力建设教师教育学二级学科,增加教育博士专业学位授权点,加大学科课程与教学论博士学位点建设,全面加强教师教育学科体系建设。在国家振兴教师教育的背景下,学校在新时期继续坚持师范为本的办学定位,将办好师范教育作为第一职责,以综合性和研究型支撑教师教育,推进教师教育特色与综合性、研究型融合创新发展,建成教师教育特色鲜明的综合性研究型师范大学,擘画了学校新发展蓝图。

(一)推进教师教育振兴发展

2011年12月,学校第十次党代会提出,加快转型发展步伐,初步实现由教学科研型师范大学向以教师教育为主要特色的综合性研究型大学的历史转型,使学校的综合性办学特征得到社会认可,综合办学实力明显增强,人才培养质量、科学研究水平、社会服务能力、文化传承创新能力大幅提升。2018年12月,学校第十一次党代会提出,奋力把学校建成以教师教育为主要特色

的综合性研究型大学，开启特色鲜明世界一流大学建设新征程。2019 年，学校制定《陕西师范大学西部教师教育珠峰计划（2019—2024 年）》，打造教育学、心理学学科高峰，建设一流教师教育学科、一流师范专业、一流教师教育师资队伍、一流教师教育智库，创新卓越教师培养模式，强化丝绸之路教师教育交流合作，打造西部教师教育珠峰，引领西部教师教育振兴发展；践行弘扬"西部红烛两代师表"精神，深化教师教育体制机制改革，提升教师教育办学水平，着力培养有理想信念、有道德情操、有扎实学识、有仁爱之心的高素质专业化创新型教师队伍，为造就一批教育家型教师奠定基础。

2020 年，学校整合资源，创建国家教师发展协同创新实验基地，打造西部教师教育"示范点""活标本""新高地"；成立西部师范大学教师教育创新与发展联盟，打造集教师教育学科建设、师范专业建设、教师教育师资培养、教师教育国际交流合作、资源平台建设、教师培养培训为一体的西部教师教育协同发展平台，引领西部教师教育振兴；创建西部教师教育创新实验区，建立地方政府、高校、中小

传承十八年的毛笔手写通知书

学协同创新机制，打造西部教师教育创新与培养培训品牌，支持西部基础教育高质量发展；建设西部教师教育高端智库，为解决西部教师教育和基础教育重大问题提供理论依据、政策建议和实践支撑，助力区域教育事业发展。

经过长期建设，学校形成了国家公费师范、国家优师计划师范、普通师范、地方委培师范等多种师范教育形式共同发展的师范教育体系，师范生培养覆盖学前、小学、中学全学段，本硕博全层次。建校以来，学校累计培养各类毕业生 50 余万人，其中 30 余万人服务于中西部教育事业，公费师范毕业生 90% 以上在中西部基础教育一线，为推进西部基础教育均衡发展做出了重要贡献。学校对接基础教育核心需求，契合师范教育发展新理念、新技术、新模式，经过多年探索与实践，确立了以"学识扎实、情怀深厚、灵魂高贵"为核心的卓越教师培养目标，构建了"精神铸魂、专业筑基、素养培根、平台支撑"的"四维一体"卓越教师培养体系。

（二）推进"双一流"建设，强化教师教育特色发展

2015 年 8 月，中央全面深化改革领导小组会议审议通过《统筹推进世界一流大学和一流学科建设总体方案》，将"211 工程""985 工程优势学科创新平台""特色重点学科项目"等统一纳入世界一流大学和一流学科建设。2017 年教育部、财政部、国家发展改革委公布了世界一流大学和一流学科建设高校及建设学科名单，陕西师范大学成为国家首批世界一流学科建设高校，中国语言文学学科进入国家世界一流学科建设名单。2022 年，学校入选第二轮"双一流"建设高校。

学校围绕首轮"双一流"建设目标，着力加强学科建设工作。2018 年，新增 3 个一级学科博士学位授权点、1 个一级学科硕士学位授权点和 2 个硕士专业学位授权点。2021 年，学校一级学科博士学位授权点覆盖了教育学门类全部学科，其中体育学和新闻传播学一级学科博士学位授权点分别填补了西北地区和陕西省的空白。为顺利完成第二轮"双一流"建设，学校研究确立了"四

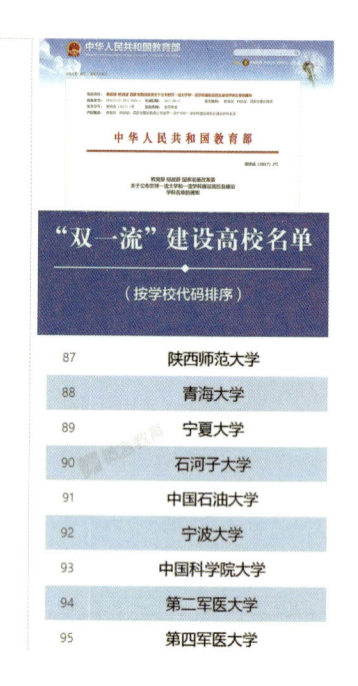

陕西师范大学成为国家首批世界一流学科建设高校

(单位：项)

2012—2023年国家及教育部社科项目

维驱动"的学科新布局和发展新思路，即构建以教育学、心理学为牵引的教师教育学科之维，以中国语言文学、中国史为牵引的文史学科之维，以化学为牵引的理工科学科之维，以哲学、马克思主义理论、国家安全学为牵引的哲学社会科学学科之维。在"四维驱动"的学科发展格局下，学校的学科结构持续优化，截至2023年底，有23个博士学位授权一级学科，1个博士专业学位授权点，35个一级学科硕士学位授权点和25个硕士专业学位授权点。在2024年软科中国大学排名中，陕西师范大学位列第62位，26个学科上榜2023年软科中国最好学科排名，7个优势学科均位列前15%，ESI前1%学科13个，化学、材料科学位列前2‰。

2018年，学校获得国家级高等教育教学成果奖一等奖1项，实现一等奖零的突破。2023年学校共获批国家社科基金各类项目77项，立项数创新高，其中国家社科基金教育学项目14项，立项居全国第二。2012—2023年，学校人文社会科学30项成果获教育部高等学校科学研究优秀成果奖；自然科学研究保持了稳中有进的良好发展态势，共获得国家级重大重点项目14项，获批教育部创新团队项目3个（含滚动支持），高等学校学科创新引智基地3个。

（三）人才和队伍建设支撑教师教育特色彰显

学校坚持传承西部红烛精神，铸塑两代师表形象，浸润涵育高尚师德师风，加快体制机制创新，全面推进人才和队伍建设。在示范引领方面，西北濒危药材资源开发国家工程实验室教师团队、中国古代文学教师团队接连入选"全国高校黄大年式教师团队"。在人才和队伍建设方面，学校现有国家级人才72人、省部级人才174人。2021年，房喻教授当选中国科学院院士，学校实现自主培养院士零的突破。

陕西师范大学坚持师范大学办学定位，坚守教师教育主责主业，秉承扎根西部教育报国初心，牢记为党育人、为国育才使命，培养造就引领基础教育发展的卓越教师和教育家，培养德智体美劳全面发展的拔尖人才和高层次创新人才，主动服务国家战略需求和经济社会高质量发展，融入中华民族伟大复兴征程。新的历史时期，学校培养了以服务西藏那曲的2012届历史文化学院毕业生张毅、扎根青海省湟源县的2019届文学院毕业生张万霞、致力于甘肃省临夏州特殊教育事业的2020届教育学院毕业生马兰花等为代表的一大批奉献西部基础教育领域的卓越教师；产生了以青海三江源民族中学校友群体、云南临沧基础教育校友群体、西藏日喀则基础教育校友群体等为代表的扎根国门边疆基础教育的校友群体，发挥了教育的带动作用。教育就是一棵树摇动另一棵树，一朵云推动另一朵云，一个灵魂唤醒另一个灵魂，一届届优秀的陕西师大毕业生对西部地区的青少年们产生着深沉而持久的影响，在新的时代继续追光、传薪、筑梦。

第二章 打造西部教师教育高峰

教师教育是在终身教育思想指导下，按照教师专业发展的不同阶段，对教师的职前培养、入职教育和在职培训的统称。21世纪初，我国"师范教育"向"教师教育"转型，教师的培养培训从封闭系统走向开放系统，从职业定向转向专业发展，从低层次走向高层次，从以大学为本转向大学与中小学结合，逐步形成了以高等教育为主、中小学校深度参与的教师教育体系。教师的专业化，不仅要求教师具有深厚的学科基础，以成为学科方面的专家，还要有较高的教师职业素养，以成为教育教学方面的专家。要解决好学科教育与教师专业教育两方面的协调发展问题，必须推进教师教育战略转型。

陕西师范大学始终坚守教师教育主责主业，始终坚持师范为本的办学定位，始终将办好师范教育作为第一职责，着力打造一流师范教育。进入新时代，学校深刻把握教师教育改革发展新方向，引领西部教师教育振兴，加强教师教育学科专业建设，创新教师教育人才培养模式，推进教师教育职前职后一体化，着力培养高素质专业化创新型教师队伍，为基础教育高质量发展提供坚强的师资保障。

第一节 大力加强教师教育基础学科专业建设

教师教育是师范大学的办学优势所在，是学校的立校之本。高质量的教师教育需要高水平学科专业的浸润和支撑，学科建设和师范专业建设水平决定着师范院校师资培养的质量，决定着师范院校为基础教育服务的水平，也决定着师范院校整体的办学水平。陕西师大经过八十年的发展，不断加大学科建设力度，提升师范专业办学层次，促进"学术性"与"师范性"深度融合，师范专业建设取得了长足进展，积聚了雄厚实力，为人才培养提供了深厚积淀和肥沃土壤。

一、不断拓展本专科层次学科专业建设

（一）加强师范专业建设，服务基础教育师资培养

1944 年 8 月，陕西省立师范专科学校成立后，先后设置国文、英文、数学、理化、史地等 5 个科，学制三年；1945 年，增设文史专修科和数理专修科，学制一年。1946 年秋，在汉中南郑设立省立师专陕南分校，设置国文、数学 2 科，学制三年，1947 年改为学制两年。当时，学校的主要培养目标是为陕西省培养中学师资，以解决中学师资不足的问题。在 1944 年到 1949 年的五年时间里，陕西师专共培养了 958 名学生，在后来陕西教育事业的发展中发挥了重要作用。

1945 年秋季，国立西北大学文学院教育学系正式开始本科招生，学制四年，侧重中小学教育研究，培养目标要求毕业生一专多能，到中学后既能当好专业教师，也能做好行政领导。新中国成立后，他们恰如培养目标所期待的那样，多数在陕西地区的各级教育部门工作或在中学、大专院校任教，其中很多人成为教育行政领导或各级各类学校的教学骨干。

1949 年，为了适应西北地区文化教育建设的需要，以陕西省立师范专科学校为基础，与国立西北大学文学院教育学系归并建立国立西北大学师范学院。在中国共产党的领导下，学校日益成长发展，成为一所具有相当规模的社会主义师范院校。起初，学院设有教育行政（1950 年改为教育系）、国文（1950 年改为中国语言文学系）、史地、数学、理化等 5 个系，办学层次为本科，学制四年。1951—1952 年，先后增设中国语文、政治教育、史地、数学、理化、博物（1953 年改为生物）等 6 个专修科，学制一年、一年半、两年不等。国家发展需要基础教育，基础教育发展需要师范教育。学院急国家之所需，急陕西之所需，注重加强学生的思想教育，贯彻新民主主义教育方针，明确高等师范教育的培养目标和任务：根据新民主主义教育方针，理论联系实际，培养具有马列主义、毛泽东思想、高级文化与科学水平、教育专门知识与技能、全心全意为人民教育事业服务、"德才兼备、体魄健全"的中等学校师资，为国家培养合格的建设人才。

1953年，国家处于社会主义建设和改造并举时期，高等师范教育要为社会主义建设培养中等教育师资。一年后，西安师范学院正式独立建制，将培养目标确定为贯彻全面发展的教育方针，培养全面发展的为社会主义建设服务的人民教师。1956年5月，教育部召开第二次全国高等师范教育会议，明确指出，今后高等师范教育必须充分满足中等学校师资的需要，克服当前数量、质量与中等学校要求不相适应的状况。学院认真落实会议精神，全面贯彻党的教育方针，加强思想政治教育工作；改进教学内容、教学方法和教育实习工作，减轻学生过重的业务学习负担，提高教学质量；重视健康教育，加强体育锻炼和文化娱乐活动，培养德智体全面发展的人才。

根据专业人才所需，西安师范学院最初专业设置有教育、政治教育、中国语言文学、史地、数学、理化、生物等7个系、科，学制四年。1956年，按照陕西省高教局通知，西安师范学院的化学系、生物科调整到陕西师范学院，陕西师范学院的物理科调整到西安师范学院。调整后的西安师范学院，设有教育、政治教育、中国语言文学、历史、数学、物理、地理等7个本科系和政治教育、中国语文、历史、数学、物理、化学、生物、地理、体育等9个专修科，专修科学制两年。1957年，经批准建立体育科新专业（后改为系）；同年9月，撤销教育系，成立教育研究室，下设教育学、心理学、教育史3个教研组；全校建立30个教研组，并制定相关规章制度。1955年10月，陕西省教育厅决定将省立西安第二中学划归西安师范学院，作为教育实习基地，改名为西安师范学院附属中学，师院的教师经常和附中的老师共同研究教材教法及有关中学教育的实际问题，附中成为实现高师培养目标的基地之一。

1953年6月，第二次全国教育工作会议在北京召开，要求教育工作必须密切配合经济建设，对教育发展提出了更加迫切的要求。但当时陕西省仅有的一所高等师范院校——西安师范学院培养的师资数量还不能满足当时中学教育需要。为迅速发展中等教育，扩大培养中学师资队伍，陕西省文教厅申请筹建陕西师范专科学校。在正式批复前，为适应中学教师急需的现实情况，文教厅先行创办了陕西省中等教育师资训练班。1954年，经教育部批准将陕西省中等教育师资训练班扩建为陕西师范专科学校，培养德才兼备、体魄健全、全心全意为人民教育事业服务的初级中等学校师资，专业设有历史政治、中文、数学、物理4个科，学制两年。1956年4月，陕西省教育厅通知，经国务院批准，将陕西师范专科学校改为陕西师范学院。同年暑期，以陕西师范专科学校为基础，吸收调整西安师范学院的个别专业后正式成立陕西师范学院。

随着学校改院，系科调整，陕西师范学院专业设有化学系、生物系、语文科（1957年9月改系）、数学科（1958年改为系）、生物科、化学科、生化科（生物科归生物系领导，化学、生化两科归化学系领导），并附设一个中等教育师资训练班。全院设立了中国革命史、教育学与心理学、中国古典文学、无机化学、植物学等25个教学研究组。培养目标设定为根据"教育必须为无产阶级政治服务，教育必须同生产劳动相结合"的教育工作方针，培养德智体全面发展、具有社会主义觉悟、热爱教育事业的中等学校师资。

1960年5月7日，陕西师范大学隆重举行成立大会，自此开启了新的发展阶段。在1960年至今的六十余载中，学校始终坚持扎根中国办教育、扎根西部办教育，为各行各业尤其是基础教育领域输送了大批高素质人才，成为支撑西部基础教育的坚实脊梁。

（二）不断优化学科专业布局，厚植教师教育人才培养沃土

陕西师范大学建立初期，着重向提高方面发展，主要培养新型中等学校师资，即培养具有新思想、新知识、新道德、新作风，能运用马列主义、毛泽东思想的立场、观点和方法掌握专业知识和先进的教育理论，并具有终生为人民教育事业服务的人民教师。1961年，学校根据《高教六十条》，重新确定了学校的专业培养目标：培养中等学校师资，培养学生具有较高的政治觉悟和共产主义道德品质，掌握比较扎实的基本理论、基础知识和基本技能，了解本学科最新成就和新发展，以及具有一定的教育理论、教学实践能力，并拥有健全的体魄。

1960年，学校同时开设有本科、专科专业，教师培养层次和培养类型进一步丰富。其中，本科设置11个系，学制四年，即教育系、政教系、中文系、历史系、数学系、物理系、电子系、化学系、生物系、地理系、体育系。1961年夏，体育系合并到西安体育学院，另设公共课体育教研室；1961年秋，电子系合并到物理系，成立电子无线电专业；1962年秋，教育系停止招生，撤销系建制，成立教育研究室。专科设置10个科，即政教科、学前教育科、中文科、历史科、数学科、物理科、化学科、生物科、地理科、体育科，学制三年。

1966年至1971年的六年，学校没有招生。1970年10月，陕西省革命委员会决定学校举办中国语言文学和物理两个专业试点班，由各县市推荐保送有实践经验的工农青年学员参加学习，每班招收学员50名，统称工农兵学员。培养目标是根据党的教育方针和无产阶级革命事业接班人的要求，培养学员具有社会主义觉悟与一定文化科学知识的中学教师。学习时间定为一年。直至1972年4月，学校恢复招生，招收三年制本科生，并建立了外国语言文学系和相应专业，实行从"有实践经验的工、农、兵"中选拔学生的招生办法，采取"自愿报名，群众推荐，领导批准和学校复审相结合"的方式，招收工农兵学员。全校9个系（政治、中文、历史、外语、数学、物理、化学、生物、地理），共招收工农兵学员916名，于1972年5月正式入学上课。

1976年10月至1984年12月，学校工作转移到以教学、科研为中心的轨道上来，全校教学、科学研究等各方面工作得到迅速恢复和发展。学校全面贯彻执行党的教育方针，培养"四化"建设所需要的合格中学教师和部分师范院校的师资。学校要求各系按照"四化"建设的需要，根据现代科学技术的发展，不断更新教学内容，使学生掌握本专业所需的基础理论、专业知识和实际技能。1978年，学校设有9个本科专业和10个专科专业，强调培养又红又专的中学师资。

1978 年全校本专科专业设置一览表

办学层次	系
本科（9个）	中国语言文学系、政治教育系、历史系、外语系（英语）、数学系、物理系、化学系、生物系、地理系
专科（10个）	中国语言文学系、政治教育系、历史系、外语系（英语）、数学系、教育系（学校教育）、物理系、化学系、生物系、地理系

1979 年，教育系增设本科专业。此时，学校本科专业 10 个，设普通班与师资班两种类型；专科 10 个，分为"哪来哪去""社来社去"两种类型。1980 年 6 月，教育部在北京召开全国师范教育工作会议，进一步强调了师范教育在整个教育事业中的重要地位，明确了各级师范教育的基本任务是培养教师，是输送合格师资的巩固基地。学校认真贯彻会议精神，从思想上进一步明确了师范教育是教育事业的"工作母机"，是培养人才的基地的重大意义；进一步明确了高等师范院校的办学方向和任务，主要是培养中等学校的合格师资。具体而言，培养的合格师资应是掌握比较渊博的知识和现代化的科学技术，掌握教育科学、懂得教育规律，要有高尚的道德品质和崇高的精神境界，能为人师表。根据设定的培养目标，学校强调在师资培养中注重"既教书又育人"，充分发挥教育学科在师资培养中的基础作用。当年，教育系设置学前教育专业，学校本科专业 11 个，设本科与师资班两种类型，均为师范专业；专科 4 个（中国语言文学系、教育系、外语系、数学系），设置专修科一种类型，均为师范专业。

1981 年，学校设置 10 个本科专业，设本科与师资班两种类型，均为师范专业，没有设置专科。具体专业设置包括：政治教育系（政治教育专业）、教育系（学校教育专业）、中国语言文学系（汉语言文学专业）、历史系（历史专业）、外语系（英语专业）、数学系（数学专业）、物理系（物理专业）、化学系（化学专业）、生物系（生物专业）、地理系（地理专业）。1982 年，学校 11 个本科专业设本科一种类型，均为师范专业，没有设置专科。1983 年，教育系增设教育行政管理（干部班），为专科专业；其他 11 个专业均为本科师范专业。1984年，政治教育系增设思想政治教育专业，本科专业增加到12个，均为师范专业。

1984年全校本专科专业一览表

序号	专业名称	类别	办学层次	设置时间	所在系
1	学校教育	师范	本科	1960年	教育系
2	学前教育	师范	本科	1980年	教育系
3	教育行政管理	师范	专科、干部班	1983年	教育系
4	政治教育	师范	本科	1960年	政治教育系
5	思想政治教育	师范	本科	1984年	政治教育系
6	汉语言文学	师范	本科	1960年	中国语言文学系
7	历史学	师范	本科	1960年	历史系
8	英语	师范	本科	1972年	外语系
9	数学	师范	本科	1960年	数学系
10	物理学	师范	本科	1960年	物理系
11	化学	师范	本科	1960年	化学系
12	地理学	师范	本科	1960年	地理系
13	生物学	师范	本科	1960年	生物系

1985—1994年的十年中，学校坚持社会主义的办学方向，认真贯彻"教育必须为社会主义现代化服务，必须同生产劳动相结合，培养德、智、体全面发展的建设者和接班人"的方针，以更好地为基础教育服务为中心，对学校的各项工作进行了全方位改革。学校主要培养现代化建设需要的合格人民教师；同时，拓宽专业面，培养适应市场经济发展要求的人才，努力把陕西师范大学办成有国际影响的全国一流师范大学。1985年，学校设置本科师范专业15个，专科专业16个。

1985 年全校本专科专业一览表

序号	专业名称	类别	办学层次	设置时间 本科	设置时间 专科	所在系
1	学校教育	师范	本科	1960 年		教育系
2	学前教育	师范	本科、专科	1980 年	1960 年	教育系
3	教育行政管理	师范	专科		1983 年	教育系
4	政治教育	师范	本科、专科	1960 年	1960 年	政治教育系
5	思想政治教育	师范	本科	1984 年		政治教育系
6	经济管理教育	非师范	专科		1985 年	政治教育系
7	汉语言文学	师范	本科、专科	1960 年	1960 年	中国语言文学系
8	文史教育	师范	专科		1985 年	中国语言文学系
9	历史学	师范	本科、专科	1960 年	1960 年	历史系
10	英语	师范	本科、专科	1972 年	1985 年	外语系
11	数学	师范	本科、专科	1960 年	1960 年	数学系
12	物理学	师范	本科、专科	1960 年	1960 年	物理系
13	化学	师范	本科、专科	1960 年	1960 年	化学系
14	环保教育	师范	专科		1985 年	化学系
15	地理学	师范	本科、专科	1960 年	1960 年	地理系
16	生物学	师范	本科、专科	1960 年	1960 年	生物系
17	计算机科学	师范	本科、专科	1985 年	1985 年	数学系
18	电化教育	师范	本科	1985 年		电化教育系
19	体育教育	师范	本科、专科	1960 年	1960 年	体育系

根据社会经济发展的需求，学校一方面继续发挥传统师范教育优势，设置兼有本专科层次的师范专业，另一方面开始逐步增设非师范类专业。1985 年，政教系增设经济管理教育专科非师范专业，这是陕西师范大学办学历史上首次

设置非师范专业。1988年，地理系增设旅游教育本科专业。1989年，政教系增设经济管理教育本科专业。1992年，成立旅游系，设置旅游经济本科专业；政教系设置社会学本专科专业；历史系设置历史地理专科专业；数学系设置财会与审计专科专业；外语系设置俄语本科专业。1993年，政治经济学院设置国民经济管理本专科专业、法学本科专业；中文系设置新闻学本科专业；成立信息管理系，设置经济信息学专科专业；旅游系设置旅游管理本专科专业。1994年，化学系设置化工分析与检测专科专业，历史系设置城市建设与历史地理、人文旅游资源开发专科专业；生物系设置应用生物技术本科专业；成立经济贸易系，设置市场营销本专科专业。1994年学校共有38个专业，其中非师范专业达到13个，初步形成了以师范专业为主、非师范专业为辅的学科专业布局。

1994年全校本专科专业设置一览表

序号	专业名称	类别	办学层次	设置时间 本科	设置时间 专科	所在院（系）
1	教育管理	师范	本科	1987年		教育系
2	幼儿教育	师范	本科、专科	1980年	1960年	教育系
3	特殊教育	师范	专科		1992年	教育系
4	中等教育（教育学）	师范	本科、专科	1990年	1988年	教育系
5	小学教育（教育学）	师范	专科		1988年	教育系
6	心理学	师范	本科、专科	1986年	1993年	心理学系
7	政治教育	师范	本科、专科	1960年	1960年	政治经济学院
8	思想政治教育	师范	本科、专科	1984年	1994年	政治经济学院
9	社会学	非师范	本科、专科	1992年	1992年	政治经济学院
10	法学	非师范	本科	1993年		政治经济学院
11	国民经济管理	非师范	本科、专科	1993年	1993年	政治经济学院
12	汉语言文学教育	师范	本科、专科	1960年	1960年	中文系

续表

序号	专业名称	类别	办学层次	设置时间 本科	设置时间 专科	所在院（系）
13	文秘教育	师范	本科、专科	1992 年	1992 年	中文系
14	新闻学	非师范	本科	1993 年		中文系
15	历史学教育	师范	本科、专科	1960 年	1960 年	历史系
16	人文旅游资源开发	非师范	专科		1994 年	历史系
17	城市建设与历史地理	非师范	专科		1994 年	历史系
18	英语教育	师范	本科、专科	1960 年	1960 年	外语系
19	俄语	非师范	本科	1992 年		外语系
20	美术教育	师范	本科、专科	1987 年	1987 年	艺术系
21	音乐教育	师范	本科、专科	1987 年	1987 年	艺术系
22	装潢设计与工艺教育	师范	专科		1992 年	艺术系
23	数学教育	师范	本科、专科	1960 年	1960 年	数学系
24	财会与审计	非师范	专科		1992 年	数学系
25	物理学教育	师范	本科、专科	1960 年	1960 年	物理系
26	应用电子技术教育	师范	本科、专科	1992 年	1992 年	物理系
27	化学教育	师范	本科、专科	1960 年	1960 年	化学系
28	化工工艺教育	师范	专科		1992 年	化学系
29	化工分析与检测	非师范	专科		1994 年	化学系
30	计算机科学教育	师范	本科、专科	1985 年	1985 年	计算机科学系
31	生物学教育	师范	本科、专科	1960 年	1960 年	生物系
32	食品与营养教育	师范	专科		1992 年	生物系
33	应用生物技术	非师范	本科	1994 年		生物系
34	地理学教育	师范	本科、专科	1960 年	1960 年	地理系
35	旅游管理	非师范	本科、专科	1993 年	1993 年	旅游系

续表

序号	专业名称	类别	办学层次	设置时间 本科	设置时间 专科	所在院（系）
36	教育技术学	师范	本科、专科	1985年	1988年	电化教育系
37	经济信息学	非师范	专科		1993年	信息管理系
38	市场营销	非师范	本科、专科	1994年	1994年	经济贸易系
39	体育教育	师范	本科、专科	1960年	1960年	体育系

注：1994年，设立国家文科（中文）基础学科人才培养和科学研究基地：中国语言文学。

1998年教育部正式颁布实施新修订的《普通高等学校本科专业目录》，新的专业目录设有11个学科门类71个二级类249种专业。学校根据新的专业目录对原设专业进行了相应调整，设定31个本科专业。从2000年开始，学校加快了专业发展步伐，当年新批建设了3个本科专业，2001年又获准增设了6个本科专业，分布于经济学、法学、教育学、文学、历史学、理学、工学、管理学共8个学科门类（未设哲学、农学、医学）。其中师范专业有23个，非师范专业有17个。在继续加强师范专业建设的基础上，学校依托教师教育基础优势，推进非师范专业特别是应用型和新兴交叉学科专业建设，初步形成了以文理学科为主体、以教育学科为特色的师范教育体系。

2000年全校本专科专业设置一览表

序号	专业名称	类别	办学层次	设置时间 本科	设置时间 专科	所在院（系）
1	公共事业管理	师范	本科	1987年		教育科学学院
2	学前教育	师范	本科、专科	1980年	1960年	教育科学学院
3	特殊教育	师范	本科	1992年		教育科学学院

续表

序号	专业名称	类别	办学层次	设置时间 本科	设置时间 专科	所在院（系）
4	教育学	师范	本科	1960 年		教育科学学院
5	心理学	师范	本科	1986 年		教育科学学院
6	思想政治教育	师范	本科	1984 年		政治经济学院
7	社会学	非师范	本科	1992 年		政治经济学院
8	法学	非师范	本科	1993 年		政治经济学院
9	市场营销	非师范	本科	1994 年		政治经济学院
10	经济学	非师范	本科	1989 年		政治经济学院
11	汉语言文学	师范	本科	1960 年		文学院
12	文秘教育	师范	本科	1992 年		文学院
13	新闻学	非师范	本科	1993 年		新闻与传播学院
14	教育技术学	师范	本科	1985 年		新闻与传播学院
15	历史学	师范	本科	1960 年		历史文化学院
16	人文旅游资源开发	非师范	专科		1994 年	历史文化学院
17	英语	师范	本科	1972 年		外语学院
18	俄语	非师范	本科	1992 年		外语学院
19	美术学	师范	本科	1987 年		艺术学院
20	音乐学	师范	本科	1987 年		艺术学院
21	舞蹈学	师范	本科	1995 年		艺术学院
22	装潢设计与工艺教育	师范	本科、专科	2000 年	1992 年	艺术学院
23	数学与应用数学	师范	本科	1960 年		数学系

续表

序号	专业名称	类别	办学层次	设置时间（本科）	设置时间（专科）	所在院（系）
24	物理学	师范	本科	1960年		物理与信息技术学院
25	应用电子技术教育	师范	本科	1992年		物理与信息技术学院
26	化学	师范	本科	1960年		化学与材料科学学院
27	应用化学	师范	本科	1997年		化学与材料科学学院
28	化工分析与检测	非师范	专科		1994年	化学与材料科学学院
29	生物科学	师范	本科	1960年		生命科学学院
30	地理学	师范	本科	1960年		旅游与环境学院
31	旅游管理	非师范	本科	1993年		旅游与环境学院
32	地理信息系统	非师范	本科	2000年		旅游与环境学院
33	环境科学	非师范	本科	2000年		旅游与环境学院
34	计算机科学与技术	师范	本科	1985年		计算机科学学院
35	食品工艺教育	师范	本科	1997年		食品科学系
36	体育教育	师范	本科	1960年		体育学院

2000—2004年，学校根据人才培养的市场需求，进一步调整本科专业结构，新办本科专业31个，其中新增非师范专业29个。2004年，学校共设本科专业62个，其中师范类专业24个，非师范类专业38个，逐步形成以文理学科为骨干，以教育学科为特色，工、农、经、管、法综合发展的学科布局。为确保学科和专业的结构水平有效服务人才培养的规格和质量，学校以学科建设为龙头，以本科教学为基础，积极创造条件，培育新的学科增长点，进一步处理好师范专业与非师范专业的关系，以师范专业的质量提高带动非师范专业的数量增加，为把学校建设成以教师教育为特色的综合性研究型大学奠定基础。

2000—2004 年新增本科专业一览表

设置时间	专业名称	数量
2000 年	地理信息系统、环境科学、装潢设计与工艺教育	3
2001 年	对外汉语、信息与计算科学、电子信息科学与技术、生物技术、运动训练、播音与主持艺术	6
2002 年	古典文献、博物馆学、材料化学、食品科学与工程、编辑出版学、绘画、表演、信息管理与信息系统、电子商务、应用心理学	10
2003 年	哲学、行政管理、日语、科学教育、广播电视编导、金融学、工商管理、人力资源管理	8
2004 年	摄影、软件工程、艺术设计、财务管理	4

注：2000—2004 年新增本科专业 31 个；摄影专业未招生，后撤销。

2005 年以来，学校以社会需求为导向，结合自身办学特色和办学实际，坚持"稳定规模、优化结构、强化特色、注重创新"的建设思路，注重经济发展对人才的需求，注重师范专业和非师范专业协调发展，注重专业特色提炼和内涵发展；重点加强名牌专业、特色专业建设，开展专业综合改革试点，加强一流专业建设，改造和调整一批传统学科专业，使本科专业达到"结构合理、规模适度、特色鲜明、优势突出"的建设目标。2007 年，学校开始实施国家免费师范生教育政策，进一步优化专业结构，在师范专业建设了一批非师范性质的创新实验班，使师范专业均具有师范兼非师范性质。同时，根据人才市场需求，学校及时改造传统专业，整合相关专业，积极增加新型交叉学科和应用专业，建立起师范专业与非师范专业相互补充、协调发展、学科门类比较齐全、与学校建设以教师教育为主要特色的综合性研究型大学的发展定位相符合的专业结构与布局。师范专业与非师范专业相互促进，有助于提升教师教育水平，为学校学科专业的长远发展拓展了空间。

2014 年，学校本科专业 65 个，覆盖除军事学、医学、农学之外的 10 个学科门类，基本形成了以文理基础学科为主体、以教师教育为主要特色、学科门类比较齐全的综合性本科专业结构与布局。学校先后建设陕西省名牌专业

11个,国家级特色专业11个,省级特色专业22个,省级专业综合改革试点建设专业11个,省级一流专业建设项目18个(建设专业9个,培育专业9个)。

2014年全校本科专业设置一览表

序号	专业代码	专业名称	类别	设置时间	所在学院
1	040101	教育学	师范	1960年	教育学院
2	040106	学前教育	师范	1980年	教育学院
3	040108	特殊教育	师范	1992年	教育学院
4	120401	公共事业管理	师范兼非师范	1987年	教育学院
5	040104	教育技术学	师范兼非师范	1985年	教育学院
6	071101	心理学	非师范	1986年	心理学院
7	071102	应用心理学	非师范	2002年	心理学院
8	030503	思想政治教育	师范兼非师范	1984年	政治经济学院
9	030101K	法学	非师范	1993年	政治经济学院
10	030301	社会学	非师范	1992年	政治经济学院
11	010101	哲学	非师范	2003年	政治经济学院
12	120402	行政管理	非师范	2003年	政治经济学院
13	050101	汉语言文学	师范兼非师范	1960年	文学院
14	050103	汉语国际教育	非师范	2001年	文学院
15	050107T	秘书学	非师范	1992年	文学院
16	060101	历史学	师范	1960年	历史文化学院
17	050105	古典文献学	非师范	2002年	历史文化学院
18	060104	文物与博物馆学	非师范	2002年	历史文化学院
19	050201	英语	师范兼非师范	1972年	外国语学院
20	050202	俄语	非师范	1992年	外国语学院

续表

序号	专业代码	专业名称	类别	设置时间	所在学院
21	050207	日语	非师范	2003年	外国语学院
22	050261	翻译	非师范	2010年	外国语学院
23	130201	音乐表演	非师范	2013年	音乐学院
24	130202	音乐学	师范兼非师范	1987年	音乐学院
25	130205	舞蹈学	师范兼非师范	1995年	音乐学院
26	130401	美术学	师范兼非师范	1987年	美术学院
27	130402	绘画	非师范	2002年	美术学院
28	130502	视觉传达设计	非师范	2005年	美术学院
29	130503	环境设计	非师范	2005年	美术学院
30	070101	数学与应用数学	师范兼非师范	1960年	数学与信息科学学院
31	070102	信息与计算科学	非师范	2001年	数学与信息科学学院
32	071201	统计学	非师范	2012年	数学与信息科学学院
33	070201	物理学	师范兼非师范	1960年	物理学与信息科学学院
34	080714T	电子信息科学与技术	非师范	2001年	物理学与信息科学学院
35	070301	化学	师范兼非师范	1960年	化学与化工学院
36	070302	应用化学	非师范	1997年	化学与化工学院
37	080403	材料化学	非师范	2002年	材料科学与工程学院
38	071001	生物科学	师范兼非师范	1960年	生命科学学院
39	071002	生物技术	非师范	2001年	生命科学学院
40	071004	生态学	非师范	2014年	生命科学学院
41	070501	地理科学	师范兼非师范	1960年	旅游与环境学院
42	120901K	旅游管理	非师范	1993年	旅游与环境学院
43	082503	环境科学	非师范	2000年	旅游与环境学院

续表

序号	专业代码	专业名称	类别	设置时间	所在学院
44	070504	地理信息系统	非师范	2000年	旅游与环境学院
45	040201	体育教育	师范兼非师范	1960年	体育学院
46	040202K	运动训练	非师范	2001年	体育学院
47	050301	新闻学	非师范	1993年	新闻与传播学院
48	130301	表演	非师范	2002年	新闻与传播学院
49	130305	广播电视编导	非师范	2003年	新闻与传播学院
50	130309	播音与主持艺术	非师范	2001年	新闻与传播学院
51	050305	编辑出版学	非师范	2002年	新闻与传播学院
52	050306K	网络与新媒体	非师范	2013年	新闻与传播学院
53	080901	计算机科学与技术	师范兼非师范	1985年	计算机科学学院
54	110102	信息管理与信息系统	非师范	2002年	计算机科学学院
55	080902	软件工程	非师范	2004年	计算机科学学院
56	082701	食品科学与工程	非师范	2002年	食品工程与营养科学学院
57	082702	食品质量与安全	非师范	2009年	食品工程与营养科学学院
58	020101	经济学	非师范	1989年	国际商学院
59	120202	市场营销	非师范	1994年	国际商学院
60	120204	财务管理	非师范	2004年	国际商学院
61	120206	人力资源管理	非师范	2003年	国际商学院
62	120801	电子商务	非师范	2002年	国际商学院
63	020301K	金融学	非师范	2003年	国际商学院

2005—2018 年优势特色专业一览表

类别	专业名称	数量
国家级特色专业	汉语言文学、数学与应用数学、英语、物理学、化学、历史学、地理科学、思想政治教育、教育学、生物科学、心理学	11
陕西省特色专业	心理学、新闻学、教育技术学、计算机科学、汉语言文学、数学与应用数学、英语、物理学、化学、经济学、哲学、历史学、地理科学、思想政治教育、教育学、生物科学、体育教育、旅游管理、对外汉语、学前教育、播音与主持艺术、食品科学与工程	22
陕西省名牌专业	思想政治教育、教育学、生物学、中国语言文学、化学、历史学、地理科学、数学与应用数学、心理学、物理学、教育技术学	11
陕西省专业综合改革试点专业	心理学、数学与应用数学、教育学、物理学、汉语言文学、化学、地理科学、历史学、新闻学、生物科学、体育教育	11
陕西省一流专业建设项目	建设专业：汉语言文学、历史学、物理学、心理学、化学、教育学、生物科学、数学与应用数学、思想政治教育 培育专业：地理科学、新闻学、播音与主持艺术、体育教育、音乐学、汉语国际教育、学前教育、哲学、秘书学	18

（三）牢固树立师范为本办学定位，师范专业建设成效显著

2018 年 1 月，《中共中央 国务院关于全面深化新时代教师队伍建设改革的意见》颁发，这是新中国成立以来党中央出台的第一个专门面向教师队伍建设的里程碑式政策文件，目的是要培养造就党和人民满意的高素质专业化创新型教师队伍，提出加大对师范院校支持力度，支持高水平综合大学开展教师教育，分类提高教师教育质量，标志着教师教育走向专业化、综合化、开放化的新阶段。

2018 年 12 月，学校第十一次党代会提出将学校建成以教师教育为主要特色的综合性研究型大学，开启特色鲜明世界一流大学建设的新征程。教师教育是立校之本，综合性研究型是实现办学目标的基础，强化教师教育特色需要高水平综合性学科的浸润和高水平科学研究的支撑。2019 年，学校正式印发《陕西师范大学西部教师教育珠峰计划（2019—2024 年）》，提出要打造教育学、

心理学学科高峰，建设一流教师教育学科，推进师范类专业卓越标准认证，建设一流师范专业。经过长期努力，学校目前21个师范专业中，有18个专业入选国家级一流专业建设点。

师范专业入选国家级一流专业建设点一览表

序号	专业名称	所在学院	授予学位	一流专业建设情况
1	教育学	教育学部	教育学	2019年国家级一流专业建设点
2	教育技术学	教育学部	理学	2020年国家级一流专业建设点
3	学前教育	教育学部	教育学	2020年国家级一流专业建设点
4	特殊教育	教育学部	教育学	
5	思想政治教育	马克思主义学院	法学	2019年国家级一流专业建设点
6	汉语言文学	文学院	文学	2019年国家级一流专业建设点
7	历史学	历史文化学院	历史学	2019年国家级一流专业建设点
8	英语	外国语学院	文学	2019年国家级一流专业建设点
9	音乐学	音乐学院	艺术学	2019年国家级一流专业建设点
10	舞蹈学	音乐学院	艺术学	2020年国家级一流专业建设点
11	美术学	美术学院	艺术学	2020年国家级一流专业建设点
12	数学与应用数学	数学与信息科学学院	理学	2019年国家级一流专业建设点
13	物理学	物理学与信息技术学院	理学	2019年国家级一流专业建设点
14	化学	化学化工学院	理学	2020年国家级一流专业建设点
15	生物科学	生命科学学院	理学	2020年国家级一流专业建设点
16	地理科学	地理科学与旅游学院	理学	2019年国家级一流专业建设点
17	体育教育	体育学院	教育学	2019年国家级一流专业建设点
18	计算机科学与技术	计算机科学学院	理学	2019年国家级一流专业建设点
19	心理学	心理学院	理学	2019年国家级一流专业建设点
20	书法学	美术学院	艺术学	
21	科学教育	材料科学与工程学院	教育学	

2018 年，教育部教育质量评估中心启动师范类专业认证工作，学校积极准备，深刻把握师范类专业认证理念，开展专业自评自建，紧密对接国家、地区基础教育改革发展和教师队伍建设的重大战略需求，落实国家教师教育相关政策要求，定期对培养目标的合理性进行评价，在师范生培养全过程中分解毕业要求指标，落实践行师德、学会教学、学会育人、学会发展的培养任务。目前，学校已有 5 个专业通过第三级认证，12 个专业通过第二级认证，为陕西乃至西部师范类专业认证工作率先垂范。

学校通过师范类专业认证专业一览表（2023 年）

序号	时间	认证专业	认证级别	认证结论
1	2018 年	生物科学	第二级	有条件通过
2		思想政治教育	第二级	有条件通过
3		数学与应用数学	第二级	有条件通过
4		学前教育	第二级	有条件通过
5	2019 年	汉语言文学	第三级	有条件通过
6		历史学	第二级	有条件通过
7		物理学	第二级	有条件通过
8		体育教育	第二级	有条件通过
9	2020 年	化学	第三级	有条件通过
10		地理科学	第二级	有条件通过
11		计算机科学与技术	第二级	有条件通过
12		美术学	第二级	有条件通过
13	2022 年	音乐学	第二级	有条件通过
14		教育技术学	第二级	有条件通过
15	2023 年	英语	第三级	有条件通过
16		物理学	第三级	有条件通过
17		数学与应用数学	第三级	有条件通过

2020 年，中共中央、国务院发布《深化新时代教育评价改革总体方案》，特别提出要改进师范院校评价，把办好师范教育作为第一职责，将培养合格教师作为主要考核指标。2021 年，学校确立了"四维驱动"的学科新布局和发展思路，推进学科交叉建设，打造教师教育特色学科，提升教师教育学科实力

和国内外影响力。11月，学校申报的"中国语言文学拔尖学生培养基地"入选2021年度基础学科拔尖学生培养计划2.0基地名单，取得零的突破。2022年，学校中国语言文学学科正式入选新一轮"双一流"建设名单，由"自建"变成"国建"。在第五轮学科评估中，中国语言文学、教育学、心理学3个学科进入A-档，取得历史性突破，学校终于摘掉了没有A类学科的帽子。

学校因师而立、因师而兴，也必将依师而立、依师而强。历史和实践证明，教师教育是学校的立校之本，只有坚守教师教育主责主业，才能获得更大力度的支持和资源，而师范大学"国家队"身份和"双一流"大学称号决定了学校必须有较高的学科实力。没有一流的学科实力就不会有一流的教师教育，一流师范无从谈起。教师教育是学科建设的特色和优势，学科建设是高水平教师教育的保障。因此，学校党委将"两条主线、一个根本、一个关键"，即"以教师教育和学科建设为主线，以人才和队伍建设为根本，以教育评价改革为关键"作为新的发展阶段事业发展的主要思路和重要着力点。教师教育和学科建设两条主线双轨融合，整体推进，将引领学校事业发展迈向更高层次、更高质量的新征程。

二、加强硕士研究生层次学科专业建设

1961年，陕西省高教局批准，陕西师范大学汉语、古典文学、外国文学、电子学、光学理论、声学、有机化学、无机化学、函数率等9个专业招收硕士研究生。

1979年，经上级批准，学校设置马克思主义哲学、中国古代文学、文艺学、外国文学、唐史、泛函分析、量子光学、微量分析、昆虫学、中国区域自然地理、中日关系史、苏联史等12个硕士研究生学科专业。1981年，经国务院批准，学校成为首批有权授予博士和硕士学位的高等院校之一，有11个学科、专业获博士、硕士学位授予权。历史地理学是博士学位授予学科专业，外国教育史、普通心理学、中国古代文学、汉语史、中国古代史、历史地理学、光学、声学、

分析化学、区域地理学是硕士学位授予学科专业。截至1984年，学校有博士、硕士授予权的学科专业增加到17个，其中，新增加的硕士学科专业是文艺学、历史文献学、世界近现代史、基础数学、动物学、马克思主义哲学；另有16个学科专业的37个研究方向可以招收研究生。

从1985年到1994年，全校共有36个专业招收研究生，其中文科20个，理科16个；有硕士学位授予权的专业22个，文科16个，理科6个；博士点3个，分别是中国历史地理、中国古代文学和动物学专业。1996年4月，国务院学位委员会通过决议设置教育硕士专业学位。1997年，陕西师范大学获批教育硕士专业学位，并开始招生试点工作。

学校招收博士、硕士学位研究生的学科专业（1987年）

博士学科专业	历史地理，中国古代文学，动物学，基础数学*
硕士学科专业	辩证唯物主义与历史唯物主义，中共党史，国际共产主义运动史，政治经济学，普通心理学，外国教育史，中国古代史，世界近现代史，历史地理，历史文献学，世界上古、中古史，中国古代文学，汉语史，文艺学，基础数学，光学，分析化学，声学，动物学，区域地理学，教育基本理论*，中国教育史*，中国现代文学*，中国古典文献学*，世界文学*，中国现代史*，数学教育与数学史*，固体物理*，低温物理*，教材教法研究*，无机化学*，生物化学*，植物生理学*，植物学*，自然地理学*，地图学与遥感*
注：	"*"表示暂无学位授予权的学科专业。

学校招收博士、硕士学位研究生的学科专业（1990年）

博士学科专业	历史地理，中国古代文学，动物学，基础数学*，分析化学*
硕士学科专业	辩证唯物主义与历史唯物主义，中共党史，国际共产主义运动史，政治经济学，普通心理学，外国教育史，中国古代史，世界近现代史，历史地理，历史文献学，世界上古、中古史，中国古代文学，汉语史，文艺学，基础数学，光学，分析化学，声学，动物学，区域地理学，教育基本理论*，中国教育史*，中国现代文学*，中国古典文献学*，世界文学*，中国近现代史*，数学教育与数学史*，固体物理*，低温物理*，教材教法研究*，无机化学*，生物化学*，植物生理学*，植物学*，自然地理学*，地图学与遥感*
注：	"*"表示暂无学位授予权的学科专业。

学校招收博士、硕士学位研究生的学科专业（1994 年）

博士学科专业	历史地理，中国古代文学，动物学，基础数学*，分析化学*
硕士学科专业	马克思主义哲学，政治经济学，中共党史，国际共产主义运动，外国教育史，普通心理学，文艺学，中国古代文学，汉语史，历史地理，历史文献学，中国古代史，世界上古、中古史，世界近现代史，基础数学，声学，光学，分析化学，区域地理学，动物学，西方哲学，教育管理学
注："*"表示暂无学位授予权的学科专业。	

学校招收博士、硕士学位研究生的学科专业（1997 年）

博士学科专业	历史地理，中国古代文学，动物学，基础数学*，分析化学*，农产品加工及贮藏工程*，普通心理学*，自然地理学*
硕士学科专业	马克思主义哲学，西方哲学，科技哲学，政治经济学，政治学理论，美学，国民经济计划与管理，教育管理学，马克思主义理论教育，文艺学，历史地理学，外国教育史，运动生物化学，中国现当代文学，中国古代文学，汉语史，翻译理论与实践，普通心理学，世界近现代史，基础数学，专门史，文化史，中国古代史，历史文献学，分析化学，声学，光学，有机化学，自然地理学，动物学，旅游经济，教育专业硕士
注："*"表示暂无学位授予权的学科专业。	

学校招收博士、硕士学位研究生的学科专业（2004 年）

博士学科专业	中国哲学，马克思主义理论与思想政治教育，教育学原理，基础心理学，文艺学，汉语言文字学，中国古代文学，考古学及博物馆学，历史地理学，历史文献学，专门史，中国古代史，中国近现代史，世界史，基础数学，声学，分析化学，自然地理学，人文地理学，地图学与地理信息系统，植物学，动物学，材料学，应用化学，旅游管理
硕士学科专业	马克思主义哲学，外国哲学，伦理学，美学，宗教学，中国哲学，科学技术哲学，社会学，民族学，教育学原理，政治经济学，人口、资源与环境经济学，国民经济学，政治学理论，中共党史，课程与教学论，中国少数民族史，教育史，学前教育学，教育技术学，教育学新专业，基础心理学，应用心理学，体育人文社会学，运动人体科学，文艺学，汉语言文字学，体育教育训练学，语言学与应用语言学，中国古典文献学，中国古代文学，中国现当代文学，比较文学与世界文学，英语语言文学，美术学，设计艺术学，考古学及博物馆学，外国语言学及应用语言学，新闻学，传播学，音乐学，历史地理学，历史文献学，专门史，中国古代史，中国近现代史，世界史，基础数学，应用数学，凝聚态物理，计算数学，声学，光学，无机化学，分析化学，有机化学，物理化学，高分子化学与物理，

续表

	生态学，科学技术史，自然地理学，天体物理，人文地理学，光学工程，材料物理与化学，材料学，信号与信息处理，环境科学，应用化学，计算机软件与理论，计算机应用技术，化学工艺，动物学，神经生物学，发育生物学，细胞生物学，生物化学与分子生物学，生物物理学，地图学与地理信息系统，植物学，食品科学，农产品加工及贮藏工程，企业管理，旅游管理，行政管理，教育经济与管理，社会保障，马克思主义理论与思想政治教育

《陕西师范大学学科建设规划（2005—2024年）》提出，调整优化学科结构，坚持"立足基础、加强应用、促进交叉、突出重点、强化特色、形成优势"的学科建设方针，优先发展特色学科，强化文理优势学科，选点建设应用学科，更新改造传统学科，扶植交叉新兴学科，形成优势学科与特色学科相统一、基础学科与应用学科相结合、传统学科与新兴学科相促进的综合协调学科发展的学科布局。2014年，学校建设一级学科博士学位授权点15个，二级学科博士学位授权点103个，博士后科研流动站18个；一级硕士学位授权点40个，二级硕士学位授权点185个；教育博士专业学位授权点1个，硕士专业学位授权点20个。2018年，新增3个一级学科博士学位授权点和一级硕士学位授权点1个。

学校研究生学位授权点一览表（2018年）

序号	学科门类	一级学科博士授权点	批准时间	一级学科硕士授权点	批准时间
1	哲学	哲学	2011	哲学	2006
2	经济学	理论经济学	2011	理论经济学	2006
3	经济学			应用经济学	2006
4	法学	民族学	2018	民族学	2006
5	法学	马克思主义理论	2006	马克思主义理论	2006
6	法学			政治学	2011
7	法学			社会学	2011
8	教育学	教育学	2011	教育学	2006
9	教育学	心理学	2011	心理学	2006
10	教育学			体育学	2006
11	文学	中国语言文学	2006	中国语言文学	2006

第二章　打造西部教师教育高峰　　107

续表

序号	学科门类	一级学科博士授权点	批准时间	一级学科硕士授权点	批准时间
12	文学	外国语言文学	2018	外国语言文学	2011
13	文学			新闻传播学	2006
14	历史学	中国史	2011	中国史	2011
15	历史学	世界史	2011	世界史	2011
16	历史学			考古学	2011
17	理学	数学	2011	数学	2006
18	理学	物理学	2011	物理学	2006
19	理学	化学	2006	化学	2006
20	理学	地理学	2003	地理学	2003
21	理学	生物学	2006	生物学	2006
22	理学	生态学	2011	生态学	2011
23	理学			科学技术史	2006
24	理学			统计学	2011
25	工学	材料科学与工程	2011	材料科学与工程	2006
26	工学	计算机科学与技术	2018	计算机科学与技术	2006
27	工学			光学工程	2006
28	工学			信息与通信工程	2011
29	工学			化学工程与技术	2006
30	工学			环境科学与工程	2011
31	工学			生物医学工程	2006
32	工学			食品科学与工程	2011
33	工学			软件工程	2011
34	医学			中药学	2006
35	管理学			工商管理	2011
36	管理学			公共管理	2006
37	艺术学			艺术学理论	2011
38	艺术学			音乐与舞蹈学	2018
39	艺术学			戏剧与影视学	2011
40	艺术学			美术学	2011
41	艺术学			设计学	2011

学校专业学位授权点一览表（2018年）

专业学位	学位代码	专业学位领域名称		批准时间
博士	0451	教育博士（学校课程与教学、教育领导与管理）		2009
硕士	0451	教育硕士	045101 教育管理	1996
			045102 学科教学（思政）	1996
			045103 学科教学（语文）	1996
			045104 学科教学（数学）	1996
			045105 学科教学（物理）	1996
			045106 学科教学（化学）	1996
			045107 学科教学（生物）	1996
			045108 学科教学（英语）	1996
			045109 学科教学（历史）	1996
			045110 学科教学（地理）	1996
			045111 学科教学（音乐）	1996
			045112 学科教学（体育）	1996
			045113 学科教学（美术）	1996
			045114 现代教育技术	1996
			045115 小学教育	2009
			045116 心理健康教育	2009
			045117 科学与技术教育	2009
			045118 学前教育	2010
			045119 特殊教育	2013
			045120 职业技术教育	2015
	0452	体育硕士	045201 体育教学	2009
			045202 运动训练	2009
	0852	工程硕士	085202 光学工程	2010
			085204 材料工程	2010
			085208 电子与通信工程	2010
			085211 计算机技术	2010
			085212 软件工程	2010
			085216 化学工程	2010
			085229 环境工程	2010
			085231 食品工程	2010
			085238 生物工程	2014
	1351	艺术硕士	135101 音乐	2009
			135105 广播电视	2014
			135106 舞蹈	2014
			135107 美术	2009
			135108 艺术设计	2014

续表

专业学位	学位代码	专业学位领域名称	批准时间
	0351	法律硕士	2018
	0352	社会工作硕士	2010
	0453	汉语国际教育硕士	2009
	0454	应用心理硕士	2010
	0551	翻译硕士	2010
	0552	新闻与传播硕士	2010
	0553	出版硕士	2014
	0651	文物与博物馆硕士	2010
	1251	工商管理硕士	2009
	1252	公共管理硕士	2010
	1253	会计硕士	2018
	1254	旅游管理硕士	2010

学校课程与教学论学位授权点一览表（2018年）

序号	一级学科及其代码	二级学科及其代码	博士授权点	硕士授权点
1	教育学 0401	课程与教学论 040102	数学教育	数学教学论
2			化学课程与教学	化学教学论
3			生物教学论	生物教学论
4			历史教育	历史教学论
5			体育教学论	体育教学论
6			音乐教育	音乐教育研究
7				语文教学论
8				英语教学论
9				地理教学论
10				思想政治教学论

长期以来，学校教师教育学科群建设不断强化，教育学、心理学等教师教育直接支撑学科和中国语言文学、数学等教师教育基础文理学科不断发展，为支撑教师教育学术研究和人才培养，提高教师培养层次提供了有力保障。

三、加强博士研究生层次学科专业建设

学科建制是一门学科发展到一定阶段的产物，它为学科生存与学科发展提供重要的制度保障。学科发展离不开人才的培养，学位点承担着培养后备人才的重要任务，是团队建设的重要平台。经过长期的发展，学校教育学学科逐渐形成体系结构比较完整、知识积淀丰富、研究视角宽广、研究方法多样、研究成果丰硕的繁荣景象。教育学原理、课程与教学论、教育史、比较教育学、学前教育学、高等教育学、职业技术教育学、特殊教育学、教师教育学、教育管理学、教育技术学等 11 个教育学博士学位点和学校课程与教学、学生发展与教育、教育领导与管理 3 个教育博士学位点建设成绩显著，为国家培养了众多优秀教师、教育管理干部和教育科学研究专门人才，为学校高层次教师教育人才培养筑牢了学科根基。

（一）积极建设教育博士专业学位

2010 年，学校开始实施教育博士专业学位试点招生工作。教育博士区别于学术型教育学博士，是一种以培养从事教育教学实践和教育管理工作的复合型、具有专业领导力的研究型专业人员为目标的专业型学位。目前，教育博士设有学校课程与教学、学生发展与教育、教育领导与管理三个方向，旨在使业已取得丰富经验和一定成就的教育管理人员与中小学优秀教师掌握相应的专业理论知识，发展从事教育教学或教育管理的专业能力，深化对教育专业特性的理解，养成通过科学研究解决教育实践问题的意识和方法，使之成为教育一线从事教学工作或在有关的教育管理和决策部门工作的研究型的专业人员。学校教育博士的培养以实践性为其基本价值取向，注重基础知识、专业性向、解决问题等能力的培养；课程设置方面，着力改善专业基础课程、加强选修课程、突出方法类课程、强调实践课程；在教学方面重视团队学习、探究教学、案例教学、田野教学和自主学习等多种方法的综合运用，培养成效显著。

（二）探索建设教师教育学博士点

教师教育学是一门研究教师培养、入职和专业发展规律，为教师教育政策制定和实践活动开展提供科学依据和有效指导的基础性、应用性的复合型学科。教师教育学科建制为教师教育学的发展提供了坚强的制度保障、人力支持和物质载体。2018年，教育部等五部门出台《教师教育振兴行动计划（2018—2022年）》，鼓励支持有条件的高校自主设置教师教育学二级学科。2024年初，《研究生教育学科专业简介及其学位基本要求（试行版）》正式发布，教师教育学正式列为教育学下的二级学科。2018年，学校教育学部在教育学一级学科体系中，自设教师教育学二级学科博士点，下设教师教育基本理论、教师教育课程与教学研究两个方向。学校教师教育学学科设置以来，大力强化教师教育理论与实践的双向互动，从理论层面，扎实推进元研究、凝练基本问题、构建完善的学科体系等，打造一批以促进教师教育发展为主旨的研究团体。从实践层面，关照学科实践，激发学科发展活力；以学科前沿问题为抓手，进一步更新与优化教师教育学的问题域，为全面深化教师队伍建设改革、培养高素质专业化创新型教师队伍提供支撑。

（三）加强学科课程与教学论博士点建设

《教师教育振兴行动计划（2018—2022年）》中提出实施"教师教育师资队伍优化行动"，强调"引导支持高校加大学科课程与教学论博士培养力度"。学科课程与教学论博士点属于学术型博士学位，开展学科教学的实践探索，指导学科课堂教学和实践教学，有针对性地提供特定学段教学目标设定、教学内容处理、教学过程组织、教学方法选择、教学评价与反馈等，引领学科教学工作；研究教师教育和基础教育中的理论和实践问题，联系具体学科研究教学的一般规律与特定学科教育的特有性质，推动教育知识与学科教学知识增长；开展社会服务，为未来师范生培养、职后教师专业发展、基础教育课堂教学实践等提供知识、方法、思维与智力劳动服务，产出创新性的学科教学信息、知识等教学资源。历经长久的发展实践，学校学科课程与教学论博士点建设日益完善，先后建设了数学教育、化学课程与教学、生物教学论、历史教育、体育教学论、音乐教育等方向的学科课程与教学论博士点，实现"学术性"和"师范性"的高位整合，为教师队伍学历层次提升提供了专业路径。

第二节　不断创新教师教育人才培养模式

陕西师范大学虽在各个历史时期数易其名、几经更迭，但从未偏离师范属性，坚定不移地高举师范教育旗帜。建校至今八十载，学校始终坚持育人为本、学生主体，扎根西部、服务西部、辐射全国，探索创新教师教育人才培养模式，强基础、提质量、优结构，为基础教育的高质量发展提供坚实的师资基础。

一、本专科层次人才培养模式的调整优化

长期以来，陕西师范大学坚守教师教育主责主业，不断更新教育思想和教育理念，加大教学改革的研究与实践力度，主动开展教育教学改革，积极提升教师培养层次，形成教师教育人才培养模式成熟完善，促进教师专业发展和终身学习的多样化、多层次的现代教师教育体系，为基础教育培养高层次、高水平的优质教师教育人才。

（一）持续完善中小学师资培养模式

陕西省立师范专科学校自 1944 年起开始招生，课程设置分为公共课和专业课，同时设有教育概论、教育心理学、教育实验与统计等教育方面的课程，保证了学生在校期间专业知识得到提升，同时教学技能得到训练，为快速成长为中学教师奠定基础。考试科目分为 A、B 两组，报考数学、理化的考生考 A 组科目，考学科 7 门：国文、英文、数学（包括高等代数、解析几何、三角）、物理学、化学、史地、公民；报考英文科的考生考 B 组科目，考学科 7 门：国文、英文、数学（包括高等代数、解析几何、三角）、理化、中外历史、中外地理、

公民；报考数学科或理化科的师范学校毕业生英文改考教育概论。

国立西北大学文学院教育学系课程设置参照师范学院教育系科目制定，分必修科目和选修科目。必修科目有普通心理学、教育心理学、教育概论、中国教育史、西洋教育史、教育统计学、心理及教育测验、中等教育、初等教育、小学教材教法、中学教材教法、普通教学法、教育行政、教学实习、毕业论文等近20门课程；选修科目有教育原理、近代教育思潮、社会心理学、变态心理学、心理卫生等课程。

1949年新中国成立，是中国历史上具有划时代意义的一件大事，对于师范教育而言，也是重要的转折点。此时，西北大学师范学院面临的主要任务就是废除旧的教育制度和教学体系，建立新的教育制度和教学体系。学院各系所开课程均由校部统一安排，专业课维持原课目门类，课程内容有增有减。废除了原有党义、伦理学、六法全书等课程，开设社会发展史、唯物史观、新民主主义论等马克思主义课程，同时，增设了时事政策教育课目。

1953年，教育部召开全国高等师范教育会议，要求认真地系统地学习苏联先进的教育理论和经验，并密切结合中国实际，特别是要注重联系师范学校的特征和中学的实际；会议还制定了高等师范学校各专业的教学计划：马克思主义理论科目，教育科目，专业科目，教育实习。师范学院积极贯彻执行全国高师教育会议精神：开设新民主主义论（后改称中国革命史）、政治经济学、辩证唯物论与历史唯物论、马列主义基础等4门政治理论课，对学生进行正规的马列主义理论教育，增加政治课在教学总时数中的比重，各系本科由原来的10%增加到14%，专科增加到12%；认真学习苏联先进的教育科学理论与教学经验，改革教学大纲、教材和教学方法；注重教育实习，各专业教学计划中都规定本科三年级教育参观见习四周，四年级教育实习八周，专科二年级教育实习八周。

1954年9月，西安师范学院决定在各系一、二年级全面执行教育部于1954年4月颁发的《师范学院暂行教学计划》；三、四年级执行教育部批准的过渡性教学计划。各系、科开设 124 门课程，基本上都能按照暂行教学计划要求进行教学。学院课程积极采用部颁教学大纲，同时自编或参考苏联教学大纲和教材而改编的教学大纲 51 门，教材和讲义 80 种。1955 年 8 月，学院根据教育部《师范学院暂行教学计划》指示，对教学计划做了局部调整，坚持"少学一点，学好一点"的原则，贯彻"少而精"的原则，着重改进教材和教学方法，规定每门课程均不能超学时，必须在教学计划规定的时数内教懂、学懂；在做好课堂讲授的基础上，进一步加强课堂讨论、习题、实验、实习等教学环节；合理安排学生每项作业，重视辅导和指导学生自学工作，并制定了"学生自学时数平衡表"控制作业分量，调整课堂讨论时间，以减轻学生学习负担，保证学生的身体健康。

陕西师范学院成立后，制定了《陕西师院关于改进教学工作的三项决定》，贯彻理论联系实际，面向中学的方针，培养学生独立工作的能力。执行教育部颁布的《关于执行高等师范学校暂行教学计划的临时措施》，精简共同必修课程，适当调整专业课程，减少上课时数，增加自学时间。制定《教育实习工作暂行条例》，规定了教育实习的组织领导、内容方法、成绩评定、工作总结、实习期间的思想政治教育工作及生活管理等内容。陕西师院先后培养本科毕业生 186 人、专科毕业生 2276 人，为西北地区尤其是陕西中等教育事业的发展做出了应有的贡献。

（二）不断改进教学工作，服务人才培养质量提升

1961 年 10—11 月间，教育部在北京召开全国师范教育工作会议，制定了《关于高等师范院校教学计划的若干原则规定》（简称《规定》），进一步明确指出，师范院校必须坚持培养师资这个主要阵地。根据《规定》精神，陕西师范大学积极修订本专业的教学计划和教学大纲，要求全面贯彻"德、智、体、美全面发展"的教育方针，培养合格的中等学校师资。在具体修订各专业教学计划时，学校坚持以教学为主的原则，对教学、科学研究、生产劳动（社会实践）的实

践，做了重新安排和调整。明确规定在学年的五十二周中，寒暑假占九周，学习时间四十三周，其中劳动时间每年平均为四周。学生每周学习时间为四十八小时，参加政治活动时间每周半天。同时，学校还规定，任何单位不得随意侵占教学时间和学生自学时间，必须严格保证教师有六分之五的时间用于教学、科研工作，保证教学计划的顺利执行。

随着时代的发展，学校不断调整人才培养方案，提升培养质量以更好适应社会对建设人才的需求。1978年，学校按照全国教育工作会议精神和文科教学工作会议要求，结合学校实际，制定了《陕西师范大学关于改革和加强教学工作，提高教学质量的几点意见》，明确指出整顿教学工作必须认真地全面地执行党的教育方针，要把大力提高教学质量作为当前全校教育工作的中心环节来抓。在如何提高教学质量方面，学校提出必须重点抓好学科建设、整顿教学组织和加强教学工作管理等三项工作，明确"三基"教学要求，改进教学内容，加强教材建设，健全教学组织，加强对学生学习的教育与管理。

1980年以后，学校进入了第一批录取新生的行列。但是录取的学生中，按第一志愿录取到的考生比较少，调配来的考生多。面对这种情况，为了培养出又多又好、从教意愿强烈的中学师资，必须解决好生源的问题，想方设法招收到更多学习成绩优异而又有志于从事人民教育事业的考生。为此，学校根据全国师范教育工作会议精神和"办好重点、发挥优势"的指导思想，从学校的任务与实际出发，采取了一系列的改革措施。1980年9月，学校提出了陕西师大发展规模、增设专业以及如何加强教学、科研和师资队伍建设等方面的初步方案。12月，学校发布了《陕西师范大学关于当前教学改革的几点意见》，一是要求认真改革现行的教学计划，调整课程安排，精选教学内容，加强实践环节，改革教学方法，重视学生智能的培养；二是重视因材施教，充分发挥学生的学习潜力，培养拔尖人才；三是继续改进和加强教学管理工作，提高管理工作的效率和质量。

为了适应边疆民族地区社会主义现代化建设对各类人才的要求，开辟发展少数民族高等教育的新途径，教育部于 1980 年上半年确定，陕西师范大学为试办少数民族预科班的高等院校之一，从 1980 年 7 月开始招生，并规定降分择优录取每年参加全国高考的少数民族学生进入预科班学习，学习年限为一年，主要是补习中学课程。经考试成绩合格，具备跟随本科学习条件的学生，即可升入学校本科相应专业继续学习，不再参加高考。十几年来，学校先后从云南、广西、贵州、辽宁、新疆、宁夏、青海、四川、甘肃、陕西等 10 个省区，招收了来自 30 多个少数民族的 1215 名预科生。每一届都有 10 多个民族的学生，他们的风俗习惯、心理状态、文化基础各不相同，教育教学管理面临着更多的困难。学校在教育、教学、管理等方面做了大量的工作，精心培养，努力探索，取得了优异的成绩。截至 1993 年秋，从预科升入本科的有 1099 人，占招收人数的 99.7%。学校少数民族预科部于 1991 年获得陕西省人民政府颁发的民族团结奖，被授予"民族团结进步先进集体"称号。

1983 年 11 月至 1984 年 1 月，学校组织教育质量综合调查组，前往用人单位对 230 名毕业生的发展情况进行调研，为学校深入开展教育改革、提高教学质量、培养合格的中学教师提供了实际依据。校、系领导和广大师生进一步认识到，当前应很好地从我国师范教育的任务、规律和特点出发，积极稳妥地改革教学领域及其他工作环节中不利于培养合格中学师资的因素，改革不利于教育科学研究的部分，使高等师范教育真正做到"面向中学"，"面向现代化、面向世界、面向未来"。为此，高等师范教育应突出师范特点，明确培养中学师资目标，从实际出发，调整专业设置和招生计划，加强思想政治和师范专业思想的教育工作，进一步修订教学计划，贯彻文、理渗透原则，扩大学生的知识面，增强学生的适应性，以及深化教育学科的教育与研究，强化实践性教育环节，加强与中学的联系。通过系列措施的实施，学生的专业基础较为巩固，在校期间学习安心刻苦，师范教育质量得到长足进步。

为满足不同层次的人才培养需要，学校在人才培养模式方面进行了积极探索实践。一是实行主辅修制，培养跨学科人才。教育系从中等教育专业和初等教育专业实际出发，让学生在主修教育学专业的同时，到其他系辅修文理学科专业。1993年，设置法学、公共关系学、文秘学、市场营销等4个辅修专业。二是开设双学位和第二学士学位教育。1984年，政教系开设政治教育双学位。1990年，教育系设置教育行政管理双学位；西北教育管理干部培训中心开设高等教育管理第二学士学位班。1992年，政教系开设思想政治教育双学位。三是开设职业技术教育专业，为职业技术教育培养师资。1992年，中文系设置文秘教育本专科专业；物理系设置应用电子技术教育本专科专业；生物系设置食品与营养教育专科专业；化学系设置化工工艺教育专科专业；艺术系设置装潢设计与工艺教育专科专业；教育系设置特殊教育专科专业。

学校先后于1994年、1999年、2002年全面修订完善本科人才培养方案。2002年，为充分调动学生学习的积极性和主动性，优化学生知识结构，促进学生个性发展，激励教师提高教学水平和教学效果，学校制定《陕西师范大学本科学分制实施方案》，启动实施学分制本科人才培养模式改革。学分制是以学分为计量单位衡量学生学习状况的一种教学管理制度，构建了融传授知识、培养能力、提高素质为一体的新型人才培养模式，注重理论与实践、人文与科学、课内与课外、学习与健康的协调发展。学分制人才培养模式实施弹性学制、学分绩点制、选课制、导师制、主辅修制、必读书目制等制度，以培养基础扎实、知识面宽、能力强、素质高、富有创新精神的专门人才。为保证学分制实施，学校制定了《陕西师范大学公共选修课课程方案》，将公共选修课分为公共限定选修课和公共任意选修课，其中公共限定选修课分为人文、科技、艺术、教育、健康等5个系列，以完善学生知识结构，提高学生综合素养；公共任意选修课则是由教师根据自身教学特长、科研方向和学生兴趣爱好，向全校学生开设的选修课。同时还制定《陕西师范大学大学生必读书目》，提供学生应该阅读的经典名著目录，分为文学、哲学、历史学和艺术类四部分，引导学生阅读经典，完善自身知识、能力和素质结构。

（三）创新教师教育人才培养模式

1. 实施"2+2"教师教育人才培养新模式

2006年，学校按照"厚基础、宽口径、高素质、强能力"的人才培养理念，开始实施"2+2"教师教育人才培养新模式，构建了"通识课程模块＋学科基础课程模块＋专业课程模块＋教师教育课程模块＋实践模块"的课程体系；学生入学一年后实行一次专业分流，可在学科之间和学科内部重新选择专业（特殊专业除外），以提高学生学习的积极性和主动性。"2+2"教师教育人才培养模式，原则上前两年按以一级学科为基础的大类进行通识培养，学生主要学习通识课程模块、学科基础课程模块，以加强基础，提高素质，培养学生进行个人职业生涯规划乃至终身学习所必须具备的基本素质和基本技能；后两年进行专业培养，学生主要学习专业课程模块、教师教育模块、实践教学模块，突出专业教育和交叉培养，加强实践教育和科研训练，注重学生创新精神和实践能力的培养。

"2+2"教师教育本科人才培养方案构建了模块化课程体系。其中，通识模块分公共必修课程和公共选修课程，旨在夯实基础，拓宽口径，实施文文渗透、理工渗透、文理工渗透，促使学生全面发展。公共必修课是学生都必须掌握的基础理论、基本技能方面的课程，包括思想政治理论课、大学外语及综合应用、大学语文、高等数学、计算机应用基础及程序设计、大学体育、大学生职业生涯规划和就业指导等课程。公共选修课，设置为核心选修课和任意选修课。核心选修课分为人文社会科学、自然科学与技术、美育与健康、教师教育等4个系列，学生在修读期间必须从每一系列中至少选修一定学分的课程。

学科基础课程包括相关学科基础课程和本学科基础课程两部分，旨在加强学科间的交叉渗透与融合，统整学科、专业、课程内在结构关系，加强专业的学科依托，优化专业的课程组合。相关学科基础课程是为各专业学生掌握相关学科的基本理论以及基础性知识而设置的。本学科基础课程是根据一级学科特点，按照加强学科基础知识、拓宽专业面的原则，为各专业方向设置的共同基础课程，课程内容要强调基础性。

专业课程分为专业必修课和专业选修课。专业必修课是各专业的基础课程，要体现"宽而厚"的特点。专业选修课由专业限定选修课和专业任意选修课组成，专业限定选修课是根据专业特点，开出若干组柔性课程，每一组课程代表本专业的一个研究方向或系列，本专业学生可根据自己的学习能力和兴趣爱好自由选取，使学生学完某一方向课程组后具有该方向一定的知识水平和研究能力，这类课程要体现"专而尖"的特点。专业任意选修课是院系级的通选课，是各院系充分挖掘和整合本单位的课程资源而设置的，本院系各专业学生都可以自由选修。该模块课程是对学生进行专业教育和专业训练的主体性课程，根据学生发展为本，尊重学生个性，因材施教的原则，对专业课程进行精选、调整和改造，适当降低必修课的比重，加大选修课的比重，明确各门课程在本专业教育中的地位和作用，切实扩大学生学习的自主权，突出学生的个性发展。

教师教育模块是一个开放的课程模块，主要为师范专业学生设置。该模块从教师专业化的角度，将"学术性"与"师范性"有机结合，整体构建通识教师教育课程和学科教师教育课程，更新课程教学内容，强化师范生职业理想教育，促进教师专业发展，培养优秀教师，为造就教育家奠定基础。同时，非师范专业设置专业技能模块，以培养学生的专业实践与创新能力。

实践课程模块构建了与理论教学体系并重且密切联系而又相对独立，教学内容前后衔接、循序渐进、层次分明的实践教学体系。一是培养学生基本技能与素质的基础实践；二是以职业训练为主要内容的专业实践；三是培养学生创新精神与解决实际问题能力的综合实践。培养方案强化了实践教学环节，在各类课程教学过程中，要求理论联系实际，加强课程的实践环节和学生的科研能力训练。同时，加大了见习、实习力度，将分散的见习和集中的实习有机结合，积极探索并实施混合编组的教育见习和教育实习新模式。设立本科生专项科研经费，实施学校和院系两个层面的本科生科学研究计划，并要求学生在第二、三学年，在导师的指导下，以立项的形式，每学年至少独立开展或参与1个与学科专业或课程相关的科学研究项目，完成2—3篇学年论文或综合设计；实施本科生课外素质拓展 8 学分计划。

"2+2"教师教育本科人才培养新模式将通识教育与专业教育、学科专业教育与教师教育、科学教育与人文教育有机结合，切实提高人才培养质量；以学生发展为本，尊重学生个性，因材施教，实施选课制，必修与选修相结合，切实扩大学生学习的自主权；加强实践教学和科研训练环节，"第一课堂"与"第二课堂"相结合，校内教育与社会实践相结合，传授知识与训练科研能力相结合，将实践教学和科研训练贯穿本科教育的整个进程，以培养学生的综合实践能力和创新能力。"2+2"本科教师教育人才培养效果良好，学生专业基础更加扎实，知识结构更趋合理，综合素质和专业技能明显提高，受到基础教育一线用人单位的广泛好评。

2. 实施师范生公费教育

2007 年国家实施师范生免费教育，2018 年师范生免费教育升级为师范生公费教育。学校积极响应国家政策，全方位统筹规划，精心设计配套政策，按照"坚持立德树人、强化五育并举，坚持标准引领、强化产出导向，坚持大类培养、强化通专融合"的原则，完善了"通识教育模块＋学科基础模块＋专业课程模块＋教师教育模块＋实践教学模块"的课程体系，"反向设计"专业课程体系，着力培养造就大批"学识扎实、情怀深厚、灵魂高贵"的优秀教师和教育家。

2024 年国家公费师范生课程框架

课程类别		开课课程
通识教育模块	通识教育必修课	思想政治理论课
		大学外语课程＋校本外语水平测试达标
		计算机类课程
		大学体育
		大学语文
		高等数学
		创新创业理论与实践
		国家安全教育

续表

课程类别		开课课程	
通识教育选修课	限选	"四史"类特色思政课	开设理念：学科贯通、研读经典、名师授课、夯实基础、提高素养 开设原则：有机融入课程思政育人元素，重在培养学生的人文精神、科学精神、创新意识和实践能力、文化艺术欣赏能力和良好的心理和身体素质
		选修课	
		外语能力提升类课程	
		身体素质提升（体育）类课程	
		科技史与科学伦理类	
		教师教育类课程	
学科基础模块	相关学科基础课	相关学科基础课程是为相关专业学生掌握相关学科的基本理论以及基础性知识而设置的。大学语文作为各文科专业的相关学科基础课程；高等数学作为各理工科专业的相关学科基础课程，并开设多层次课程，各学院（部）根据所属专业培养目标确定最低层次及要求	
	本学科基础课	本学科基础课程是各学院（部）根据一级学科的特点，按照加强学科基础知识、拓宽专业面的原则，为各专业方向设置的共同基础课程，课程内容要强调基础性	
专业课程模块	专业必修课	专业必修课是各专业的基础课程	
	专业限定选修课	专业限定选修课只限于本专业学生修读，应分专业方向或系列，要体现"专而尖"的特点	
	专业任意选修课	学院（部）内各专业学生自由选修的课程，旨在拓宽学生知识面，提高学生能力，促进学生个性发展	
教师教育模块	公共必修课	心理学基础	
		儿童发展	
		中学生认知与学习	
		中学生心理辅导	
		中学教育学基础	
		现代教育技术（网络教学）	
		教师专业发展与职业道德	
		德育与班级管理	
	学科必修课	学科教学论	
		学科中学教材分析与教学设计	
	选修课	通识教育选修课"教师教育系列"	

课程类别		开课课程
实践教学模块	必修课	军事理论与训练
		教师教学基本技能训练
		必读书目阅读
		学科教学技能训练
		教育见习
		教育实习（含研习）
		教育实践与社会调查
		大学生职业生涯规划
		大学生求职指导与职场适应
		毕业论文（设计）
		大学生心理健康

不断加强招生工作。2007—2024 年，学校累计招收国家公费师范生 38788 名，第一志愿报考率逐年增高，整体录取分数高。国家公费师范生招生遍布全国 31 个省、自治区、直辖市，其中西部地区占 70%，占国家招收公费师范生总数的四分之一，占学校本科招生总数的 60% 以上，在 6 所部属师范大学中比例最高。70% 以上的国家公费师范生毕业后回到西部生源省区，大多数已成为当地基础教育的骨干教师。

2007 年以来国家公费师范生招生人数一览表

序号	年份	招生人数	序号	年份	招生人数
1	2007	2544	10	2016	2013
2	2008	2611	11	2017	1962
3	2009	2892	12	2018	1872
4	2010	2775	13	2019	2071
5	2011	1973	14	2020	2104
6	2012	1862	15	2021	2114
7	2013	1884	16	2022	2100
8	2014	1887	17	2023	2105
9	2015	1915	18	2024	2104
合计					38788

着力提高从教能力。在国家师范生免费教育政策背景下，学校结合自身的优势和特色，整合相关资源，投入近 3000 万元建成了教师专业能力发展中心，并获批了现代教学技术教育部重点实验室。该中心建设了教师专业能力实训实验室 25 个，其中，未来教育和教学设计实验室作为教育先进技术、先进思想、先进模式的体验模拟环境，同时也是设计未来教育创新模式的试验床。中心组建了由 100 余名专家组成的专、兼职实训团队，开发了教学设计案例库、典型教学案例库、创新教育案例库、板书测试系统、教学反思系统等实训资源库和软件系统，探索了教师职前培养模式，试行了教师专业能力等级证书制度，为高素质教师能力培养提供了引领和示范。学校依托该中心全面开展师范生普通话水平测试和书写能力测试、师范生教学技能大赛、多媒体课件制作暨教学设计大赛，并实施教师专业能力等级证书制度，搭建师范生教师专业能力发展与交流平台，鼓励引导师范生创新课堂教学，锻炼与提升教师专业能力。

自 2009 年举办首届师范生教育教学能力大赛以来，截至 2024 年已经连续举办 15 届，大赛采用"班级预赛—学院初赛—校级复赛—校级决赛"四级赛制，覆盖全体师范生。大赛包含即兴演讲、板书测试、教学设计和多媒体课件制作、说课、模拟授课、回答评委提问等环节，全面考查师范生学科专业知识、"三字一话"、信息技术应用能力等教学基本功和教育教学能力。2022 年和 2023 年，学校连续两年承办陕西省高校师范生教育教学能力大赛，在全省师范类高校中推广陕西师大以赛促学、以赛促训、以赛促练、以赛促强的大赛育人模式。近三届省级师范生教育教学能力大赛中，学校获奖人数和层次均居全省首位。

持续强化教育实践环节。学校国家公费师范生实施为期半年的教育实习制度。每届学生赴陕西、新疆、甘肃、西藏、宁夏、青海、河南、重庆、广东、江苏等省、自治区、直辖市 350 多所学校进行半年教育实习；探索实施海外游学制度，在海外建立游学见习、教育实习基地，力求卓越教师班每名学生具有至少一个月的海外教育见习实习经历，有效提高了教育教学实践能力。

三位一体协同培养。在实施校县共建实践的基础上，学校 2007 年开始在西部省区（陕甘宁青新藏）建设教师教育创新实验区，按照平等参与、合作对话、权责明晰、深度融通的原则，打破教师教育人才培养中的实践瓶颈和体系封闭性，探索构建高校主导、政府协调、中小学幼儿园配合，三位一体、三方协同、共同参与的卓越教师协同培养体系。聘任师范大学高水平教师、中小学（幼儿园）优秀教师、教研及教育行政部门优秀教育工作者为卓越班授课，形成高水平教师联合授课制度和"三方导师"协同培养制度，为学生进行职业生涯规划、学业指导和技能训练。

3. 实施卓越教师培养计划

学校在实施国家师范生免费教育制度的基础上，2015年开始实施教育部本科层面的"卓越中学教师培养计划"和"卓越幼儿园教师培养计划"，2017年开始实施教育部研究生层面的卓越中学教师培养计划。卓越教师培养计划旨在通过优化教师教育人才培养模式，构建本科教育和研究生教育相互衔接、整体贯通，师范大学、地方政府、中小学幼儿园三位一体协同育人的卓越教师培养体系，着力培养一批有理想信念、有道德情操、有扎实学识、有仁爱之心，能够做学生锤炼品格、学习知识、创新思维、奉献祖国的引路人，能够引领教育教学改革发展的具有教育家风范的卓越中学教师和卓越幼儿园教师，服务西部基础教育。

学校积极完善卓越教师培养体制机制，推进本硕博一体化的卓越教师培养体系。本科阶段，在汉语言文学等13个师范专业，择优选拔学生，组建13个卓越教师实验班，每班30人；制定专门培养方案和完善的配套管理制度，集中校内优势力量开展卓越教师培养。硕士阶段，设立教育硕士"卓越中学教师培养专项计划"，在校内各非师范专业创新实验班遴选推免生30人，攻读全日制教育硕士，构建本硕一体化培养体系。教育博士阶段，招收具有实践锻炼的优秀教育硕士毕业生和具有教育教学实践经验的优秀教师及管理者，着力培养高层次研究型教师和未来教育家。

4. 实施"优师计划"

2021年，国家实施"优师计划"，即优秀教师定向培养专项计划，旨在为中西部欠发达地区中小学校定向培养一批优秀教师，推动欠发达地区教育优质均衡发展。优师专项分为国家优师专项和地方优师专项。国家优师专项由6所教育部直属师范大学承担培养任务，面向中西部省份招生；地方优师专项由中西部省级教育行政部门确定的本科层次师范院校承担培养任务。学校积极响应国家号召，加大政策宣传力度，至今已招收1450名来自中西部欠发达地区的学生在校就读，占全国"优师计划"师范生总数的28.7%。学校着力构建师范大学与地方政府、中小学、教师发展机构"四位一体"协同育人机制，夯实专业知识基础，提升教书育人能力，强化教育实践环节，锻造传道授业解惑过硬本领，促进"优师计划"师范生厚植教育报国情怀，坚定从教初心，到欠发达地区为党育人、为国育才。

二、研究生层次教师教育培养模式的不断完善

（一）实施"4+2""4+2+1"教师教育人才培养模式

2005—2010年，学校探索实施"4+2"教师教育人才培养模式。2011年，实施"4+2+1"教师教育人才培养新模式。"4+2+1"模式是对"4+2"模式的继承和创新，是学科专业培养与教师专业培养相分离的实践尝试，是我国教师教育人才培养模式改革的一项创新性工作。

"4+2"教师教育人才培养模式中的"4"，是指四年的本科学科专业教育，前两年主要进行"厚基础、宽口径"通识教育和学科基础教育，后两年主要进行专业定向教育；"2"是指两年的教育硕士教育，具体又分为0.5+0.5+1，第一个"0.5"指半年系统、深入的教师专业理论及相关的学科知识学习，第二个"0.5"指为期半年的基础教育实习支教和基础教育调查研究，"1"指为期一年的专题教育理论和教育实践问题研究，完成学位论文。"4+2"教师教育人才培养模式的生源主要是师范本科专业的优秀毕业生。

"4+2+1"教师教育人才培养模式中的"4"，是指四年的本科学科专业教育；"2"指两年的教育理论及学科知识学习、相关的教育研究和学位论文写作；"1"

指为期一年的基础教育实践，其中，研究生学习阶段的第二学期在农村中学实习半年，第四学期在城市中学实习半年，加大了教育实践力度；大学本科第四学年为本科生和研究生教育的衔接阶段，此阶段在完成本科学习任务的同时，修读本专业研究生部分课程。"4+2+1"教师教育人才培养模式以非师范本科专业的优秀毕业生为招生对象。

"4+2"模式是将本科教师教育和研究生教师教育有机贯通、具有专业特点的研究生层次的基础教育师资培养模式，是高质量的教师培养模式：

培养目标明确——培养高质量的基础教育师资，引领基础教育；

培养体系科学——实现本科教师教育和研究生教师教育一体化；

课程设置合理——构建完善的模块化课程体系，实施模块教学；

导师阵容强大——建立大学专业导师和中学实践导师双导师制；

学术训练规范——设立"4+2"专项研究项目，学术训练系统规范；

教育实践有效——深入中学进行半年的教育实践，提高教研能力。

"4+2"和"4+2+1"教师教育人才培养模式，具有优质的生源，其本质是本硕连读，"4+2"研究生基本是本科专业的优秀推免生。"4+2"模式既不同于一般的教育硕士的培养模式，也不同于一般的教育学硕士的培养模式，它将学科教育与教师专业教育有效结合，将学术训练与基础教育实践相结合，特别重视培养学生的教育教学研究能力和教育教学实践能力，可以有效推进教师教育的专业化。首先，将本科教育与研究生教育有机贯通。改革教师教育课程设置，构建本硕一体化教师教育体系，对于提高基础教育师资学历层次和基础教育水平具有战略意义。其次，有机融合学科教育与教师教育。将学科教育与教师教育相结合，将学术训练与基础教育实践相结合，确保学科专业、教育学术素养和教育实践能力协调发展。再次，重视培养学生的教育教学实践能力。安排半年的西部农村实习支教活动，使教师教育的空间走向开放，克服了教师培养与中小学实际脱节的缺陷；实施双导师制，由大学学科专业导师和中学实践导师共同指导学生专业发展。最后，重视培养学生教育教学研究能力。设置研究生教师教育专项研究课题，指导学生开展基础教育研究，为基础教育培养研究型高层次师资。

（二）实施农村学校教育硕士师资培养计划

2005年，学校开始实施"农村学校教育硕士师资培养计划"（简称"硕师计划"），创新农村教师培养和补充机制，以加强农村教师队伍建设，提高农村学校师资学历水平和整体素质，推进教育均衡发展。学校完善"4+X+1+1+X""硕师计划"人才培养模式，即获得学士学位的应届本科毕业生，志愿到农村学校任教，经推荐免试取得农村教育硕士研究生入学资格；先到指定的农村学校任教一定年限，取得教学实践经验；到农村师资教育硕士生培养学校注册入学，脱产学习教育硕士专业学位研究生课程一年；再回到原任教农村学校工作岗位，边学习边工作一年，完成硕士论文答辩，获得硕士研究生毕业证书和教育硕士专业学位证书；教育硕士毕业后，在任教农村学校继续工作一定年限，教学服务期至少五年（含在培养学校的一年学习时间）。

（三）实施公费师范毕业生教育硕士培养计划

在职攻读教育硕士是师范生公费教育的重要内容，是教师教育职前职后一体化的实践要求。学校针对免费师范毕业生在职攻读教育硕士人数多、工作系统性强、涉及因素广、实施难度大等特点，成立了教育硕士培养管理中心，专门负责免费师范毕业生在职攻读教育硕士专业学位的管理工作，成立教育硕士教育教学督导专家委员会和教育硕士培养质量评估委员会，加强对教育硕士培养工作的督促和指导。同时，学校切实加强与地方教育行政部门以及中小学的深层次合作共建，为完成国家免费师范生在职攻读教育硕士培养任务，创造了应有的条件和工作基础。2012—2023年，学校招收国家公费师范生教育硕士22394人，国家公费师范生在工作一年后重新回到校园学习，经历了教育教学理论的实践应用，教学反思，完成了从理论到实践再到理论的提升过程，促进教学能力和教学研究的相辅相长。

（四）推进教育硕士专业学位培养模式改革

1997 年，学校开始招收教育硕士专业学位研究生，2009 年开始招收全日制教育硕士。目前，学校教育硕士专业学位涵盖 20 个专业领域（包括全日制和非全日制两种培养模式），总规模达 10400 余人。学校的教育硕士专业学位研究生教育积累了丰富的培养经验，形成了鲜明的教育培养特色，但教育硕士培养还存在一些突出问题，如培养模式改革滞后，管理体制机制不顺，导师队伍数量不足、专业化水平亟待提高，质量监控体系不完善，等等。2016 年，学校针对问题，根据建设以教师教育为主要特色的综合性研究型大学办学目标，推进教育硕士专业学位研究生教育改革，构建适应基础教育卓越教师专业发展的教育硕士培养新体系，培养师德高尚、拥有扎实专业基础、掌握现代教育理论、具有较强的教育教学实践和研究能力的卓越中小学教师和教育管理者。改革的主要举措为：理顺教育硕士管理体制、工作机制，成立教育硕士专业学位研究生教育指导委员会，设立教育硕士专门管理机构；推进教育硕士培养模式改革，优化各类教育硕士培养方案，加强教育硕士精品课程建设，强化教育硕士创新实践能力培养；加强教育硕士导师队伍建设，完善教育硕士双导师制度，健全教育硕士导师考核评价机制；健全教育硕士质量保障体系、教育硕士质量监控体系，强化教育硕士学位论文质量管理。

（五）实施"国优计划"

2023 年，"国优计划"，即国家优秀中小学教师培养计划启动实施，支持"双一流"建设高校为中小学培养研究生层次优秀教师，首批试点支持 30 所高校承担培养任务。陕西师范大学作为首批试点高校，高度重视"国优计划"试点工作，2024 年 1 月 9 日与西安交通大学签署"国优计划"研究生联合培养协议并举行首届"国优计划"研究生开班仪式，标志着学校教师教育人才培养将从"三位一体"协同机制向更加开放、更高层次、更高质量的"四位一体"创新机制过渡，综合性大学加入教师教育体系，推动了教师培养模式创新，增强了激励优秀人才从教的政策吸引力。

（六）开展教育博士专业学位教育

2010年，学校积极实施教育博士专业学位教育，面向基础教育一线，大力培养造就复合型、职业型的高级专门人才。2017—2023年，学校共招收教师教育类博士829名，专业方向包括学校课程与教学、教育领导与管理等；招生对象为具有硕士学位、有五年以上教育工作经历、具有相当成就和较强研究能力的中小学教师和学校管理人员；培养方式为学分制和弹性学制、集中培养和导师指导相结合；课程设置包括公共教育课程模块、教育理论模块、教育研究方法模块和教育实践研究模块，并以专题教学的方式，由导师与学生共同研讨实践中遇到的问题和困难，提出实施方案，指导教育实践活动，进行相应的教学评估和教学反思等。实施教育博士专业学位教育，不仅健全了学校教师教育人才培养体系，而且对于促进我国基础教育高水平教师队伍建设，具有重要的战略意义。

作为党和国家布局在西部地区的一所部属师范大学，学校八十年来坚守教师教育主责主业，奋斗在建设教育强国第一线，为祖国尤其是西部培养了50万余名毕业生，他们中的大多数选择了在基础教育一线，为祖国孕育桃李万千。面向教师教育呈现出的新的发展趋势，中小学对教师的需求也从满足数量向提高质量转变，目前，学校已形成国家公费师范、国家"优师计划"师范、普通师范、地方委培师范等多种形式共同发展的师范教育体系，师范生达到在校生总量的60%以上。陕西师范大学将坚定立足西部，面向全国，构建本科、硕士、博士研究生三个层次协调发展，促进职前职后教育一体化，为基础教育特别是西部基础教育提供多层次、高水平的教育人才支撑。

第三节　持续深化教师教育与基础教育研究

人才培养、科学研究、社会服务、文化传承创新、国际交流合作是高等教育的五大基本职能，对于师范院校来说，培养高素质专业化的教师需要高水平高层次教育科学研究的支撑。教师教育背靠高等教育，面向基础教育，开展教师教育与基础教育研究，是师范大学服务和引领教师教育和基础教育理论政策、标准研究、评价改革、资源建设等工作的重要手段和途径，课程研发指导、学术论文撰写、课题项目研究、教育教学测量评价等是指导课程教学改革、更新教学观念的主要方式。陕西师范大学在长期的办学实践中，高度重视与基础教育的密切联系，切实关注基础教育的重点、热点、难点问题，深入调研挖掘数据，扎实开展研究实践，产出了一批具有重要影响力的教师教育与基础教育研究成果，有力奠基教师教育优势明显的研究型师范大学建设。

一、建设高水平教师教育学术期刊

（一）"哪里有中学，哪里就有中教参"

为了面向中学，为中学培养和提高教师的业务水平，陕西师范大学响应中央号召，统筹谋划，于1972年10月组织骨干力量编写以中学教学所需知识为主、辅以分析指导的"教学参考"，创办了《中学政治教学参考》《中学语文教学参考》《中学数学教学参考》《中学物理教学参考》《中学化学教学参考》。随后，又适时创办了《中学历史教学参考》《中学地理教学参考》《中学生物教学参考》。1983年，"中教参"申请到统一刊号并交邮局面向全国发行，闪亮登上中国期刊舞台。1985年，学校为适应改革开放的需要，经陕西省委宣传部和陕西省新闻出版局批准，在原来由各系负责出版发行的"中学教学参考"基础上，成立了陕西师范大学杂志社。在专业编辑力量加入后，杂志社发展迅速，质量越来越高，受到全国各地中等学校的欢迎，对促进中等学校进行教学改革、提高教学质量起到了重要推动作用。

"哪里有中学，哪里就有中教参"是基础教育界对陕西师范大学"中学教学参考"期刊集群的鼓励和肯定。"中学教学参考"自创刊之日起，就针对中学教材教辅缺乏的局面，自觉肩负起指导教研、服务教学的责任，满足了基础教育的迫切需求。20世纪80年代，高考制度改革与基础教育改革同步推进，"中学教学参考"即以服务教研教学为己任，出版命题研究与备考教学等系列专刊、增刊，全国各地中学师生争相订购。20世纪90年代后，"中学教学参考"聚焦学科教育研究、强化教学实践指导，重构栏目，创新选题，做优内容，被广大中学教师视为全面提高教学胜任力的必读刊物。党的十八大以来，"中学教学参考"站在服务教育强国的战略高度，坚持融合转型，推进高质量发展，全面提升主题、专题、活动等教研策划效力，突出内容的时代性、鲜活性和学术性，切实服务基础教育现代化。

从1985年中学教学参考杂志社成立到2005年陕西师范大学教育出版集团组建，"中学教学参考"刊群不断探索经营集团化、管理专业化的经营创新之路。2007年，"中学教学参考"由月刊变更为半月刊，实现了分类管理、特色运营、规模发展。2010年，教育出版集团改制为出版总社有限公司后，"中学教学参考"融入现代企业经营新理念，强化管理创新、内容创新，从内容出版型向智库引领型跨越升级，强力驱动刊群高速发展。至今，"中学教学参考"已拥有2种周刊、6种旬刊，年出刊312期，成为全国学科种类齐全、专业特色突出、社会影响广泛的融合性创新型学术期刊集群。

近年来，陕西师范大学出版总社"中学教学参考"以教师教育为重点，加大与学校各院系及各地教育系统深度合作，以教育文化、全媒服务、自主创新、内容生产、核心资源等高端智库建设为抓手，进一步优化刊群优质资源和专家团队力量，持续推进教师发展研究等"三个基地"建设，孵化教育文化服务品牌项目，提升自主创新、协作运营能力；以优质资源数字化为特色，健全教育文化全媒服务体系；以专题化、主题化、体系化为特色，健全基础教育全学段、全学科、全领域教育文化服务课程体系；以线上为主、线上线下结合方式，突出开发转化、开放共享特色，推进教育文化服务转型升级，构建培训、会议、课程、出版、咨询等多业态的教育文化服务立体生态链，形成教育文化出版与服务协同创新、融合发展的新格局。

（二）集研究、服务、引领基础教育于一体的《当代教师教育》

《当代教师教育》创刊于 2008 年，是陕西师范大学几代教育学人的追求和企盼，也凝聚着全国各地许多学者专家的辛勤劳动和无私奉献。创刊之时，原中共中央政治局常委、国务院副总理李岚清同志为《当代教师教育》题写刊名；时任教育部副部长陈小娅撰"加强教师教育研究，促进优秀教师和教育家成长"的创刊词；中国教育学会名誉会长顾明远先生担任学术顾问，并且题写了"实现教师专业化由教育家来办教育"的题词。2014 年获评全国高校优秀期刊、陕西省高校优秀社科期刊，2016 年、2020 年获评陕西省高校优秀期刊，2022 年入选中国人文社会科学期刊 AMI 扩展版。

立足西部，面向全国，放眼世界，广纳名家名作，擢拔学术新秀，努力组发具有创新价值的精品力作，是《当代教师教育》的办刊原则。通过《理论探索》《政策法规》《体制改革》《教师专业发展》《课程教学》《学科教学》《学科建设》《基础教育课程教学》《师德师魂》《继续教育》《现代教育技术》《国际视野》《博士论坛》《调查研究》《一线报告》等栏目，反映教师教育中的重要理论问题与热点问题的研究成果，坚持理论与实践相结合的原则，努力通过高质量的刊物内容启迪教育智慧，提升教学能力；引领专业发展，服务教学实践；反映学术前沿，催生教学创新，力求在展示与传播教师教育理论与实践研究及其相关领域研究成果方面体现鲜明特色。

十余年来，《当代教师教育》已发刊 64 期，收录文章 1000 余篇。朱旭东、林崇德、王嘉毅、游旭群、郝文武、李森、杨跃、袁奋光、陈晓端等一大批教师教育领域的专家学者在《当代教师教育》撰文发声，他们以先进的理论知识引领教师教育走向现代化，以实际行动和丰硕成果，为我国教师教育的改革和发展贡献专业智慧。

（三）聚焦西部基础教育发展的《西部教育报告》

西部的过去是欠发达的，西部的现在是蓬勃发展的，西部的未来是充满希望的。西部的社会经济和文化特点决定了西部教育发展的特点，长期以来，西部教育学人热切期盼把西部各方面教育研究力量组织起来，集中大家的智慧全面深入研究西部教育，促进西部教育的改革和发展。2011年，学校郝文武教授发起创刊《西部教育报告》，由西部12个省、自治区、直辖市的教育学专家学者组成的学术团队和编委会，依托教育部哲学社会科学发展报告项目和西部各地区教育学一流学科建设项目，凝聚西部教育学人的力量，用实证和实验方法，反映我国教育学人研究西部教育的成果。

通过揭示西部教育的矛盾发现不断涌动的活力和希望，形成对西部教育实践和现实全面深入、持续不断的实证研究报告是《西部教育报告》的办刊理念。从2011年卷（第1卷）面世到2023年卷（第13卷）出版，已走过十三个年头。2013年，《西部教育报告》获批教育部哲学社会科学发展报告项目，这为进一步凝聚西部教育学人的力量，对西部教育进行全面深入研究注入强大动力。

《西部教育报告》以突出三个特色、坚持三个导向为宗旨。一是突出西部教育研究特色，坚持以促进西部教师教育和基础教育的内涵发展和质量提高研究为根本导向；二是突出教育教学微观研究特色，坚持以西部师范院校和中小学学校及其教师发展、基础教育品德教育、课堂教学实践微观层面研究为基本领域；三是突出实证和实验研究特色，坚持以深入精细调查研究、长期追踪实验研究为主要方法，特别注重和资助追踪实验研究、西部教育发展和教育政策研究。《西部教育报告》每卷固定设置《教师教育和教师发展》《教育教学实验》《基础教育和民族教育》栏目，每个栏目每期至少发表一篇研究报告，已经形成鲜明的研究重点和特色。

二、建设高层次教师教育研究平台

学校建设有国家级教师教学发展示范中心、现代教学技术教育部重点实验室、教育立法研究基地、中国基础教育质量监测协同创新中心陕西师范大学分中心、教育部陕西师范大学基础教育课程研究中心、儿童青少年心理与行为健康研究中心、陕西基础教育质量监测与评估研究中心等各级各类教师教育研究平台，凝聚队伍，汇集智慧，以西部教师教育与基础教育研究为主方向，形成了基础教育质量监测、心理健康教育、教育立法等服务于国家和地方教育发展的高端智库。随着教育强国建设步伐加快，学校充分发挥教师教育资源优势，把西部大中小学思政课一体化建设、西部基础教育心理健康教育、西部基础教育教师队伍发展、西部基础教育课程研究和边境边疆地区教育作为教师教育特色研究方向，更加聚焦服务西部基础教育，全力助推西部教育现代化。

基础教育课程改革是教育改革和发展的关键环节，教师自身的理论修养和实践能力是决定课程与教学改革成败的关键。2001年，学校获批教育部陕西师范大学基础教育课程研究中心，为基础教育课程改革提供智力服务和理论指导。中心汇聚了一大批来自各院系从事专业研究和学科教学论研究的学科带头人和学术骨干。他们积极向全校普及基础教育课程改革新理念，使在校的师范专业学生能够了解新课程、理解新课程。针对陕西师大和西北地区的实际，要求从事教学实践研究的老师，如各学科教学论教师，积极参与课程中心的工作。他们当中，有5名教授和22名副教授长期送教下乡，深入农村中小学教育教学改革第一线，培训教师，指导工作。中心以培养适应新课程和新教材的新型教师为出发点，与学校出版社联手组织编写并出版21世纪高等师范院校学科教学论教材6部、《新课程教师读本》系列教材6部、《学科教育实习指南》系列教材15部、学科教学技能系列教材11部、学科教材研究与教学设计系列教材10部，均由陕西师范大学出版总社出版，分别于2007年、2011年、2013年、2018年获评陕西省优秀教材。

基础教育和教师教育具有本质联系，教师教育服务基础教育事业发展，基础教育需要教师教育创新引领。2000年，学校成立西北基础教育与教师教育研究中心，2007年正式批准为陕西（高校）哲学社会科学重点研究基地。中心建设了教师教育、基础教育、学前特教、农村教育和教育政策5个研究团队，西部基础教育和教师教育研究是他们共同的研究重点。历经二十多年的发展，中心专家学者承担国家级、省部级教学科研课题近百项，出版著作和教材百余部，发表教育学术论文千余篇，取得了丰硕成果。通过承担省社科联、西安市、田家炳基金会等多项研究项目，与全省许多城乡中小学校建立了长期合作关系，成为知名的教师教育和基础教育基地。

为深入推进师范生免费教育政策，培养造就优秀教师和未来教育家，以国家实施的教师教育优势学科创新平台建设项目为契机，2009年学校大力开展平台建设并取得了显著成效，建设了国内一流、国际领先的教师专业能力发展中心。依托中心建设了现代教学技术教育部重点实验室和国家级教师教学发展示范中心，教学观察室、教学设计室、教学反思室等25个实训实验室，搭建教师基本能力、教学能力、教育能力、教研与自我发展能力、教学改革和创新能力等5大教师专业能力实训平台；开发了教学设计能力、教学反思能力、心理健康教育能力、教学创新能力等教师专业能力发展系列课程资源，研发了普通话测试系统、板书测试系统、心理测评系统、教学反思系统等系列软件系统；实行教师专业能力等级认证制度，制定了《教师专业能力等级考核及评价方式》，试行教师专业能力初级、中级、高级证书制度，为学校师范生培养发展提供了专业指导。

2012年，中国基础教育质量监测协同创新中心陕西师范大学分中心启动建设。中心的建设目标是基础教育质量研究中心、基础教育质量监测实施与信息发布机构、基础教育高端人才汇聚与培养中心和国家基础教育质量提升新型智库。经过十余年的积累，中心在中华优秀传统文化、科学质量、教育政策与管理、品德素养领域这五个监测领域形成了自身优势和特色，科学、准确地反映全国尤其是西部地区的基础教育质量现状，帮助西部基础教育质量提升。凭借中心开展基础教育质量监测的基础优势，2021年7月，陕西省教育厅委托学校开展陕西省义务教育质量监测，当年完成4个市县试测工作。2022年，为便于监测工作开展，省教育厅支持学校成立了陕西基础教育质量监测中心，在全省20个样本县（市、区）开展监测工作，324所基础教育学校13469名中小学生、315名校长、3112名教师和班主任参加试测，并向省教育厅报送3本省级监测报告和60本县（市、区）报告。2023年，面向全省18个县（市、区）16000余名师生的监测工作，监测样本范围进一步扩大，充分发挥了义务教育健康发展的"体检仪"和"指挥棒"作用，在服务决策咨询、督促问题改进、支持督导评估方面反馈监测成效，为陕西义务教育优质均衡发展提供有力支撑。

2018年，《中共中央 国务院关于全面深化新时代教师队伍建设改革的意见》《教师教育振兴行动计划（2018—2022年）》明确指出，强化"三字一话"等师范生教学基本功和教学技能训练。陕西师范大学对师范毕业生进行持续跟踪调研，毕业生用人单位反馈学校师范生道德修养良好，学科知识比较扎实，但教育管理能力较弱，包括口语表达能力、写作能力和教育领导力等。基于现实情况，学校实施师范生专业能力提升工程，开展扎实的专业培养，锻炼师范生的基本功。2019年，学校成立教师口语教学与研究中心，对师范生进行口语表达能力训练；成立教师书法教学与研究中心，加强师范生的钢笔字、毛笔字和粉笔字训练；成立教师写作教学与研究中心，专门培养师范生的一般性写作能力和学术写作能力；成立教师领导力发展与研究中心，着重提升师范生的教育领导力。

为加强学校教师教育办学资源的统筹规划和组织协调工作，进一步提升教师教育和基础教育研究水平，增强教师教育办学实力，2008年5月，成立教师教育办公室，挂靠教务处；2014年3月，教师教育办公室从教务处分离出来，独立建制。2012 年，学校从现阶段教师教育改革发展的实际需求出发，设立了虚实结合的教师教育发展研究院。教师教育发展研究院是学校具有管理职能的教师教育统筹协调机构和学术研究与评议机构，统筹规划全校教师教育工作，统筹协调全校基础教育服务工作。作为教师教育改革发展的过渡性机构，该研究院由教育部陕西师范大学基础教育课程研究中心、教师专业能力发展中心、教师干部教育学院、远程教育学院、教师教育专家委员会和教师教育办公室组成。

2020 年，教育部批准学校建设国家教师发展协同创新实验基地，确立了开展协同创新、凝练西部品牌、打造高端智库等三项主要任务和创建西部师范大学教师教育创新与发展联盟、创建西部教师教育创新实验区、建设教师教育高端智库、建设西部智慧教育云平台等四项建设重点。围绕基地建设任务，学校主动对接属地教育行政部门，与陕西省教育厅签订《共建国家教师发展协同创新实验基地备忘录》。在省教育厅支持下，与陕西省内 10 所师范类院校成立陕西教师教育创新与发展联盟，签订合作框架协议。与西安市教育局签订《共建国家教师发展协同创新实验基地协议》和 7 个系列子协议，与榆林市、安康市及部分区县签署了战略协作框架协议，建立地方政府、高校、中小学协同创新工作机制，合作探索大学与政府共建模式，协同开展教师队伍建设等研究与实践活动。2020 年 12 月，陕西师大牵头成立西部师范大学教师教育创新与发展联盟，发布《西部教师教育振兴宣言》，为服务西部教师教育学科建设、教师队伍发展和基础教育研究筑基垒台。

2021 年，学校教师教育机构调整，成立党委教师教育发展委员会，教师教育办公室升级更名为教师教育处，教育学院更名为教育学部，教师干部教育学院更名为教师干部培训学院，进一步突出教师教育主线建设，增强教师教育资源的统筹协调能力，为新时代构建高质量教师教育体系奠定坚实而深厚的基础。教师教育处作为全校教师教育工作的统筹协调机构，负责学校教师教育事业发展规划，师范生教育教学能力提升，非学历教育管理运行、学科教学论教师队伍建设等管理工作。同时，承担国家教师发展协同创新实验基地、西部师范大学教师教育创新与发展联盟等各级各类教师教育平台建设，实施教育部师范教育协同提质计划，服务对接西部基础教育"百校行"。教师教育处成立以来，在学校党委的正确领导下，聚焦教师教育主线发展，有效整合校内外教师教育资源，凝聚全校教师教育发展合力，不断推动学校教师教育办学实力再上新台阶，持续提升学校社会影响力。

为培养基础教育卓越教师和教育名师大家，充分发挥陕西师范大学教师教育优势和特色，2021年11月，陕西省教育厅与陕西师范大学联合建设成立陕西教师发展研究院。在此基础上，学校随即建设教师发展学院，作为学校二级实体科研机构，与陕西教师发展研究院合署办公。2022年12月，陕西师范大学教师发展研究院更名为教师发展学院，为学校独立设置的二级实体教学单位。三年多来，学院（研究院）已录取教育博士235名，各类型教育硕士113名，小学全科（师范）本科生56名，首批开展24名基础教育领航校园长培养，逐渐形成了本硕博一体化、职前职后相贯通的人才培养模式。学院（研究院）内设教育家精神研究、课堂教学研究、教育管理研究、教师发展培训研究、心理健康教育研究等5个研究中心，以全面助力陕西省乃至西部教师队伍高质量发展为总体目标，以培养造就教育名师大家为主要任务，重点面向优秀教师、校园长和教育管理干部开展学历提升和教育培训，针对一线教育教学和教育管理问题开展实践研究、决策咨询和专业指导。学院（研究院）虽成立时间短，但发展迅速，如今已经成为集高层次教师培养、教师发展研究与高端智库建设、教师专业能力提升服务等功能为一体的综合型教学科研机构，在陕西乃至西部具有重要影响力。

2023年，为更好发挥陕西师范大学智库在服务国家和区域基础教育高质量发展中的重要作用，提升学校服务西部基础教育高质量发展能力，学校启动中国西部基础教育新型智库暨数据中心建设。智库立足西部，主要聚焦西部大中小学思政课一体化建设、西部基础教育心理健康教育、西部基础教育教师队伍发展、西部基础教育课程研究和边境边疆地区教育研究，围绕基础教育重大战略问题和需求，开展基础教育研究，是国家和地方教育行政部门科学决策、推动西部基础教育高质量发展的重要智力支撑和数据平台。同时，学校面向东部，主动对接国家建设海南自贸区、粤港澳大湾区、港澳台地区等建设中国特色社会主义先行示范区等重大发展战略的现实需要，建设南方教育发展研究院，结合海南自贸区、粤港澳大湾区、港澳台地区等基础教育发展实际和需求，汇聚国内高端教师发展资源，发挥学校教育资源优势，通过合作办学、科技创新、成果转化、高端教育人才培养等方面的合作，为海南自贸区、粤港澳大湾区、港澳台地区等地基础教育研究、学校发展、教师培养培训、教育咨询与服务、招生就业与实习基地建设等方面提供智力支持和技术服务。

三、产出高质量教师教育研究成果

作为一所以培养教师为主要任务的师范大学，陕西师范大学没有只满足于"教学型"的办学定位，而是把高层次成果产出也放在突出地位。进入21世纪以来，在科研工作取得快速发展的基础上，学校提出，"十五"期间及未来一个时期，学校将继续贯彻"优先发展教育研究，大力提倡应用研究，继续加强基础研究"的指导思想，坚持科研兴校道路，实施科研振兴计划。

2008年至今，学校组织设立教师教育与基础教育专项课题300余项，获批陕西省基础教育重大招标课题42项，获国家级高等教育教学成果奖9项、国家级基础教育成果奖9项、陕西省基础教育教学成果奖65项。这是陕西师范大学教师们躬耕教坛、深耕科研结出的累累硕果，更是陕西师范大学服务基础教育的生动实践。

学校基础教育教学国家级成果奖名单

序号	获奖项目名称	负责人	等级	年份
1	诱思探究教学的理论和实践	张熊飞	二等奖	2014
2	大学与普通高中联合培养创新人才的实践——春笋计划	胡卫平	二等奖	2014
3	基于创新素质提升的"学思维"综合活动课程的开发与实践	胡卫平	二等奖	2018
4	大学与中小学共生发展的"U-F-S"模式探索	陈鹏	二等奖	2018
5	社会主义核心价值观融入小学教育实践机制探索	胡金木	二等奖	2018
6	西部地区幼儿园保教质量提升的"CO-OP"协同发展模式建构与实践	张文芳	二等奖	2022
7	一个都不能少:"双系统、三层级"小学学困生教学支持体系的实践探索	罗坤	二等奖	2022
8	"S-U-I-P"协同模式支持下的"梧桐之声"校本化课程开发与实施	侯西科	二等奖	2022
9	指向核心素养发展的思维型教学研究与实践探索	胡卫平	二等奖	2022

以高层次的教育理论研究为基础教育改革提供智力支撑。重点开展教师职业心理健康研究、西部农村教育研究、课程与教学研究、教师教育研究等，产生了一批对基础教育改革具有直接指导作用的原创性研究成果。游旭群教授主持的"我国教师职业心理健康标准及测评体系研究"获教育部哲学社会科学研究重大课题攻关项目，郝文武教授主持的"振兴乡村战略中的农村教育现代化研究"获国家社会科学基金教育学重大课题，龙宝新教授主持的"教师教育力提升与'双一流'背景下教师教育综合化改革研究"获得国家社会科学基金教育学课题。

在基础教育阶段，课堂教学总课时大致占学生在校活动时间的四分之三以上。因此，只有抓住课堂教学，才能掌握素质教育的主动权。如何让素质教育占领课堂教学主阵地？如何在学科教学中促进学生全面发展？如何让学生成为课堂教学中的主人？面对教学改革中的这些重大问题，张熊飞教授进行了长达二十多年的实践和探索。他主持的全国教育科学"九五"规划教育部重点课题"诱思探究学科教学论的研究和实验",不仅大面积提高了实验学校的教学质量,而且培养了一大批学者型、科研型的教师,他们更新教育观念,转变教育思想,变教为诱,变学为思,在课堂教学中发挥教师的引导作用,实现学生的主体地位,让素质教育占领课堂学科教学的主阵地。二十多年来,全国31个省、自治区、直辖市的50多万中小学教师都不同程度地运用诱思探究法开展了学科教学改革。这带给他们的,不仅仅是学科知识竞赛屡创佳绩,高考成绩连年提升,更重要的是这些教师在新一轮基础教育课程改革中,很快就进入了角色,走在了前列,促进了学生素质的提高。

从1990年至今,陕西师范大学胡卫平教授带领团队致力思维型教学理论研究,并在此基础上建立了教师专业能力层级结构模型,探索了实训模式,建构了基础教育综合质量评价体系,并将"学思维"课程拓展到学科领域,开发了"学思维"活动课程的资源与学具、评价体系等。思维型教学倡导包括翻转课堂、自主学习、探究学习、合作学习在内的任何一种教学方式,要以发展学生核心素养为基础,引发学生的认知冲突,促进学生的积极思维。思维型教学理论有效促进了教师的专业能力提升,改善了教育教学生态,推进了核心素养的真正落地,推动了创新人才的培养,解决了立德树人的机制问题。基于思维型教学理论,经过反复打磨,2019年"思维型教学理论引领下的教师专业能力实训丛书"在高等教育出版社出版,产生了强烈的社会反响,业内好评如潮,并于当年入选中国教育新闻网年度"影响教师的100本书"。三十年来,思维型教学理论在全国20多个省份的3000多所学校推广应用,其中500多所学校成为思维型教学实验(示范)基地,50万学生受益。

教材是教育教学的关键要素、立德树人的基本载体,直接关系到人才培养的方向和质量。1954年西安师范学院建立时,就十分重视教材的编写工作。当时,各系科开设的124门课程,基本上都能够按照计划要求进行教学,除采用部颁教学大纲的课程外,属于学院自编或参考苏联教学大纲和教材而改编的教学大纲有 51 门，教材和讲义有 80 种。到年底时，各系科课程基本上都采用了自编的教学大纲、教材和讲义，这些教材和讲义质量较高，在国内高等师范院校做了交流研讨。陕西师范学院成立后，在 1958 年至 1959 年的两年教育革命中，全院制定了新的教学计划 13 种，编写了教学大纲 68 种、教材 2 种。

陕西师范大学成立后，学校把教材的稳定和改革教学方法摆在突出位置，要求各系、各教研组明确认识到，教材建设工作是促使高等学校教学秩序稳定和教学质量提高的重要环节之一，积极鼓励和支持教师编写教材、讲义。规定各门课程应尽量采用教育部统一推荐的教材或与兄弟院校合编的质量较好的教材，并制订出使用教材的计划。明确指出，无论采用统一教材或自编、合编教材，均应贯彻"少而精""理论联系实际"的原则。首先必须精选讲授内容，突出重点，分析难点，将基本内容讲清讲透，并切切实实地认真改进教学方法。要求通过教学各个环节，加强对学生的实习指导，因材施教，培养学生生动活泼的学习风气和主动学习、独立思考的能力。

改革开放以来，学校重点开展基础教育研究，引领基础教育改革。设立基础教育和教师教育专项研究课题，深入开展基础教育课程改革研究、课程标准研究、新课程教材研究、新课程教学设计研究、新课程教学评价研究、新课程教学方式与学习方式转变研究、新课程教师培训与发展等方面的研究。编写出版的新课程理念下的"学科教学论""中学教材分析与教学设计""中学学科教师技能""基于核心素养的中学教学案例"等系列教材。

2022 年，学校成立党委领导的教材建设与管理委员会，由党委书记李忠军、校长游旭群任主任，负责统筹及规划全校教材工作。下设本科和研究生两个教材建设与管理专家委员会，出台本科和研究生两个学段的教材建设与管理办法和教材建设项目与经费管理办法，全面规范教材建设与管理。以校级规划教材建设项目和优秀教材培育项目为抓手，旨在引导和激励优秀教师编写高水平教材，大力推进高水平教材成果培育建设。2021 年以来，学校立项建设本科教材 77 部、研究生教材 28 部，其中教师教育教材 30 部；出版本科教材 69 部、研究生教材 14 部，其中教师教育教材 5 部。设立校级优秀教材奖，建成"国家级—省级—校级"三级优秀教材奖励体系，将校级优秀教材奖及当年优秀教材建设成果纳入学校奖励性绩效予以体现。将高层次教材成果认定为高层次科研成果，将全国优秀教材一等奖及以上奖次认定为 T0 级科研成果，将全国优秀教材二等奖认定为 T1 级科研成果。

四、打造高水平师资队伍

百年大计，教育为本；教育大计，教师为本。教师队伍是办好和发展高等师范教育的关键。学校一贯重视加强师资队伍建设，把师资队伍建设视为办好学校的关键环节。建校以来，学校将师资队伍建设放在突出位置，不断提高教师的政治、业务水平，充分发挥教师积极性，以提高师范教育质量和教师教育科研水平。

陕西省立师范专科学校成立后，教职员队伍不断发展。1944 年只有专任教师 20 余人，发展到 1947 年有专任教师 74 人，其中教授 30 人，副教授 26 人，讲师及以下 18 人。

1954 年初，政务院发布的《关于改进和发展高等师范教育的指示》中强调指出，高等师范院校本身的师资是办好和发展高等师范教育的关键；必须认真执行知识分子政策，加强对教师的政治理论学习与业务学习的领导，以提高现有教师的政治和业务水平。8 月，西安师范学院正式独立设置后，根据这一指示要求，进一步重视师资培养工作。提高中老年教师，培养青年教师是当时学院师资队伍建设的基本方针，在"业务进修与教学工作相结合"的培养原则指导下，学院采取政治理论与学习业务相结合、教学与科研相结合、校内进修与校外进修相结合的方式，提高教师的思想和业务水平。1955 年初，全院教师增加至 224 人，以马师儒、黄国璋、郝耀东、高元白等一批老教授为代表，教师队伍的质量得到了较大提高。1958 年，在教育革命的推动下，学院做出了成立青年教师短期进修班的决定，先后选送近百名中青年教师到国内高校进修，7 名教师到苏联和波兰进修。经过几年的培育工作，师资队伍得到了较快发展，至 1959 年底，学院共有 349 名教师，已经形成了一支学有专长、朝气蓬勃，适应教学和科研需要的老中青相结合的师资队伍。

培养、提高教师业务能力和学术水平，是办好和发展高等师范教育的关键之一。1954 年陕西师专成立时，学校的师资配备还存在较大困难，此时全校只有 44 名教师，其中讲师 26 人，教员 1 人，助教 17 人。在陕西省委和省教育厅的领导支持下，先后从中学抽调了一批具有十年至二十年教学经验的中学优秀教师来校任教，并由北京师范大学等校分配来的一批本科毕业生和研究生担任助教，逐步充实和加强教师队伍和教学力量。1956 年上半年，学校的专任教师已增加至 68 人。在教师数量增加的同时，学校也注重教师质量提升，陕西师专成立前后，学校选派了一部分教师前往兄弟院校进修，并在 1955 年和 1957 年分别制定《关于提高和培养师资工作的指导要点》、修订《关于培养师资工作计划》，促使广大教师不断吸收科研最新成就，系统学习高等师范教育的方针政策，改进教学内容，提高科研水平，确保教学质量。

1957 年初，即在陕西师范学院成立后的半年，全院教师达到 181 人，其中教授 4 人，副教授 4 人，讲师 43 人，教员 36 人，助教 94 人。1957 年暑假时，学院教师增加至 204 人，教师队伍趋于稳定。为抓好师资的培养和提高，学院积极推动教师通过对教育科学，党的教育方针政策，教育建设中的实际问题，高师和中学教材、教学法等的研究，提高科学研究水平，丰富教学内容，例如教育科学研究室通过编写教育学讲义，中师教育学课本，促进教师理论水平和编著能力的提升。同时，学院支持教师和校外研究机构及企业单位建立研究协作关系，共同开展课题研究，促进教师教学理论和实践双重提高。

教改的成功和提高教学质量的中心环节，在于不断提高教师的政治、业务水平。因此，自 1960 年陕西师范大学建校开始就积极抓好教师队伍的培养、提高和补充工作，根据普遍提高、又红又专、重点培养、加强领导的要求，进行全面规划，以便在不长的时间内，培养出具有足够数量和核心骨干的工人阶级的又红又专的教师队伍。在具体工作中，学校一方面要求各级领导做到：既要从业务上去培养教师，又要充实教师的专业知识，提高应用理论解决实际问题的能力，既要普遍提高政治与业务水平，又要在每个教研组、每门重点学科培养出一定的红透专深的教学骨干。

1976年，学校在恢复正常教学的同时，把迅速恢复和提高教师的业务水平，作为办好师范教育的关键工作之一。校、系领导认真分析教师队伍的现状，对师资队伍的年龄结构、知识结构等情况做了调查，提出加强师资培训的计划和措施，抓紧校内教师的归队工作，建立健全师资培训工作的组织机构，充分发挥学术造诣深的老教师的学术带头作用，积极认真抓好中青年骨干教师的重点培养、提高和青年教师的业务进修工作，逐步解决师资队伍存在的年龄老化、知识老化、结构不甚合理的问题，教师的政治水平和业务能力得到不断提高。

教育改革的关键主要是教师。要把陕西师大建成培养合格的中等学校教师的基地，必须把进一步加强师资队伍建设放在突出位置，不断提高教师的政治、业务水平，充分发挥教师积极性，以达到提高教学质量，提高科研水平的目的。因此，学校持续加强教师的培养提高和管理建设工作，加强教师的业务进修和外语学习，推动师资队伍建设向前发展。1981年，学校制定了《陕西师范大学1981—1986年师资培养规划（初稿）》，要求教师努力提高自己的政治水平和业务水平，以适应师范教育的发展。具体采取的措施主要有：发挥学术带头人作用，加强学科梯队建设；对中青年骨干教师委以重任，进行分批重点培养；组织多种形式的业务培训和外语培训；组织各种类型的报告会和学术讨论会，及时了解国内外学术动态和先进科学技术；选送教师出国留学；做好教师业务考核，等等。数年下来，学校的师资队伍建设获得了较快发展，教师的教学和学术水平得到了提高，稳定和加强了教学第一线的师资力量，保证了教学效果。

筚路蓝缕启山林，学高为师育良才。刘泽如、魏庚人、高元白、史念海、赵恒元、斯维至、朱本源、霍松林等一批独立建校初期的创业者，他们政治立场坚定，教学经验丰富，学术造诣高深，为陕西师范大学的建设奉献青春，在自己的工作岗位上孜孜不倦、默默耕耘几十年，为基础教育培养了无数优秀人民教师，也为学校培植了新生的年轻力量，为陕西师范大学的快速发展打下了深厚基础。

课程教学是全部教学过程中最基本的环节。抓好课程建设不仅有利于提高教学质量，而且还可以直接带动师资队伍的建设。为了加强课程建设，提高教学质量，学校于1982年成立了教学质量评估研究组，建立健全校、系两级教学质量评估组织。截至1994年，共组织了956位教师的课堂教学质量评估，占全校教师的85%以上，先后有595人次获得教学质量优秀奖，有效调动了教师搞好教学的主动性和积极性。为了提高青年教师的思想和业务素质，促进青年教学骨干的成长，学校于1990至1991学年还创设了"陕西师大中青年教师教学质量优秀奖"和"优秀指导教师奖"，激发教师认真教学的积极性。

学校一贯重视加强师资队伍建设，把师资队伍建设视为办好学校的关键环节。1985年，学校对师资队伍情况开展了深入调查研究，针对教师队伍年龄结构不尽合理、青年教师队伍不够稳定、教师知识结构不够完善等问题，大力补充教师人员，采取多种方式提高教师质量。1984—1994年的十年间，学校先后补充了1025名教师、干部，教师的年龄结构、职称结构逐渐趋于合理。十年来，学校有意识地采取多种方式，对教师队伍尤其是中青年教师进行培养，通过举办青年教师马列理论进修班，加强社会实践锻炼，强化岗前培训，提升教师的思想政治素养，特别是使青年教师理解并认同师范院校教师的使命和任务，明确自己肩负的历史责任和今后的努力方向。通过举办各类进修班和培训班，充分发挥老教师的传、帮、带作用，支持青年教师攻读在职研究生，选派教师出国学习、进修、考察、开展学术交流与合作研究，促使青年教师了解相关学科的国际国内研究现状和发展趋势，激励青年教师尽快成长。

2018年初，中共中央、国务院颁布《关于全面深化新时代教师队伍建设改革的意见》，分析了当前我国社会主要矛盾已经转化为人民日益增长的美好生活需要和不平衡不充分的发展之间的矛盾，人民对公平而有质量的教育的向往更加迫切。面对新方位、新征程、新使命，需要加大对教师队伍建设的支持力度，加强师范教育体系和师范院校建设。大力振兴教师教育，就要强化教师教育师资队伍建设，在专业发展、职称晋升和岗位聘用等方面予以倾斜支持。

2018年，学校第十一次党代会上，在规划未来发展任务和主要举措时，学校提出要建设一流教师教育师资队伍、一流教师教育学科、一流师范专业。2019年，学校出台了《陕西师范大学西部教师教育珠峰计划（2019—2024年）》，特别提出加强学科教学论教师队伍建设，确保每个师范专业学科课程与教学论教师人数达到4—6人。同时，对照师范类专业认证卓越标准，着力构建教师教育师资共同体，与地方教育行政部门、优质中小学幼儿园建立"三位一体"协同机制，形成教师培养、培训、研究和服务一体化的合作共同体。在教师教育师资评价方面，提出要修订教学为主型教师专业技术职务任职条件，充分体现教师教育工作特点。引导教师教育师资深入基础教育一线，深度参与教师教育规则、标准、评价体系研制。

2021年，学校为支撑教育强国战略，振兴西部基础教育，担当师范大学时代使命，弘扬教师崇高精神追求和精神境界，专门设置"西部红烛两代师表奖"。化学化工学院退休教师章竹君，民族教育学院退休教师杨清源，1979级物理系毕业生、陕西省山阳中学教师仰孝升获首届"西部红烛两代师表奖"。他们是陕西师大传承和践行"西部红烛两代师表"精神的光辉典范，他们身上折射的是一代代在大学教师岗位为培育优秀人民教师辛勤耕耘的一代师表，彰显的是数十万校友教育报国、无私奉献的一代师表，凝聚的是陕西师大为中国基础教育特别是西部基础教育服务的执着与坚守、奋进与担当。

随着新时代教育评价改革的持续深入，2023年底，学校制定了《陕西师范大学教师岗位设置及人员聘用办法（修订）》，分类改进教学为主型、科研为主型、教学科研型等不同类型教师的评价办法，确保教师把教学放在第一位，以科学研究引领支撑教育教学。2024年4月，教师教育处根据学校加强教师队伍建设的总体要求，结合学校学科教学论教师实际情况，制定了《陕西师范大学学科课程与教学论教师岗位设置及人员聘用实施细则》，充分体现了教学论教师队伍的特点，支持教师在业绩成果、学术影响和理论实践层面突出教师教育特色，强化服务对接基础教育。学校现有57名学科课程与教学论教师，覆盖所有师范类专业，已经初步形成了一支师德高尚、数量充足、结构合理、业务精湛的教师教育师资队伍。

第三章 拨旺西部基础教育之火

师范大学要在教育强国建设中充分发挥高等教育龙头和服务基础教育的双重作用，必须主动立足国家发展战略全局，必须将自身发展的"小逻辑"融入国家现代化建设的"大逻辑"，必须充分发挥教师教育的功能优势，着力构建教师终身学习"立交桥"，深化各级各类教育横向融通、纵向连接，开辟教育发展的新赛道、塑造教育创新的新作为，为全民终身学习体系提供有效支撑。

陕西师范大学始终将"西部红烛两代师表"精神作为长期办学的价值取向，围绕服务国家区域重大发展战略，通过职前职后一体化培养、校地共建、教育帮扶、对口支援等途径，打出系列"组合拳"，弹好关键"协奏曲"，拨旺了西部基础教育的希望之火，为支撑西部教师队伍建设和西部基础教育高质量发展做出了具有示范性、引领性的"陕师贡献"。

第一节 优秀学子扎根西部基础教育

在八十年风云激荡的历史征程中，"为国而生、与党同行"的红色血脉，孕育出陕西师大人心系家国的赤子情怀；"初心不改、强师报国"的历史，凝练出陕西师大人勇赴使命的责任担当；"扎根西部、无私奉献"的历史，涵养出陕西师大人担重担难的价值追求；"拼搏进取、臻于至善"的历史，沉淀出陕西师大人务实奋进的厚重品格。

一、西部红烛筑梦人

1944年，一所旨在为陕西省培养中等教育师资的省立师范专科学校在古都西安应时而建。同年秋，陕西省立师专招收各科学生共计268名，划分为5个班。其中，国文科66人，史地科71人，英文科51人，数学科38人，理化科42人。1945年秋，招收学生7个班，共计347人。其中，国文科70人，史地科62人，英文科63人，数学科35人，理化科40人，文史专修科39人，理化专修科38人。

1946年，省立师专分别在校本部和陕南分校招收学生，校本部招收3个班学生117人，陕南分校招收2个班学生116人，合计5个班学生233人。其中，校本部英文科53人，数学科36人，理化科28人；陕南分校国文科63人，数学科53人。1947年，校本部招收4个班学生142人，陕南分校招收2个班学生112人。其中，校本部招收国文科52人，英文科23人，数学科29人，理化科38人；陕南分校招收国文科59人，数学科53人。1948年，校本部招收3个班学生52人，陕南分校招收2个班学生58人。其中，校本部招收英文科16人，数学科16人，理化科20人；陕南分校招收国文科26人，数学科32人。陕西省立师专独立办学历时五年，先后有5届学生在校就读，共培养958名毕业生。作为当时陕西本土唯一的一所高等师范院校，陕西省立师范专科学校为陕西地方社会建设接续培育出了一批又一批立志献身基础文教事业的青年才俊，更为助推陕西基础教育发展贡献了力量和智慧。

1949年8月，陕西省立师范专科学校归并国立西北大学文学院教育学系，组建成立国立西北大学师范学院，后独立设置为西安师范学院。从西北大学师范学院发展为独立建制的西安师范学院，学院招生人数逐年增加，规模不断扩大。据相关部门统计，西北大学师范学院在1949—1953年之间，培养本科师范毕业生105人，专科师范毕业生171人。西安师范学院在1954—1959年之间，

1958年西安师范学院毕业生参加建校义务劳动合影

培养本科师范毕业生1181人，专科师范毕业生1111人。其中，1959年西安师范学院400多名应届毕业生坚决服从国家分配，走上光荣的人民教师工作岗位，被《人民日报》报道。

1956年夏，陕西师范专科学校改建为陕西师范学院。据相关部门统计，1956—1959年之间，陕西师范学院培养本科师范毕业生66人，专科师范毕业生1485人。

1960年5月，经陕西省人民委员会批准，西安师范学院和陕西师范学院

西安师范学院1958—1959学年毕业生合影

两所院校合并成立陕西师范大学。这是顺应陕西高等师范教育发展历史趋势的必然选择。据相关部门统计，1961—1970 年间，陕西师范大学培养本科师范毕业生 7324 人，专科师范毕业生 561 人。

1971 年 9 月，学校陆续开始恢复教学工作，其中 1972 年政教、中文、历史、外语、数学、物理、化学、生物、地理 9 个系招收的 900 多名新生报到入学。自 1972 年至 1976 年，学校每年均招收工农兵学员六七百人。

1977 年，陕西师大作为第一批恢复高考招生单位，当年录取新生 945 名，翌年春 1977 级学生报到入学。学校决定自本届学生起实施四年制教学计划。1978 年陕西省高教局确定学校为省内恢复招收研究生的 7 所高校之一。1979 年春，学校恢复高考后招收的首届硕士研究生——12 个专业录取的 35 名学生报到入学。1980 年设立民族预科班，是国家在非民族院校首批批准 5 所院校举办的民族预科班之一，1984 年更名为民族预科部。这标志着学校进一步扩大和提高了少数民族人才培养的范围和层次。

20 世纪 80 年代中期，学校主要面向陕西、甘肃、青海、宁夏、新疆招生，为西北五省区培养中学师资。为了提高师范生培养质量，1983 年 11 月至翌年初，学校组成中学教育教学情况调查组，分赴咸阳地区 14 个县市的 106 个中学和单位，对学校 1977、1978、1979 级 230 名毕业生的情况展开调研。调查表明：这些毕业生绝大多数可以胜任中学教育工作；90% 的毕业生专业基础知识扎实，知识更新快，可以满足中学教学需要，但也存在知识面偏窄、独立分析处理教

第三章 拨旺西部基础教育之火

陕西师范学院第一届毕业生合影

材能力较差等问题；75%的毕业生教学能力强，但也存在写作及指导学生实验能力较差、缺乏教育组织管理能力、不善做学生思想政治工作等问题。这次教育质量综合调查为学校深入开展教学改革以提高教学质量、培养合格中等教育师资提供了一个可靠的依据。

20世纪90年代中期，学校招生范围逐步增加到23个省、自治区和直辖市。在专业设置上，这一时期学校坚持为中等学校培养高质量师资的目标，以办好

1956年校长原政庭（左一）同支援西藏、内蒙古、青海、新疆的毕业生合影

师范教育专业为重点，以本科教育人才培养为主体方向，同时开始有计划地增设非师范专业、硕士学位授权点和博士学位授权点。1996年，在学校29个本科专业中，师范教育类专业占24个，1996年的年招生总人数达到2000人，其中师范生仍为主体，占比达到75%。据相关部门统计，1980—2000年，本科师范毕业生21646人，本科非师范毕业生1346人，专科师范毕业生5278人，专科非师范毕业生835人。

为适应西部的社会发展需求，学校积极创造条件，做好面向西部的本科生招生工作。2000年，面向西部计划招收的本科生数为1145人，占比达48.31%。为积极响应国家需求，学校持续增加面向西部的本科招生名额。2007年至2011年，这一比例均超过50%。换言之，来自西部地区的学生已经成为陕西师范大学在校生的主体。2006年，面向西部计划招收本科生数为2005人，占比达到54.19%。2007年9月，学校招收首届免费师范生2544名，占本科招生总数的比例达到63.94%，是6所部属师范大学中招收免费师范生比例最高的。2011年，首届免费师范生毕业，到县级及县级以下中小学校就业的毕业生约占毕业生总数的85%，到西部地区如新疆、宁夏、甘肃、青海、西藏就业593人。

《人民日报》2007年5月1日的头版刊发题为《投身西部热土——记到基层就业的三位陕西师范大学毕业生》的采访报道，毕业生袁明媚（2006年毕业于中文专业）、穆晓峰（2005年毕业于数学专业）、高艳霞（2007年毕业于文秘专业）在贵州六盘水、陕西略阳、陕西子长通过《人民日报》向全国的毕业生发出邀请："希望更多的学弟学妹能来并肩作战，共创西部的辉煌"。这是陕西师范大学坚持面向西部办学，铸就"西部红烛两师代表"精神的真实写照。

2022年，学校报告《明确主线，强化根本，抓住关键，奋力开启世界一流师范大学建设新征程》显示，仅自1960年合并成立陕西师范大学以来，学校为国家培养各类毕业生近42万人，有30万人服务西部教育事业。承担国家公费师范生培养十多年以来，学校共招收国家公费师范生38788人，占国家公费师范生招生总数的四分之一，师范专业招生规模占学校本科招生总规模的51%。其中，在西部地区招生数量占学校招生总数的70%以上；在中西部地区招生、就业的国家公费师范生比例达90%以上。2022年，通过实施高校专项计划（红烛专项）和国家"优师计划"，面向中西部欠发达地区定向培养优秀教师770人，较2021年增长1.9倍，为中西部基础教育师资提供了有力支撑。其中，有驻守边疆三十余载的全国教学名师，有扎根山区数十年的"西部红烛"筑梦人，也有毕业回到家乡从教的全国"最美教师"，还有脱贫攻坚先进创业新青年等。在西部地区，只要有学校的地方就有陕西师范大学的毕业生在坚守讲台教书育人，他们在西部地区为党育人、为国育才，他们用自己的知识和力量，推动着中国尤其是西部地区教育事业的改革发展，也为陕西师范大学赢得了良好的社会声誉。

为更好地履行师范大学培养人才的职责使命，学校还积极探索建立师范生继续教育机制，建立毕业师范生职后发展档案和跟踪指导模式，通过在线平台等方式持续提供优质教育教学资源，优先吸纳履约任教的毕业师范生参加"国培计划""省培计划"等培训项目，做好师范生、教育硕士培养的职后支持、质量监测和能力提升工作。开展"我在西部当老师""西部红烛为祖国闪耀"等融媒体宣传活动，发掘毕业生从教典型，持续关注毕业生扎根基础教育一线的感人事迹，增强毕业生的使命感、荣誉感，坚定扎根基层、服务西部、教育报国的深厚情怀。

二、薪火相传支教行

中国青年志愿者扶贫接力计划研究生支教团由共青团中央、教育部共同组织实施，1998年开始组建，1999年开始派出，每年选派青年志愿者到国家中西部贫困地区中小学开展为期一年的支教志愿服务，同时开展力所能及的扶贫服务。

陕西师范大学作为首批参加中国青年志愿者扶贫接力计划研究生支教团项目的教育部直属大学，由政治经济学院王勇、化学与材料科学学院石先莹、外国语学院祁喜红、数学科学学院谢强军等4位同学组成陕西师范大学首届研究生支教团，于1999年9月至2000年7月分别前往青海循化、青海大通、山西灵丘、宁夏西吉开展支教工作。自1999年起至2023年，先后向青海循化、大通，宁夏西吉，山西灵丘，甘肃通渭、张家川，陕西镇安、山阳、佳县，重庆永川，云南景谷、元阳等地成功派出了25届研究生支教团，共327名志愿者。学校研究生支教团以"参加早、人数多、辐射广、影响大"等特点，走在全国高校的前列。

为了扎实做好研究生支教团岗前培训工作，陕西师范大学制定了基础教育教学试讲实习见习工作方案，每年4月至5月连续开展不少于两周，目标是帮助研究生支教团志愿者感知教师岗位情境。研究生支教团志愿者重点围绕随堂教学观摩、教案设计制作、学科教学研讨、教学授课实践和班主任工作见习等五个方面培训内容，深入教学一线，全过程、全链条、全方位参与、体验基础教学工作，切实提升教学技能，为站稳支教地三尺讲台打下坚实基础。同时，志愿者们聚焦学生五育并举、全面发展，结合服务地学校实际和学生成长需求开展第二课堂育人工作。

佳县分队策划开展"祖国您好，童心飞扬"国庆主题综合展演及"风华正少年，活力满校园"庆六一主题汇演等活动；在学校成立校园广播站，开设电子琴、合唱、书法、口才演讲等学生社团，丰富服务地学生第二课堂活动载体；同时为让学生更好了解青春期身心变化，在当地相关部门的指导下，志愿者们结合专业特长开展青春期生理卫生健康知识教育培训。佳县分队积极联络西安市人力资源俱乐部、北京"好未来"教育机构、深圳市腾讯计算机系统有限公司等多家单位，开展扶贫助困系列公益活动。

山阳分队指导、组织学生参加"聚焦二十大　谱写新华章——欣逢盛世圆梦想"演讲大赛、"诵读经典传承文化——古诗文背诵"、《红楼梦》品读、《雷雨》话剧展演、"书香山阳"等系列活动，与广大青年学生一同在参与第二课堂活动中学习中华优秀传统文化，实现自我的全面提升。山阳分队积极参与"12·5"

志愿者日系列活动、秦岭天竺山登山节、纪念"6·5"世界环境日暨环保世纪行等多项志愿服务活动。

张家川分队赓续陕西师范大学研究生支教团优良传统，发展"言弈"辩论社、"星光之声"广播站、播音艺考等学生社团，引导服务地学生扩宽高考新途径。此外，积极组织学生参加县中小学生运动会、"感受艺术之美"主题鉴赏、中华经典诗文朗诵比赛等活动，在参与第二课堂活动中收获成长。张家川分队还积极与当地政府联系，组织社会实践服务小组，深入当地山区开展社会调查，内容涉及区域经济发展、民族文化传承、生态环境保护、旅游资源开发等方面，积极助推新农村建设。

景谷分队开展"立榜样　树新风——西部计划志愿者进校园宣讲活动""高三年级备考冲刺经验分享会""以青春之名，赴理想之约""学榜样精神，凝聚奋进力量"等活动，与广大青年一道在拼搏中奋进，在奋进中坚定人生志向。

元阳分队积极参与团县委组织的"情暖童心七彩假期""爱国卫生专项行动"等系列文体和志愿服务活动。结合学校工作实际共同制定了《学校社团工作方案》，在校园内成功创办国旗护卫队、广播站，并开展英语社团、围棋社团等多个社团活动。此外，志愿者们还积极践行志愿服务精神，参与服务地多项志愿服务活动，传递向上向善的正能量。

一届届志愿者传道授业解惑、育人造士成才，一根根粉笔勾勒青春印记、书写岁月华章。《人民日报》《光明日报》等媒体多次报道学校研究生支教团事迹，学校研究生支教团荣获第十六届"陕西青年五四奖章"（集体），获团中央、教育部首批研究生支教团优秀组织奖，多次获评"全国大学生志愿服务西部计划优秀等次项目办"。

从听到讲，从台下到台上，从仰望到躬耕……站稳西部讲台的陕师青年赓续母校的红色基因，继承和发扬师大人爱国报国的光荣传统，自觉做"西部红烛两代师表"精神的传承者、代言者和践行者，展现出教育工作者的朝气和锐气，成为强国建设的西部先锋、民族复兴的坚实脊梁。

三、志愿服务献爱心

学校以爱心社团为平台,以品牌活动为载体,将爱心社团建设成凝聚力量、传递爱心的平台,开展了一系列主题鲜明、特色突出的活动。

2011年,获得新长城助学金的学生发起成立自强社,开展"小包裹,大爱心——捐献爱心包裹,给力贫困老区学生"的爱心活动,为陕北地区贫困小学生捐赠学习用具和爱心包裹,受到中国扶贫基金会表彰。2012年,学校组织举办20多场获奖受助学生座谈会,教育引导学生"受助思源,获奖思进,传递爱心,回报社会";改革勤工助学资助模式,以项目形式运作,其中的志愿服务项目支持了7个爱心社团开展社会公益活动,新长城自强社组织的爱心包裹劝募项目受到了中国扶贫基金会的肯定和表彰;深化青年志愿者"知识援助行动"项目;由博士生和硕士生组成的暑期"三下乡"服务队深入西部基层,服务当地教育。2013年,"知识援助行动"被树为全省、全国关爱农民工子女优秀活动品牌,被评为全省高校校园文化建设优秀成果一等奖;5月,时任团中央第一书记秦宜智亲临学校关爱农民工子女志愿服务基地,对青年志愿者的工作给予了高度评价;12月5日,中央电视台以新闻特写的形式专门报道了"知识援助行动"志愿服务工作,学校也被团中央评为"全国大学生志愿服务西部计划优秀等次项目办"。

学校积极开展"到基层去,到艰苦地方去"的主题教育活动,大力推进"三支一扶"、西部志愿者行动计划等西部就业项目,通过举办大学生赴基层从医从教专场招聘会、基层就业政策宣讲会等,鼓励、引导毕业生面向基层、面向西部、面向国家需要的区域、领域就业。2015年,25名学生奔赴青藏高原奉献青春。2017年,学校组织"扶贫攻坚博士团",开展脱贫攻坚理论宣讲、精准扶贫社会观察、田间地头科技支农、脱贫攻坚中的环境保护等调研实践,当年被团中央评为全国大中专学生志愿者暑期"三下乡"社会实践优秀团队,荣获陕西省委颁发的陕西大中专学生志愿者暑期社会实践活动"标兵团队"。

2018年至2023年，学校组织师生赴景谷、岚皋、柞水、三原和旬邑开展大学生理论宣讲、科技进校园、暑期社会实践和支教系列活动，走访当地百余户干部和群众，完成千余份调查问卷，整理万余字记录，在最美青春路上留下了绚烂多彩的青春印记。2022年，学校的"烛光·云·薪传"项目在共青团中央、中央文明办等单位联合主办的第六届中国青年志愿服务项目大赛全国赛中荣获金奖，校团委获评全国2022年"三下乡"社会实践优秀单位。

学校把志愿服务活动作为加强大学生思想政治教育的重要组成部分，鼓励广大青年学生走出校园、走向乡村、走进企业、走入基层，围绕时代背景和社会需求，发挥学科特色和专业特长，为基础教育事业发展和乡村振兴贡献青年力量，在社会实践中"受教育、长才干、作贡献"，践行"请党放心，强国有我"的青春誓言。

第二节　创办分校开拓陕西师范教育

创办分校是陕西师范大学多渠道创造性为基础教育服务的重要体现和标志之一，其意义不仅在于为构建陕西高等师范教育体系奠定了基础，而且为发展陕西基础教育事业做出了直接贡献。学校先后创办了陕西省立师范专科学校陕南分校、西安师范学院绥德分院、陕西师范大学宝鸡分校、陕西师范大学汉中分校、陕西师范大学西安专修科、陕西师范大学咸阳专修科、陕西师范大学渭南专修科、陕西师范大学榆林专修科、陕西师范大学安康专修科、陕西师范大学商洛专修科，"西部红烛两代师表"精神深深扎根在陕西这片有着光荣革命历史的沃土上。

一、创办省立师专陕南分校

为造福广大桑梓，秉承校长郝耀东1944年12月25日在《西京日报》上刊文倡导的"造就优良师资""改进中等教育""研究师范教育"和"改造社会风气"的办学宗旨与使命，陕西省立师范专科学校筹建陕南分校，积极参与到当地文教事业的发展中。

1946年春，为了满足陕南高中和简易师范学校毕业生就近升学深造的需求，以及为汉中、安康地区培养初级中学的师资，在当地教育界人士的积极酝酿和协力推动下，陕西省立师范专科学校陕南分校筹委会在南郑正式成立。同年9月，正式面向附近区域招生。

省立师专陕南分校学制为三年，一、二年级在分校学习，第三年转入省立师专西安本部学习。

省立师专陕南分校的建立，是学校对抗战胜利后地方文教事业复兴及中等教育师资迫切需求而做出的一项前瞻性筹划。从陕西高等教育适应内外部形势发展的需求来看，陕西省立师范专科学校的创建，不仅是改变陕西本地高等师范教育落后的客观状况、调整高等学校办学结构的历史必然，而且是破解陕西中等教育师资匮乏的长期难题、满足基础教育内生发展需要的现实使然。

二、建立西安师范学院绥德分院

1958年，为振兴榆林地区的高等教育事业，陕西省委决定筹建绥德师范学院。1959年初，榆林专员公署致函陕西省高等教育局，决定将师范学院设置在绥德县的十里铺，校名为西安师范学院绥德分院，并成立了西安师范学院绥德分院筹备委员会，推动分院的建设。1959年2月，西安师范学院向陕西省高教局和陕西省计划委员会报送了西安师范学院五年建校规划草案。规划提出，经过五年建设，绥德分院基本建设面积要达到68460平方米，在校学生人数达到2920人，逐步开设语文、数学、历史、政教、物理、化学、生物、地理、体育等9个专业（除生物专业之外，其他8个专业均为本科、专科两个层次招生）。同年7月23日，西安师范学院绥德分院校印正式启用，标志着学院正常办学和人才培养工作的开始，正式进入我国高等教育发展行列。

1960年，西安师范学院绥德分院独立设置，更名为绥德师范学院。1978年，陕西师范大学榆林专修科成立，校址在原绥德师范学院，当年招生150余人，开设语文、数学、物理3个专业，学制两年，教职工50余人。陕西师范大学榆林专修科开办五年，1983年从绥德迁往榆林。陕西师范大学榆林专修科发展过程中，陕西师范大学与其进行了充分的交流与合作，为地方院校的师资、教学与科研等提供强力的支持，为榆林专修科调配专业教师及其他管理人员，提供培训与指导等方面的帮助。

西安师范学院绥德分院的设立是对陕西红色革命基因的继承，也是西安师范学院乃至陕西师范大学服务地方社会发展的先声。后期绥德师范学院改建为陕西师范大学榆林专修科，并与陕西师范大学协作办学，开创了以部属高校为母体、助力地方院校发展的新型院校合作模式，进一步提升了陕西师范大学引领西北基础教育发展的影响力。

三、创办陕西师范大学宝鸡、汉中分校

1975年，为适应"文革"后期各地恢复中学教育及其发展的需要，改变当时中学教师严重缺员和师资队伍整体素质不高的现状，学校积极探索开门办学新路，主动与有关地市协商，决定在陕西省的宝鸡、汉中两地创办分校，当年两校招生510名。陕西师范大学宝鸡分校设有中文、数学、物理、政教4个专业，陕西师范大学汉中分校设有中文、数学、物理、化学、体育5个专业，学制均为三年。同年10月，省教育局批准学校成立周至分校，当年定向从咸阳、渭南地区招生100名，学制亦为三年；学校还招收两年制"社来社去"学员150人。1977年12月，上级部门指示撤销周至分校，分校的文科、数理、物理、农基4个专业学生分别编入政教、数学、物理、生物系学习。各专业学生随即迁回校本部。1978年4月，国务院批准，陕西师范大学宝鸡、汉中分校分别改建为四年制本科办学层级的宝鸡师范学院、汉中师范学院。两校后经合并改组为如今的宝鸡文理学院、陕西理工大学。

四、举办陕西师范大学西安、咸阳、渭南、榆林、安康、商洛专修科

1978年5月19日，为落实全国教育工作会议精神，培养一批急需的中学教师以迅速提高中学教育质量，陕西省革委会批转省教育局《关于举办陕西师范大学西安、咸阳、渭南、榆林专修科有关问题的意见》，陕西师范大学西安、咸阳、渭南、榆林专修科宣告成立。同年11月和翌年1月，省革委会又批准举办陕西师范大学安康、商洛专修科。各专修科实现当年建校当年招生的目标，按照学校同类专业同期教学计划组织教学。仅西安、咸阳、渭南三个专修科当年招生人数共计达1750名。

经教育部批准，1978年12月，在陕西师范大学咸阳、渭南专修科基础上分别成立咸阳、渭南师范专科学校，即今天咸阳师范学院、渭南师范学院的前身。1984年6月，陕西省政府决定在陕西师范大学西安、榆林、安康、商洛专修科基础上成立西安、榆林、安康、商洛师范专科学校，即今天西安文理学院、榆林学院、安康学院、商洛学院的前身。

五、构建陕西高等师范教育体系

从1975年至1984年，陕西师范大学宝鸡、汉中分校及西安、咸阳、渭南、榆林、安康、商洛专修科（以下简称"陕西师范大学两所分校及六个专修科"）共为陕西省培养了6000多名师范类毕业生，并全部充实到各地中学特别是农村中学教学第一线，不仅为拨乱反正后全省百废待兴的基础教育雪中送炭，而且为此后陕西建设教育强省奠定了坚实的人力资源基础。他们中的大多数已成为当地基础教育战线的骨干教师，许多人至今仍在三尺讲台上默默奉献，教书育人，艰苦创业。

陕西师范大学两所分校及六个专修科从最初创办到后来独立建制之前，陕西师范大学在基础设施建设、教师队伍建设、人才培养模式、教学计划、图书

资料、教学仪器、教材建设以及教学规范化管理等方面都给予了大力支持。特别是各分校、专修科建校之初，学校语言学家高元白、外国文学专家马家骏、历史学家孙达人以及赵小松、李远金、寇效信、文丕显、苟增光、罗长勋、寇培林、贾玉民等数十位专家学者亲赴各地为学生授课。为扶持各分校、专修科尽快具备独立的办学条件和培养能力，学校还定期派出各学科的骨干教师从事短期教学或开设讲座，义务培训了大量各专业急需的教师。尤令人感动的是，一批由陕西师范大学选派调入各分校、专修科任教和工作的老师，终生驻守在环境远不如西安的陕南山区和陕北黄土高原，用他们的青春和生命在三秦大地上谱写了一首壮美的教育史诗。

正是当年老一代师大人满怀着振兴陕西基础教育事业的使命感，勤奋工作，全力推动，使得各分校、专修科顺利步入健康发展的轨道。如曾任原汉中师范学院副院长的陕西师大教师陈震寰，1975年服从组织安排，被调派到新成立的汉中分校创业，成为这所学校的"开路先锋"。特别是数以百计的陕西师大专家学者和骨干教师专程奔赴各地授课，不仅确保了各分校、专修科办学之初的教学质量和人才培养水平，而且帮助各校在整体办学水平上得以在一个较高的起点上发轫。

陕西师范大学两所分校及六个专修科的创办改变了陕西各地区无高师院校的历史，初步构建起了陕西高等师范教育体系。1984年，为适应国家教育发展的新形势，各学校先后独立建制。今天的西安文理学院、宝鸡文理学院、咸阳师范学院、渭南师范学院、陕西理工大学、榆林学院、安康学院和商洛学院，都是在陕西师范大学举办分校和专修科的基础上崛起的。这些学院与陕西师范大学一起，共同构成今天陕西教师教育的新体系。

为提高陕西教师教育的整体水平，多年来学校积极发挥部属师范大学的龙头作用，继续对独立建制后的各师范学院给予大力支持。一年一度的陕西高师院校联席会，不定期的工作交流与项目协作，特别是在师资培养培训、教学改革研讨、学术成果交流、毕业生就业协作等方面，陕西师范大学尽全力给予支持、帮助和指导。

1999年，陕西师范大学争取到世界银行贷款"高等教育发展"项目，选取宝鸡文理学院作为协作学校，先后投入120多万元，在该院建设多媒体网络实验室和多功能教室，接受该院100多名教师、实验室管理人员和图书管理人员来陕西师范大学进修，先后选派20名教师赴宝鸡为该院学生授课，合作开发现代教育技术学、环境生物学、数学建模等7门课程并出版相关教材，合作研制教学管理系统软件，共同举办"课程体系与教学内容改革"研讨会等，以卓有成效的合作支持了该院的建设和发展。正如该院时任院长王志刚教授所言："从某种意义上来讲，没有陕西师范大学当年的创业和良好开局，没有几十年来陕师大的一贯支持、示范和带动，就没有我们这些学校的今天，我们也不可能发展成为一所有独特区位优势和强劲发展势头的大学。"

第三节　职后教育助力西部地区师资水平提升

从20世纪50年代起，西北大学师范学院、西安师范学院和陕西师范学院薪火相传、交融发展，经历了新中国师范教育体系改革、办学体制构建、学校管理制度建立和系科专业建设等重大历史变迁，最终合并成立陕西师范大学，这是新中国高等师范教育在西北地区合理布局和发展的必然结果。这一过程中，学校长期在探索实践为西北地区教师专业化发展提供强有力的智力支持，其投入力度之大、实施范围之广、模式探索之新、效果影响之深，在西部教育领域里首屈一指。

一、培养陕西中等教育师资

根据1949年底召开的全国教育工作会议精神，为了满足日益增长的中等教育师资需求，陕西省文教厅决定于1953年8月筹建陕西省中等教育师资训练班（简称"中教班"），培训初级中学师资。1953年9月，第一批学员开始进入中教班学习，这些学员包括由各县选送的优秀小学校长、教导主任、中学职员等共计 240 人。中教班以课堂试教与班主任工作为重点，讲解课堂讲授所需的理论和方法，同时为学员提供在陕西省女中、西安工农速成中学、西安市三中集中实习的机会。1954 年，中教班增设地理科，学制四个半月，开设自然地理、中国地理、世界地理、教育学等课程。同年 8 月，新扩建成立的陕西师范专科学校继续附设中等教育师资训练班，设中文、数学 2 科，学制一年。从 1953 年到 1956 年，中教班持续招收 4 期学生，先后共有 500 多名学生从中教班毕业，为提高陕西中等教育质量、振兴陕西中等教育事业，提供了人才支撑。

陕西省中等教育师资训练班学员在教室前的合影

二、开拓继续教育办学渠道

20 世纪 80 年代以来，学校在重点面向西北地区招生、完成常规的本科生和研究生培养工作的同时，大力挖掘师资、办学资源等方面潜力，通过多渠道、多层次、多规格、多形式的办学途径培训西北地区基础教育师资。

（一）接续实施函授教育

学校早在 1955 年就创办了函授教育，是西北地区举办高师函授教育最早的高校。"文革"前主要面向陕西省招生，陆续开设中文、数学、物理、化学、历史、生物、地理等 7 个专业，累计招生 13500 多人。1966 年起学校的函授教育被中断。

1983 年 3 月，教育部批准学校举办面向西北五省区的函授教育，学校由此恢复了中断十八年之久的函授教育。该教育的主要对象是年龄 45 岁以下、具有大学专科毕业程度（含同等学力）的在职中学教师和教学研究人员（其中政治和教育专业招收具有高中或中师毕业程度的在职中学教师和教育行政管理干部）。统一考试后择优录取，学制暂定三年；学员学完全部课程、考试合格后发给大学本科毕业证书；国家承认学历，工资待遇按全日制高等学校毕业生标准执行。学校随即设立系、处级建制的陕西师范大学函授部，筹备招生。当年底录取学员 1047 名。1984 年秋季学期增设数学本科、教育行政管理专科两个专业，共向陕西、宁夏、青海、新疆四省区录取新生 984 名。根据西北地区教育事业发展需要，学校又陆续开设了教育管理、政治教育、历史、地理、物理等本、专科函授专业。

（二）举办各级各类教师进修班

1979 年秋季学期，学校举办了量子力学和热力学统计物理两个高校教师进修班，接收西北地区及其他省份 20 所高校的进修教师 62 人参加学习。1980 年春季学期，学校先后举办了政治经济学、现代汉语、日语专业进修班和中学政治、中学英语教师短训班，共接收来自陕西、甘肃、宁夏、青海、新疆、山西、河南、河北、吉林、内蒙古、湖南、湖北等 12 个省区的进修教师 246 人参加学习。另据统计，1979 年至 1983 年，学校共举办高校专业教师进修班 8 个、中学教师学习班或培训班 11 期，共计培训进修教师 1744 名。

（三）创办西北高等学校干部进修班

根据中共中央关于加强干部教育的精神，1981 年 5 月，教育部委托部属师范大学创办高等学校干部进修班，负责培训高等学校以及高教厅（局）的领导干部。学校受托创办西北高等学校干部进修班。1982 年 3 月 2 日，西北高等学校干部进修班正式开学，第一期接收来自陕、甘、宁、青、新五省区学员 60 名。到 1984 年底，西北高等学校干部进修班已举办 6 期，毕业学员 384 名。

（四）创办干部专修科

1983 年学校在教育系增设教育行政管理干部专修科，学制两年。招生对象为 45 岁以下的西北五省区县或县级教育系统的行政领导干部，或者是准备提拔担任这类职务的优秀干部以及业务骨干。在校期间主要学习教育学、心理学、中外教育史、学校行政管理等课程，毕业后回原单位工作。第一届干部专修科学生 50 人。1984—1985 学年学校干部专修科再招生 50 人。

（五）创办夜大学

夜大学是高等学校充分利用校内资源举办业余教育的重要形式之一，也是挖掘学校潜力，更多更快地培养社会主义现代化建设人才的有效途径。1983 年 3 月，教育部批准学校创办夜大学，开设汉语言文学、图书馆学、文书档案、英语、思想政治教育 5 个专业，学制三年，招收具有高中以上文化程度并有两年以上工龄的在职职工。1984 年，学校夜大学增设政治教育和俄语两个专科班，1985 年又增设科技档案和计算机两个专业。

三、组建"两中心一学院"

随着国家各领域社会主义现代化建设的深入开展，西部地区教育亟待振兴，学校也积极投身于振兴西部教育的人才培训工作。随着西北高等师范学校师资培训中心、西北教育管理干部培训中心和成人教育学院的相继组建，学校人才培养与培训工作的层级性更加丰富健全。

（一）创建西北高等师范学校师资培训中心

1986 年 9 月，国家教委在陕西师大建立了西北高等师范学校师资培训中心，主要培训来自西北地区的高等学校和中等学校教学科研人员。截至 1993 年底，共培训来自全国各地高等学校和中等学校的教学科研人员 2248 人，其中包括以优秀讲师和副教授为培训对象的国内访问学者 39 人，以高校学术骨干为目标的骨干教师进修班和以硕士研究生课程为内容的助教进修班的学员等 2000 多人。同时，举办各种全国性学术研讨会、研讨班 21 期，参加人数近 700 人。在做好培训的同时，中心还通过单科进修、研究生课程班等形式对中小学教师进行较系统的基础理论、专业知识与能力的培训。参加单科进修的中小学教师达 1100 人次，参加研究生课程班的中小学教师达千余人次。为进一步推动素质教育，全面提高基础教育质量，1999 年，国务院决定实施以中小学教师继续教育为主要内容的"园丁工程"，按照教育振兴行动计划的部署和教育部的要求，西北高师师资培训中心积极开展中小学骨干教师国家级和省级培训工作，先后举办骨干教师培训 20 余期，共培训中小学教师 3500 余人。

（二）创办西北教育管理干部培训中心

1986 年 12 月，国家教委命令将原教育部委托学校举办的西北高等学校干部进修班改建为国家教委西北教育管理干部培训中心，负责培训西北五省区教委（厅、局）和高等学校系、处级领导及其后备干部以及普教系统地（州）市、县（区）教育局局长和重点中学校长。此后数年内，西北教育管理干部培训中心采取脱产进修与在职学习、长期轮训与短期研讨、岗位培训与学历教育、校内办班与校外讲授等多种形式办学，先后举办大学校级干部研修班、高校处系级干部进修班、军队转业干部进入高教系统岗前培训班、地县教育局长讲习班、重点中学校长培训班、教育督导干部培训班等。

（三）成立成人教育学院

1987 年 12 月，国家教委批准成立陕西师范大学成人教育学院，下设函授部、夜大学部和培训部。1999 年，学院更名为陕西师范大学继续教育学院，2006 年，陕西师范大学高等职业技术教育学院并入继续教育学院。学校成人教育的主要任务是为西北五省区的中等教育培训师资。函授教育主要举办五年制本科和大专起点三年制本科，对各地急需的短缺专业也适当开设三年制专科；夜大学主要是三年制专科，1989 年开设大专起点三年制英语本科和汉语言文学本科。培训部还积极开拓专业证书、岗位培训等非学历教育。1988 年后又陆续开办了高教后勤管理、文秘等专业证书教育和干部人事管理、民办教师培训等岗位培训班。1990 年函授教育又相继开设汉语言文学、数学、教育行政管理、政治教育、地理学、历史学、物理学、生物学、计算机软件及应用、学前教育、中文秘书、化学等 12 个专业。1985—1990 年，夜大学陆续开设汉语言文学、档案学、图书馆学、英语专科、政治教育、计算机程序、中文秘书、历史学、英语本科等 9 个专业。截至 1990 年，函授部在籍学生 5866 人，夜大学部在籍学生 742 人，培训部在籍学生 128 人，成人教育学院各类在籍学生总数达到 6736 人，创下了学校成人教育在籍学生人数最高纪录。学校助力西北基础教育的成效亦由此可见一斑。1990—1995 年，成人教育学院为基础教育培养师资 5000 多人，曾先后 4 次获得陕西省的表彰奖励。

学校成人教育始终坚持以师范教育为主体，以中小学教师为主要招生对象，坚持对民办教师、中小学教师降低收费标准或减免学费，为提高他们的学历层次和知识水平创造条件。

四、赋能教育家型教师成长

进入新时期以来，为了在更高层次和更宽领域为基础教育培养更多的优质教师，学校有效整合和优化各种教育资源，加快实现从传统师范教育向现代教师教育的转型，初步构建起高水平的职前培养与职后培训一体化的教师教育新体系，为促进教师职业专业化和推进基础教育的发展做出新的贡献。

（一）加强教师干部研修培训

2000 年，教育部西北高校师资培训中心和教育部西北教育管理干部培训中心合署办公，成立教师干部培训学院。2008 年学院更名为教师干部教育学院，2021 年定名为教师干部培训学院。长期以来，学院积极服务国家战略和经济社会发展，履行教育培训主责主业，坚守教育培训主阵地，发挥教育培训主力军作用，实施分层分类精准培训，高质量完成了国家及 23 个省、自治区、直辖市高端培训任务，先后培训了近 40 万名教师干部骨干，成为教师干部培训的国家级基地和省级龙头基地。

近年来，学院承担了国家乡村振兴重点帮扶县被帮扶高中骨干教师培训、全国科学教育暑期学校中小学教师培训、教育部中小学名师领航工程项目，教育部新时代中小学名师培养计划项目，教育部新时代中小学学科领军教师示范性培训项目，"国培计划"示范项目（培训团队研修、骨干教师培训、校园长培训、综合改革等项目），"国培计划"中西部骨干项目、教育部国家安全教育教师国家级培训等高端项目；实施了陕西省新教材新课程新高考专项培训项目，陕西省基础教育优秀校园长项目、陕西省基础教育教学名师项目，"陕西省城乡学习共同体——名师引领行动"项目以及省级学科带头人、省级教学能手等培养培训项目；承担了内蒙古自治区西部片区国家统编教材与国家通用语言文字教育教学能力教师培训项目，"美丽园丁"教育基金会甘肃临夏培训项目、支持庆阳革命老区基础教育质量提升协同创新计划培训项目，中国国际文化交流基金会（英华教育基金会）陕西宜川、陕西南郑和四川通江培训项目，"黄廷方慈善基金"甘肃靖远、贵州桐梓、陕西乾县的中小学名校长培养项目，陕西师范大学边境县国门学校校长能力素养提升公益培训等品牌项目，构建多层次、立体化和开放式的优质教师培训体系，形成教师职业生涯全周期服务新格局，打造集高层次教师人才培养、教师发展研究与高端智库建设、专业能力提升服务等功能为一体的综合平台，全面助力西部教师队伍高质量发展。

（二）开创现代远程教育模式

2002年6月，学校成立网络教育学院，成为全国教师教育网络联盟核心成员。同年11月，学校依托陕西省榆林市12个县区的教师进修学校，面向县乡农村一线开展现代远程教育的实践与探索。三年间，榆林市12个县区超过8000名教师参加了学习，教师的知识水平、学历层次、综合素质有了显著提高，教师进修学校的办学条件得到有效改善，培训基地建设得到进一步加强，为创建网络环境下区域型学习社区积累了宝贵的经验。2005年，为配合陕西省新一轮教师培训计划，学校制定多种优惠政策，积极扶持边远贫困地区教师参加学习，将开发建设的近300门网络课程面向全省中小学教师免费开放；将专科升本科学历教育学费由全国的平均标准6800元降为4900元。在此基础上，

2006年学校还制定了《陕西师范大学支持西部基础教育行动计划》，进一步加大网络教学平台和网络教育资源建设力度，不断完善现有的校外教学支撑服务体系，以积极务实的举措，更加有效地面向西部地区县乡农村一线开展现代远程教育，为基础教育事业做出新的贡献。

2008年，学校成立教师教育资源中心和基础教育资源中心。2010年7月，网络教育学院、继续教育学院（原成人教育学院）、教师教育资源中心和基础教育资源中心现有办学资源进行整合，组建远程教育学院。依托学校优质教育资源和师资力量，远程教育学院开发建设了585门网络课程、86门国家公费师范生教育硕士课程。学历继续教育开设汉语言文学、教育学、学前教育、思想政治教育、美术学、音乐学等17个（函授11、业余6）本科专业。辅修专业开设汉语言文学、数学及应用数学、英语、金融学、计算机科学与技术5个专业。截至2022年7月，学历继续教育本专科毕业学生达30万余人，辅修专业毕业学生1700余人。

（三）名师培养彰显特色

1. 教育部领航名师培养工程项目成效显著

2018年，学校承担了教育部领航名师培养工程项目，培养全国领航名师10名。该培养工程形成了课程体系完备、培养环节贯通的新型名师培养模式。首批领航名师开展了10个课题研究，出版了10部教育专著，在 Journal of Interpersonal Violence、《教育家》、《中国教师报》等国内外期刊发表学术论文18篇。首批领航名师共建立了10个名师工作室，辐射带动60多名中青年教师成长为省市级教学名师。名师工作室成员共获得奖项70多项，其中国家级10余项、省级20余项、市区级40余项，发表教研论文100余篇。

领航名师王冬梅在总结时说："在陕师大，从师德到学术，我们受益良多。仍记得75岁高龄依然神采奕奕的罗增儒教授，与我们见面之前就已经把所有名师培养对象发表的文章悉数打印，对每位名师的研究基础如数家珍；上课的前一天开车近一小时实地查看上课路线；每次上课老师都会提前二十分钟在教室等候，每一份讲稿都是专门为领航名师量身定制，都是一个字一个字码出来的……罗教授完美诠释了陕师大的人文关怀精神，从罗教授和专家团队身上，我们感受到了陕师大教师团队对教育的责任与热爱，对学术的敬畏与执着，这种严谨治学的强大力量值得我们一生去追寻。"

2022年，央视网教育频道"本周全国优秀教师宣传活动"专题报道推介了教育部"国培计划"中小学名师领航工程陕西师范大学培养基地"朱玉宾名师工作室""唐远琼名师工作室"的教育理念及教育帮扶成效。作为教育部教学名师，朱玉宾曾先后5次到云南哀牢山民族地区进行送教帮扶；为帮扶对象黑龙江省虎林市和甘肃省镇原县做展示课与专题讲座6次；带领工作室成员开展帮扶交流活动，赴贵州省遵义市余庆县开展送教活动和为山区孩子捐书的活动；积极响应教育部号召，遴选工作室成员在云南省怒江州支教一年。新冠疫情来袭，唐远琼带领工作室成员，根据疫情下高中生的心理特点和积极心理学原理，设计并录制了8节高中生心理"防疫"微课、40节中学生心理微课，有效帮助学生建构了积极情绪，提升了学生专注力和自控力；领衔录制20节家庭抗疫微课及《让孩子远离情绪"病毒"》《复学，你准备好了吗？》等20多节面向教师、家长的微课，对减少家源性及师源性心理问题、帮助学生顺利复学起到了积极作用。此外，她还为农村留守儿童、隔离人员及泸县地震受灾群众做公益心理辅导，先后出版专著《留守的青春不迷茫》《我心向阳——一个心理教师的成长手记》，受到师生好评。

2. 着力实施教育部新时代名师培养计划

在圆满完成教育部领航名师培养工程项目的基础之上，2022年，学校继续承担了教育部新时代名师培养计划，培养全国名师14名。该计划旨在帮助名师培养对象进一步凝练教育理念，提升教学创新能力，造就一批教育家型教师，成为塑造学生品格、品行、品位的"大先生"，引领基础教育改革发展。按照总体培养目标，结合学校特色，设计了"四层级四阶段STEP"分层进阶式名师培养模式。

通过"四层级"进阶培养目标、"四阶段"贯通培养过程、"STEP"一体培养环节的相互支撑、循环上升，持续促进名师专业成长发展，一批教育家型教师不断成长起来。在培养过程中，学校坚持理论与实践相结合、统一与个性相结合，注重将名师培养对象教育教学实践经验加以系统化、学理化，并且着力推动形成符合个人特征的教学风格和实践智慧，从而支持、引领区域基础教育改革发展。这些成长起来的"名师们"发挥示范带头作用，帮扶乡村振兴重点帮扶县和西部边境县薄弱学校，产生了广泛影响。

名师名在信仰坚定，名在思想引领，名在实践创新，名在社会担当。未来，学校将不断创新名师培养体制机制，厚植名师成长的环境和土壤，将"教育家精神"和"西部红烛两代师表"精神融入培养理念和课程模块，用经典著作阅读、专项课题研究、教育理念凝练、名师工作室建设、名师高端论坛等多元方式，点亮教师，点亮课堂，着力培养造就一批能够引领基础教育改革发展的教育家型教师，夯实教育强国基点，助力中华民族伟大复兴。

第四节　开展校地共建服务地方经济社会发展

开展校地共建是陕西师范大学在新的历史时期成功探索的一条高水平师范大学与地方教育部门紧密合作、共同发展基础教育事业的有效途径，也是学校落实科教兴国战略和西部大开发战略、直接为农村基础教育服务的实践创新。

一、实施校县共建教育发展工程

1995年，陕西师范大学与陕西省旬邑县、陇县实施校县共建教育发展工程。这是学校研究和构建高师院校直接为基础教育服务模式的卓有成效的尝试。该模式对进一步加强为基础教育做好服务工作，切实推动地方经济发展，提升学校人才培养质量和教育科学研究水平具有重要意义。

从1996年起，学校与旬邑、陇县全面实施了校县共建十年教育发展工程。按照共建协议，学校选派专家教授对两县县情与教育现状进行了调查研究，帮助两县制定了 1996—2005 年教育综合改革十年规划及实践方案；帮助两县建成"三大基地"——学校农村教育综合改革研究实验基地、基础教育成果推广基地和教育教学实践基地；每年免费接收两县共 15 名教师在陕西师范大学进修学习；选派专家教授赴两县为有关学科教师做专题报告，举办短期培训班，在两县分别建立函授中心点，对在职教师进行学历教育；帮助两县分别实施"四个一"工程，即 20 世纪末，两县各建立一所示范高中、一所示范初中、一所规范化小学和一所中心幼儿园。

十年间，根据两县教育事业的实际情况，陕西师大充分发挥在教师教育方面的资源优势，以建设能够满足两县基础教育发展需要的教师队伍为目标，开展了多种形式的师资培养和培训工作，从整体上提高了两县教师的专业水平、学历层次和实际教学能力。

十年间，义务培训两县中学各科教师和教育行政人员 70 多名；在旬邑县建立了音乐、美术教育专科阶段的函授教学点，培养艺术类教师 100 多名；在陇县举办小学教师小学教育专业自学考试辅导班，义务培训小学教师 300 多名，有效地提高了两县教师的学历达标率和教育教学水平。

十年间，学校组织有关专家教授 20 多人次，以"为基础教育服务讲师团"等形式，先后多次赴两县举办"科学技术与社会发展""教育学理论""诱思探究教学""青少年心理健康与教育""素质教育与减负"等专题报告。同时，有关专家学者还深入两县，为数学、语文、外语、物理等学科教师举办多场学术讲座，传播先进的教育理念，拓宽两县中学教师的视野。

十年间，学校在自身办学经费紧张的情况下，为了落实共建协议、支持农村基础教育的发展，仍多次向两县共建学校捐款捐物，先后捐赠包括 100 多套电脑、80 座语音设备在内的教学仪器设备和大批图书资料，在一定程度上改善了两县受助学校的办学条件。

十年间，在陕西师大为基础教育服务领导小组和两县政府的直接领导和统筹安排下，共建双方齐心协力，精诚合作，协议中的各项任务得到全面落实。

旬邑县、陇县已经成为陕西师大农村教育综合改革研究实验基地、基础教育研究成果推广基地和教育教学实践基地。

"三大基地"在推进陕西师大教育教学改革和研究方面，发挥了积极而重要的作用。作为农村教育综合改革研究实验基地，陕西师大先后在两县实施了全国教育科学规划课题"诱思探究教学理论与实践"、教育部教育发展研究中心"基础教育中非正规教育研究"、中加合作项目"妇女和少数民族教育中的女童教育"以及由香港救助儿童会资助项目"促进贫困地区处境不利儿童的教与学"等实验研究，取得了可喜的研究成果和良好的社会效益。

其中，1999年开始在旬邑县进行的"促进贫困地区处境不利儿童的教与学"项目将旬邑县特殊教育学校等3所学校确定为项目研究学校后，资助女童和特殊儿童100名，发放奖学金达到32000元，有13名受助儿童完成初中学业，19名受助学生升入初中。项目组还为项目研究学校捐赠了一批图书和教学用具，对部分教师进行了专题培训，介绍课程改革和现代学习理论、科研论文写作方法等。之后，陕西师大教育科学学院承担的"农村地区幼儿教师的成长研究"、全国教育科学"十五"规划重点课题"西部特殊教育资源重组与特殊学校办学效益问题的研究"等项目也在两县展开了研究。

1998年3月，在第一次全国普通高等学校教学工作会议上，学校以《加强教学管理，提高教育质量，坚定不移地为基础教育服务》为题进行了经验交

《光明日报》及光明网对陕西师范大学服务西部基础教育的报道

流。2001年,学校申报的《校县共建——高师院校探索直接为基础教育服务新模式的研究与实践》获陕西省优秀教学成果一等奖。2006年1月20日,《光明日报》以《服务西部基础教育的成功探索——陕西师范大学坚持十年创建"校县共建"模式》为题对此进行了报道。

校县共建工程是部属师范大学直接服务西部农村基础教育的实践创新,是构建实现优质教师教育资源与西部农村教育谐振的教师教育"陕西师范大学模式"的一个重要探索,是一所师范大学与地方政府合作双赢的重要实践,不仅有效促进了县域基础教育、社会经济的发展,同时也提升了学校的教师教育研究实践水平和影响力。

二、共建教师教育创新实验区

2008年结合国家教师教育优势学科创新平台项目,学校分别与青海、宁夏、陕西、新疆、西藏等五省区教育厅和甘肃省天水市政府、陕西省安康市政府等签订了教师教育创新实验区共建协议,为学校进一步开展教师教育人才培养改革、增强服务基础教育能力创造了相应的实践环境。

在具体实施中,学校广泛联合基础教育一线教研力量,组织专家学者分赴陕西、宁夏、青海、新疆等省区中小学,开展基础教育课程改革调查研究活动,指导基础教育新课程改革实施工作,协助天水市、旬邑县、汉阴县等实验区教育行政部门,制定地区教育发展规划,对实验区教育改革发展发挥了较好的决策咨询与支持作用。利用"国培计划""省培计划""校本研修""送培下乡""一课三评一报告"等多种途径和形式,先后组织策划为陕西、宁夏、青海、甘肃、新疆和西藏等地培训中小学骨干教师。通过培训,帮助实验区教师掌握教育教学的新理念和新方法,促进实验区学校管理水平和教学水平的提升。当年组织为天水市培训语文、数学、英语骨干教师1300余人,受到了天水市人民政府的高度好评;组织开展"学思维"活动课程研究成果推广,取得了很好的社会反响,有力地提升了陕西师大的教育教师口碑。学校还组织附中、附小、幼儿园等校内单位，广泛开展与实验区相关单位的教育教学合作交流和对口援建工作，精准对接服务地方的教育需求，促进了当地的教育事业发展。

广阔的西部天地早已成为陕西师大了解西部地区基础教育现状、需求和动态的"观测点"，研究西部教育问题的"活标本"，推广陕西师大教育研究成果的"试验田"，为陕西师人不断适应西部基础教育发展需要、推进教育教学改革和人才培养模式创新、构建有利于实现优质教师教育资源与西部基础教育谐振的教师教育"陕师模式"，提供了客观参照、现实依据和实践支持。

第五节 书写教育帮扶的时代担当

近年来，学校以习近平新时代中国特色社会主义思想为指导，充分发挥自身的科教优势和平台资源，推动西部教育全面振兴，为脱贫攻坚成果的巩固、推动乡村振兴做出了应有的贡献。学校先后承担起云南省景谷傣族彝族自治县、贵州省沿河土家族自治县、陕西省岚皋县及四季镇天坪村、陕西省三原县和旬邑县、海南省昌江中学、甘肃省华池一中、陕西省延川中学的帮扶任务，走出了一条以基础教育帮扶为龙头，以科技帮扶和文化旅游帮扶为两翼，以消费扶贫、学生志愿活动等为补充的"1（教育帮扶）+2（科技和文旅帮扶）+X（消费帮扶、志愿活动等）"扶贫之路，助推帮扶地区如期实现脱贫摘帽、实现教育发展，书写了一所西部地区教育部直属师范大学的历史责任和时代担当。

一、景谷模式

2017年以来，学校在实施滇西专项教育帮扶云南省景谷县工作中，深入思考教师教育与基础教育的内在关系，充分发挥自身科教优势和人才资源优势，逐步探索出一条以"西部红烛两代师表"精神为指引，以提升教师队伍能力素质为核心，以激发教师自身内驱力为重点，以"双向交流、示范带动"为路径，以好老师培养好学生、好学生创造好成绩为逻辑支撑的教育帮扶"景谷模式"。

景谷教育帮扶工作先后入选《高校扶贫优秀案例选编》《中国教育扶贫典型案例 100》等。

"景谷模式"的核心是以校园长和骨干教师为主体，多措并举，辐射带动县域教育教学质量稳步提升，不断激发出县域教育提质增效的内生动力。学校为景谷一中在学校管理、教育教学、信息化建设等方面提供优质教育资源；开展校际结对，为当地教师拓宽视野、增加阅历、提高能力等方面搭建平台；通过对口帮扶、派遣专家、跨区域校际合作、远程共享、接收"留学生"、培养"卓越教师"等模式，推进教育均衡发展，从而实现"让更多孩子享受优质教育，让更多教师成为好教师，让更多校长成为名校长，让更多学校成为人民满意的学校"的奋斗目标。

学校充分发挥教师干部培训学院平台资源以及附属中学、幼儿园、合作办学单位多年的成功办学经验和名校品牌效应，为景谷县的校园长和骨干教师专门量身定制了送教援培、"1+1"导师制名师成长计划和"浸入式"跟岗研修等多类培训项目，多学科、多学段、多层次、多角度地覆盖到景谷县教师教育教学能力提升的方方面面，从而达到培训效果既有"1 对 1"的针对性和精准度，又有"1 对 N""N 对 N"的辐射带动效应。

在帮扶景谷期间，学校组织 6 批 30 多位优秀教师走上"送教景谷"的讲台，邀请 4 批 22 位中小学名校校长和骨干教师做客"专项帮扶景谷教育培训项目"的"云讲台"，分学科、分学段培训当地中小幼教育工作者 3100 余人次；由附属中学、幼儿园等开展 13 批两周至半年的景谷县中小幼一贯制骨干教师跟岗研修培训活动，培训当地教师 109 人次；动员组织附属中学及西安其他名校 10 人次退休教师在景谷开展至少一年的教育帮扶工作；派遣多批次国家公费师范生和教育硕士研究生赴景谷教育教学实践基地进行四个月至半年的顶岗实习，有效缓解了当地教师数量不足、水平不高、学科结构不合理的问题。在云南景谷县，学校直接投入和拉动帮扶资金 1000 余万元，在当地实施"陕西师范大学红烛励学基金"，帮助建立校园图书室和中小学科学探究实验室等实体项目，改善偏远学校的办学条件。

2022年景谷县高考取得优异成绩，其中一本上线73人，比2021年增加11人，600分以上7人，比2021年增加2人，最高分623分，一本上线人数连续四年实现连升连长。

教育部专题网站、陕西省教育厅、《云南日报》、《普洱日报》等先后报道学校以"双向交流机制"为特色的教育扶贫模式。挂职干部郭胜同志获评"云南省2019年脱贫攻坚奖——扶贫先进工作者"。2020年4月，《陕西师范大学弘扬"西部红烛精神"，擎起云南景谷教育帮扶一面旗》入选全国教育扶贫典型案例。

二、岚皋模式

根据陕西省委教育工委、省教育厅、省乡村振兴局的安排部署，学校在岚皋县承担了"双百工程"结对帮扶全县和定点帮扶四季镇天坪村的"一县一村"工作任务。学校通过调集多学科优质资源，深入挖掘、开发、宣传当地传统文化资源，在脱贫攻坚期和巩固拓展脱贫攻坚成果衔接乡村振兴过渡期的两个历史阶段，实施了一套"塑乡愁、写乡村、画乡景、唱乡音"的文化帮扶组合拳，以文旅融合赋能当地旅游产业发展，以文化力量激活乡村振兴内生动力，助力岚皋旅游实现了由"请得进门"到"留得住人"的跨越式发展，摸索形成了独具特色的"岚皋模式"。岚皋文化帮扶工作先后入选《教育发展与乡村振兴蓝皮书：中国教育发展与乡村振兴报告（2022—2023）》和"陕西省文化旅游带动乡村振兴典型案例"。

2017年以来，学校深入对接岚皋县"旅游富民、生态强县"的经济社会发展目标，与岚皋县签订校县《文化旅游脱贫发展框架协议》，明确了以"文史挖掘保护、文旅融合发展、文化研修培训、文学纪实创作、文艺歌舞编排、文创包装设计"为重点的文化帮扶工作思路；充分发挥中国语言文学世界一流学科资源优势，积极调动校内相关学科和专业协同配合，形成了"学科组团、专业抱团"的文化帮扶工作格局；以非遗文旅小镇"杨家院子"为基础，搭建"校地党建联学基地""学生实习实践基地""乡村振兴研究院"三个平台，构筑了以党员、学生、教学科研人员相互交融、互为补充的文化帮扶工作力量。

学校组织专家编制《岚皋县全域旅游发展规划（2018—2030）》，并通过校县协议和项目合同牵引，开展巴山非遗小镇杨家院子的形塑策划，设计布展小镇"乡愁馆""体验馆""作坊小院"等实体标识，助推杨家院子成为国家 AAA 级旅游景区、省级旅游度假区，所在的天坪村和四季镇分别入选文化和旅游部、国家发展改革委首批全国乡村旅游重点村名录和陕西省旅游特色名镇；杨家院子目前发展有农家乐 40 余家、民宿 10 余家，成为外地游客体验岚皋餐饮和民宿文化的主要目的地，为游客"白天游、晚上留"提供了重要支撑；同时还创造了良好的社会效益，2022 年全年接待游客 60 万人次，实现综合收入 3000 余万元。

学校围绕乡村振兴，发挥人文社会科学研究优势，聚集人才力量，围绕民间传说、历史掌故、民间歌谣、诗文遗存、家风家规、巴山文化简明读本六个

"岚皋历史文化丛书"

方面，全额资助出版 120 万字的"岚皋历史文化丛书"，创作制作了《智保红香米》《笔架山的云雾草》《神仙豆腐》《姑嫂和豹子精》《龙安茶的故事》等 12 集系列动画作品，以此弘扬民族精神和中华优秀传统文化。

以岚皋县农家女子王三翠为主人公创作的报告文学作品《化蛹成蝶》，展现了中国农村在实现"两个一百年"奋斗目标历程中的翻天巨变，激发了贫困群众勤劳致富的奋斗力量。该报告文学刊出后，得到了《时代报告·中国报告文学》编辑部、岚皋县文联的盛赞。《化蛹成蝶》的主人公王三翠在家乡创办了嘉瑞祥农产品开发有限公司，通过学校连年开展农产品包装设计、品牌打造、技术指导和消费帮扶，该公司已发展成为安康市农业产业化重点龙头企业，入选安康市第二批非遗就业工坊，并被命名为"安康市非遗生产性保护单位（基地）"。2022 年全年，该企业向周边各村收购野油菜、香椿芽、辣椒等 50 余万斤，通过吸收务工、入股分红、订单收购等形式带动 237 户 546 人实现增收，其中脱贫户 158 户 264 人。

针对岚皋县基础教育的帮扶，学校持续开展"名校+""名校长+""名师+"活动，有计划地开展岚皋县中小幼学校教师"浸入式"跟岗实践，在教育管理、教学科研、师生心理健康教育等方面给予指导和帮扶，推动"理念共享、资源共建、人才共育"，形成"1 帮 1"或"N 帮 1"的教育协同提质工作格局。以岚皋县党政管理干部、中小幼校园长、基础教育一线教师为主体，组织开展多批次、广覆盖、宽领域的送教援培、云端讲座和课程诊断工作，做好新高考、新课改、"双减"背景下的教学质量提升等专项培训及交流研讨，增强当地教师的教研能力。

2019 年，学校基础实验教学中心向岚皋县捐赠了一批科教仪器，民盟陕西师大委员会赴岚皋县开展图书捐赠、心理健康辅导讲座等活动；2019 年，香港爱国慈善家何崇本先生通过陕西师范大学捐助在岚皋县四季镇麦溪小学建设远程导播教室；2020 年，学校向岚皋四季镇天坪村捐赠"陕西师范大学红烛励学基金"10 万元。学校持续向岚皋中学等中小学定向选派教育硕士、国家公费师范生顶岗实践锻炼，加强薄弱学科课程质量建设，开展主题丰富的大学生"三下乡"暑期社会实践活动，助力岚皋教育的综合可持续发展。

学校在岚皋县的帮扶工作连续八年（2015—2022）获评陕西省驻村联户工作考核年度优秀等次，相继被省脱贫攻坚指挥部、省教育工委、安康市委评为陕西省脱贫攻坚先进帮扶单位、"双百工程"工作先进单位（2018—2022）、安康市社会扶贫先进集体和安康市脱贫攻坚先进集体。新华社、《人民日报》、《光明日报》、人民网、《中国教育报》、央广网、《陕西日报》等20余家主流媒体持续关注报道了学校在岚皋县的帮扶举措和工作成果。

三、"志智双扶"结硕果

2012年起，学校根据《教育部定点联系滇西边境山区工作方案》（教发函〔2012〕108号）和《教育部、云南省人民政府加快滇西边境山区教育改革和发展共同推进计划（2012—2017年）》（教发〔2013〕6号）的总体要求，不断建立完善滇西精准帮扶的有效机制，深入围绕以国家政策引导为方向、以药材规范化生产基地建设为重点、以技术服务和专业人员培训为支撑、以道地优质中药材种苗繁育为抓手的"四位一体"中药材产业帮扶模式，依托学校西北濒危药材资源开发国家工程实验室平台资源和专家团队，大力扶持当地企业开展珍稀濒危中药材种苗繁育、规范化种植和大健康产品加工，不断推进科技转化与产业化推广，盘活了周边劳动力资源，打通了精准帮扶的重要关节点，形成10余亿元的产业链，走出了一条"学校技术支撑—企业资金投入—基地建设产出—种植户增收致富"四级联动的特色产业发展新路，辐射带动滇西片区中药材产业向纵深发展。

学校首批"全国高校黄大年式教师团队"王喆之教授团队开展科技帮扶，先后在普洱建成云南省科技专家服务站1个、普洱市专家工作站1个；为当地积极培养人才，依托当地企业获批云南省高层次人才创新创业团队1个、高层次人才青年人才1个、高层次人才产业人才1个，在工作站的建设过程中培养了博士、硕士 50 余名。以学校合作的云南恩润生物科技发展有限公司为例，通过几年来校企合作的不断深入，该企业年均繁殖白及、黄精、重楼等药材种苗 3000 万株，新增销售收入 1800 万元，新增利润 500 万元，带动就业人数 500 余人。目前已被云南省科技厅和农业农村厅认定为云南省中药材良种繁育基地、农业产业省级龙头企业、省级高新技术企业。截至 2022 年 7 月，学校指导普洱、西双版纳、保山、德宏、昆明等地的合作社和企业建立珍稀濒危药材资源圃和良种繁育基地 1000 亩，药材示范种植基地 6 个，规模达 1 万余亩，年均新增中药材种植面积 1000 余亩，带动周边千余户群众通过种植中药材 2 万余亩，种植产业规模效益约 12 亿元。

学校在滇西开展中药材产业帮扶的工作做法和成效经验被教育部网站、《中国教育报》、陕西省教育厅网站多次报道。时任教育部发展规划司司长刘昌亚、教育部离退休干部局局长于虹、教育部人事司副司长彭实以及中国农业大学、华中科技大学、中山大学、中国地质大学（武汉）等兄弟高校的领导曾实地调研学校在景谷县建立的教育部滇西产业扶贫示范基地。学校在教育部 2017 年直属高校、直属单位扶贫工作会议上以《科技造血 教育强基 发挥优势打赢普洱脱贫攻坚战》为题进行交流发言，学校滇西挂职干部郑鹏在教育部滇西挂职干部见面会和教育部第四批滇西挂职干部座谈会上分别做了工作汇报和经验分享。

同时，学校充分借鉴景谷中药材产业发展的成功经验，先后承担国家"十三五"重点研发计划"中医药现代化研究"专项"山茱萸、黄芩、白及高品质道地中药材规模化种植及精准扶贫示范"、国家重点研发计划项目课题"基于生理生态的中药材生态农业研究与应用"、教育部滇西边境片区精准扶贫奖励项目"景谷珍稀濒危中药材规范化种植、林下仿野生栽培与产业开发"等各级项目 30 余项，在西部七省区 30 余个县（市、区）选育、推广濒危优良新品种 12 个，种植面积 20 余万亩，指导企业、合作社建成育苗工厂和种苗基地 130 余个，建立并完善天麻、猪苓、白鲜、苍术、白及、黄精、太白贝母等 36 种珍稀濒危药材种苗繁育技术体系，累计繁育种苗 100 亿株，实现经济效益 50 亿元以上。为进一步提高濒危中药材育种与推广，学校实施中药材规范化生产技术培训，组织编制培训教材与视频，开发虚拟仿真培训软件，指导培训西部 50 余个脱贫县、300 余家企业和合作社的药农与技术人员 30 万人次。学校还推广中药材高值加工技术，与 50 余家企业合作开发绞股蓝酸枣仁饮料、丹参绞股蓝胶囊、黄精益生菌、黄芪多糖、天麻酵素等产品，延伸中药材产业链，提升经济效益，助力乡村经济发展。

为进一步发挥科研优势，学校相继获批建设西部果品资源高值利用教育部工程研究中心、民歌智能计算与服务技术文化和旅游部重点实验室、农业农村部国家苹果加工技术研发专业中心等，打造服务国家重大战略的研究基地、成果产出基地、人才培养基地和重要高端智库。学校还专门成立了乡村振兴研究院，先后承担国家社科基金重大项目"乡约文献辑考及乡约文化与乡村治理体系建构研究"、国家重点研发计划项目"民族民间文化资源传承与开发利用技术集成与应用示范""传统村落保护利用价值分级分类体系与评价导则""中国村镇建设与资源环境协调度评估及其类型和模式研究"等，部分研究报告被国家和省市有关部门采纳使用，产生了良好的社会反响。

四、沿河故事

2020 年 11 月，学校在承担教育援助任务的贵州省铜仁市沿河土家族自治县，率先复制和推广景谷县基础教育提升的成功经验和模式，相继对沿河土家族自治县第三中学（简称"沿河县第三中学"）实施了 4 名教师及 12 名教育硕士"组团式"支教帮扶、"1+1"导师制跟岗实践研修、"陕西师范大学红烛励学基金"等教育帮扶项目，身体力行地在贵州民族地区书写了属于陕西师大的"沿河故事"。

学校选派支教教师深入受援中学课堂，开展课堂诊断和示范展示，分享个人教案讲义材料，围绕教师专业发展、教学方法指导、学校德育、师德师风建设、党史学习教育等多个专题，在沿河多个乡镇开展师资培训 20 余场，培训全县高中教师、扶贫返岗干部和新入职教师等3000余人次，有力地提升了沿河县教师队伍整体素质。2021年6月，沿河县委、县政府对4位支教教师给予表扬，并授予全体支教老师"教育帮扶先进工作者"称号。

结合地域特点，学校安排专项经费资助沿河县教师开展"贵州省沿河县基础教育研究""面向扶贫地区中小学拓展性实验教材开发编写"等教研项目，赠阅陕西师大出版总社出版的"中学教学参考"系列期刊和教师教育类图书，带动受援中学教师关注基础教育研究前沿，推动教学研究工作上台阶、出成果；结合沿河县部分学生家庭经济困难的实际，学校向受援中学捐赠15万元设立"红烛励学基金"，帮助学生解决学习生活困难。

自2020年以来，陕西师范大学附属中学接收了3批共31位沿河县乡村教师在校开展三周至两个月的"浸入式"跟岗实践研修培训项目，安排每位参训教师与附中正高级教师、特级教师、省市教学能手组建"1+1"指导体系，全面参与集体备课、教学研讨、公开课堂及专家报告等培训环节，有针对性地参加教师教学技能展评、隆基讲堂、影子培训系列讲座、英语风采大赛等特色活动，通过观课评议、学习反思、教研活动、专题交流、外出学习、个人授课"六大板块"，全力帮助沿河县中学教师更新教学理念，改进教学方法，提高教学质量。

据统计，2021年沿河县第三中学高考一本上线人数67人，比2020年的25人增加了42人，增长率168%，远远超出了该校年度一本上线人数36人的历史峰值；本科上线人数236人，上线率35.27%，比2020年提升了5.21个百分点，刷新了该校本科上线率的历史新高；全县理科前三名均出自沿河县第三中学。

五、县中托管帮扶工程

2022年5月，根据教育部县中托管帮扶项目的统一安排，学校承担了海南省昌江中学、甘肃省华池一中、陕西省延川中学3所县中的托管帮扶任务。学校充分发挥自身优势、整合现有资源、克服疫情影响，以扎实的工作举措带动3所县中办学质量稳步提升。

学校将县中托管帮扶工作纳入乡村振兴工作体系范畴中，整合陕师大附属中学、西安市曲江一中、陕师大杨凌实验中学等3所基础教育高水平中学，建立"一对一""点对点"的基本帮扶构架，在此基础上，综合各帮扶学校的优势和特点，探索建立了"以一所帮扶中学为主力，其他两所中学为两翼，大学其他单位为补充"的"1+2+X"帮扶工作格局。即：具有百年办学历程的陕师大附中集中帮扶陕西省延川中学，具有丰富线上互动经验的西安曲江一中集中帮扶海南省昌江中学，具有强劲办学活力的杨凌实验中学集中帮扶甘肃省华池一中，帮扶中学、被帮扶中学通过联席会议等形式推动资源互享、平台互助、措施互联。同时依托自身优势，将3所帮扶中学纳入"国培""省培"绿色通道，纳入本科生研究生教学实习基地，纳入各类研究平台共建，通过开展基础教育研究、教学骨干培训、学生教育实习、专家送培送教等措施，打好县中帮扶"组合拳"，形成帮扶工作形式及内容的"集聚效应"。

2022年7月，学校组织3所帮扶中学、3所县中、3个县政府分别签订《县中托管帮扶三方协议》，明确课程建设、队伍提升、文化赋能等方面的帮扶重点，明确3个县政府每年合计安排300万元专项资金，直接拨付受帮扶县中用于推进工作，体现帮扶的公益性。学校在3所县中建成教育教学实践基地，派遣20名教育硕士在托管县中开展为期半年的教育实习活动，有力支持中学薄弱学科建设。根据县中个性化需求，依托大学优势学科，有针对性设立研究专项，帮助县中破解长远发展瓶颈、增强教师专业技能。

帮扶中学选派帮扶经验丰富的专任教师和教学能手挂职托管县中，深度参与教育教学管理全过程，帮助托管中学更新教学理念、丰富教学手段、提升教学质量。6所结对帮扶中学克服疫情影响，通过"请进来、走出去""线上+线下"的方式，对3所县中开展了一系列帮扶工作。3所帮扶中学校长3次带领班子成员亲往托管中学进行教研交流，开展专场报告会16场，组织18名高三教师赴托管中学参与教学改革；线上实施"青蓝工程"，举办教研活动56次、德育活动17场；邀请托管中学教师参加班主任论坛及"学生发展共同体"建设评比活动；接受 17 名教师跟岗实践，40 名教师参与备课、说课、评课，2 批 75 名管理人员及骨干教师观摩学习。邀请华池一中领导班子参加《中国教育报》"推进育人方式改革、提升县中教育质量"现场交流会；邀请延川中学校长加入全国中学著名校长工作室；邀请昌江中学教师全程线上参与西安市思维型教学优质课、思维型说课观摩、班主任主题赛教、毕业年级主题教育等活动，不断丰富帮扶工作内涵，提升帮扶工作针对性、实效性。

3 所县中在 2023 年高考中均取得了优异成绩：延川中学一本上线人数从 2022 年的 5 人提升到 13 人（含艺术类考生共 30 人），上线率由 1.37% 提升至 3.52%；二本上线人数从 2022 年的 195 人提升至 246 人，上线率由 53.57% 提升至 66.7%，均创下历史佳绩。华池一中一本上线人数 263 人，上线率 34.02%，较 2022 年提升 3.48 个百分点；二本上线人数 658 人，上线率 85.12%，较 2022 年提升 1.19 个百分点，取得历届最好成绩。昌江中学取得了最高分 797 分的全新突破（2022 年无 700 分以上学生）。

六、对口支援地方院校

对口支援工作对于促进西部经济社会发展，促进民族团结和社会稳定，巩固国防和国家安全都具有重要的战略意义和现实意义。为积极响应国家西部大开发战略和教育部"对口支援西部地区高等学校计划"，学校结合自身的学科特点、办学特色，从 2007 年 5 月开始对口支援青海师范大学，2011 年 9 月与昌吉学院建立对口支援关系，2019 年与宁夏大学建立对口合建关系、与海南师范大学建立对口支援关系，2020 年、2021 年被纳入"教育部银龄教师支援西部计划"支援高校序列，分别对口支援塔里木大学和青海师范大学。2021 年增列新疆师范大学、宁夏理工学院对口支援任务，2022 年增列塔里木大学、陇东学院对口支援任务。按照陕西省人民政府和省教育厅工作部署，2016 年与西藏民族大学建立对口支援关系，2015 年与宁夏师范学院（今宁夏师范大学）、陕西理工学院（今陕西理工大学）、榆林学院、陕西学前师范学院、宝鸡文理学院、西安外事学院签订对口支援协议，2023 年进一步支持西藏民族大学 4 个学科专业建设。此外，学校还主动对口支援伊犁师范大学、湖南第一师范学院、天水师范学院、商洛学院、榆林职业技术学院等，合计支援高校 22 所。

多年来，学校按照"整体规划、分步实施、点面结合、重点突破"的总体思路，在受援高校积极配合下，不断完善支援机制、优化支援方式、扩大支援效应，重点推进各受援高校学科建设、师资队伍建设、人才培养质量和科研水平提升，成果丰硕。通过招收受援高校教师攻读博士学位，专项落实对口支援高校教师进修和访学计划，助力受援高校师资队伍学历提高；通过推行《陕西师范大学银龄教师支援西部计划实施方案》，发挥专家学者优势，推动受援高校教学科研水平提升；通过开展联合培养，构建起本科生"1+2+1"模式、研究生"2+1"模式，联合培养本科生和研究生，完善学生培养方案，提高受援高校人才培养质量；积极选派挂职干部担任受援高校校级和处级干部，组织受援高校干部开展多层次进修和学习锻炼，提高了受援学校教师的教学科研能力、干部队伍的教育水平和管理能力；邀请受援高校共建由陕西师范大学首倡的丝绸之路教师教育联盟、丝绸之路人文社会科学联盟和丝绸之路图书档案出版联盟，主动为区域经济社会发展提供有力的智力支持。这一系列援助举措，传递了教育温度，对提高受援高校的整体办学实力和社会影响力发挥了重要作用。

"西部红烛两代师表"精神书写在陕西师范大学八十年的办学历程中，书写在数以万计默默奉献在祖国西部基础教育一线的一代代师大学子的内心深处。她是一代代师大人用教育情怀擎起的西部教师教育的一面旗帜，牢牢矗立在祖国西部边陲的教育沃土里；她是吹响西部乡村振兴的征召号角，开启了陕西师大持续围绕基础教育"扶智"、文化挖掘"扶志"、特殊教育"培智"、产业培训"育智"的"四位一体"大教育战略思路，不断书写校地协同发展的奋进之笔和美好篇章。

第四章 教育强国的时代答卷

陕西师范大学近年来始终坚持根基在西部、亮点在边疆边境、影响在全国、视野在"一带一路"与国际的工作格局，以协同创新为着力点、以优质均衡为落脚点，不断做深做实教师教育，通过"百校行"对接服务基础教育调研、西部师范协同创新机制、边境国门学校实践育人项目、"一带一路"教育人文交流活动等切实举措，努力书写好教育强国的时代答卷。

第一节　"百校行"精准对接

作为党和国家部署在祖国西部的教育部直属师范大学，精准对接和服务西部基础教育事业高质量发展是陕西师范大学办学治校的逻辑起点和义不容辞的责任。没有调查，就没有发言权。2021年、2023年，陕西师范大学13位党委常委带队，深入西部12个省、自治区、直辖市及海南省开展"百校行"对接服务基础教育调研，用实际行动写下了加快推进西部基础教育现代化建设的生动注脚。

一、用脚步丈量祖国西部基础教育版图

2021年，在迎接中国共产党建党百年之际，陕西师范大学在全校师生员工中开展了"西部红烛为祖国闪耀　两代师表献礼建党百年"主题活动，引导广大师生坚定听党话、跟党走的政治自觉、思想自觉和行动自觉，充分展示学校牢记为党育人、为国育才的初心使命、扎根中国大地办一流师范教育的办学思路和"扎根西部、甘于奉献、追求卓越、教育报国"的精神风貌。"百校行"基础教育对接服务活动作为主题活动的重要组成部分，同时也是学校党委开展党史学习教育、推进学做结合的一项重要举措。

（一）广泛调研听需求

2021年4月至6月，由学校13位党委常委带队，9个二级学院、14个职能部门的50余位教师和干部组成的调研组，深入陕西、甘肃、青海、新疆、宁夏、内蒙古、广西、重庆、四川、云南、贵州、西藏等西部12个省、自治区、

直辖市以及海南省调研，历时五十三天，累计行程近 5 万公里。调研组走访了 69 个省、市、县教育行政部门，149 所中小幼学校，发放调研问卷 85334 份，召开调研座谈会 151 场，看望工作在基础教育一线的校友近 700 人，全面了解西部各省、自治区、直辖市的基础教育现状，精准对接西部革命老区、民族地区、边疆地区、"三区三州"地区的基础教育高质量发展对师范大学办学的需求。与此同时，学校成立了 3 个专项调研小组，分别赴广西、云南、新疆、西藏、内蒙古等 5 个边疆省区的教育行政主管部门和相关边疆口岸基础教育学校，详细了解西部边疆地区基础教育状况。

每到一地，调研组认真听取当地师范院校和教育部门负责人、校园长、教师、校友对陕西师范大学建设发展的意见建议。在云南边境县澜沧拉祜族自治县，当地教育部门希望陕西师大在澜沧拉祜族自治县建立师范生实习基地、开展教师教育课题研究；在贵州师范大学，该校希望依托西部师范大学教师教育创新与发展联盟平台，两校开展更多合作；在海南师范大学，该校希望借助海南自贸港的发展契机，加强两校之间的合作与交流；在四川凉山彝族自治州，调研组先后与 20 余所中小学的校长及教师代表围绕寄宿学生管理和心理辅导、留守儿童"家校共育"等问题进行深入探讨；在甘肃省教育厅，双方就甘肃学前教育、义务教育、高中教育发展等问题展开深入交流；在云南省昆明市明通小学，该校希望能深化与学校的交流合作，共建国家公费师范生教育实践基地；在广西北海市教育局，该教育局希望借助学校职后培训经验和优质资源，进一步助力北海市教育事业发展；在内蒙古四子王旗教育体育局，调研组与 10 所中小幼学校校园长座谈交流，征询当地三科统编教材教师培训情况；在宁夏固原市西吉县，当地行政部门对学校支持当地基础教育发展提升提出建议；在西藏阿里地区高级中学，调研组对国家三科统编教材、边疆教育等方面情况进行深入了解；在新疆乌鲁木齐市八一中学，该校希望能借助学校优质的教师教育资源开展精准的职后培训，提升教师队伍的综合素质；在青海海东市，调研组深入了解民族地区县级中学、农村中学的办学实际，听取基层学校对陕西师大人才培养、

第四章　教育强国的时代答卷

科学研究、社会服务等方面的意见建议；在重庆万州二中，调研组观摩了该校青年教师、陕西师大校友讲授的数学课，了解陕西师大毕业生授课情况；在陕西榆林市横山区教育和体育局，双方就城乡教师优质均衡发展、教师职后培训等问题开展深入交流。

"希望陕西师大能扩大中小学体音美教师培养规模，更加重视师范生专业能力实训，进一步提升师范生育人能力""建议陕西师大进一步构建师范生职后持续发展体系、建立小学全科教师定向培养制度""希望陕西师大

调研组在云南澜沧拉祜族自治县民族小学走访调研

调研组在海南陵水中学交流座谈

在推进西部基础教育信息化进程中有更大作为"……调研中收到类似的需求及建议几百条。校党委书记李忠军在调研中多次表示："建成教育强国，离不开西部基础教育的高质量发展。教育的高质量发展，高质量的教师是关键。师范大学的社会分工和责任使命就是培养优秀的人民教师乃至教育家。在建成教育强国的过程中，我们要紧密对接基层，杜绝闭门造车，明确需求，及时调整办学育人举措，为西部基础教育高质量发展奠定基础。"

（二）俯身一线办实事

2021年，教育部、中央宣传部、中央编办等九部门联合印发《中西部欠发达地区优秀教师定向培养计划》（以下简称"优师计划"），每年为832个脱贫县（原集中连片特困地区县、国家扶贫开发工作重点县）和中西部陆地边

境县中小学校培养 1 万名左右师范生，从源头上改善中西部欠发达地区中小学教师队伍质量，培养造就大批优秀教师。陕西师范大学积极参与、主动作为，再一次彰显出一所有责任有情怀的师范大学应有的担当。按照教育部相关文件精神，学校精心编制了首批招生计划和招生简章，在多年动态稳定招生规模推进本科教育内涵发展的背景下，增加 150 个招生名额，专门用于"优师计划"。陕西师范大学在最好、最强、最具特色的师范专业中实施这一计划，依托学校世界一流建设学科和培育学科，在汉语言文学、数学与应用数学、英语等 3 个专业，各招收 50 名"优师计划"师范生。此外，为提升国家教师发展协同创新实验基地建设水平，促进西部教师教育创新与发展，从 2021 年开始，学校开展了"西部师范院校教师教育师资专项"博士招生工作，面向西部地区具有一定成就和较强研究能力的中小学教师和各级各类学校管理人员招收教育博士 50 名。

调研途中，调研组将"优师专项计划"和"西部师资专项"教育博士招生计划的信息传递到所到省份，为优化西部基础教育教师队伍结构、建强西部基础教育高水平骨干力量打开了新的希望之窗。云南师范大学专职辅导员王友良，就是"西部师范院校教师教育师资专项"的受益者之一。2022 年，他通过申报专项计划考取陕西教师发展学院博士生。"很幸运有这个机会让我继续深造，作为一名陕师人，我一定传承好'西部红烛两代师表'精神，在教师岗位上坚持立德树人、以心育人，为西部教育高质量发展贡献自己的力量。"

在陕西师范大学教育帮扶点、贵州省铜仁市沿河县第三中学，调研组捐赠了 15 万元"红烛励学基金"，赠阅了陕西师大出版总社出版的"中学教学参考"系列期刊和教师教育类图书，并看望慰问了学校支教的 10 名师生。在甘肃临夏州积石山县乩藏中学，调研组成员主动回应老师们的需求，为该校教师做了《当代课改的理念与路径》的教改辅导报告。陕西师范大学教师干部培训学院组织陕西师范大学附属小学、奥林匹克花园学校、御锦城学校及陕西师范大学新闻与传播学院等单位的 15 名教师跟随调研组，分 3 组赴内蒙古鄂尔多斯 8

个县、旗、区开展中小学语文、历史、道德与法治三科教师专项培训第二次"名师送教"活动。内蒙古调研组深入课堂观摩三科统编教材授课教师教学展示，并与当地三科统编教材授课教师进行座谈，了解内蒙古自治区西部片区国家三科统编教材教师专项培训的具体情况，并就进一步改进培训征求了意见建议。

学校为贵州省铜仁市沿河土家族自治县第三中学捐赠"红烛励学基金"

（三）寻访基层毕业生

在西部特别是西北地区，从省市重点学校到偏远基层乡村，处处都活跃着陕西师范大学毕业生的身影。他们扎根西部基础教育一线，把美好青春默默奉献给了祖国的教育事业，成为托举西部基础教育的坚实脊梁。

西宁市宁张路271号，草坪周边的格桑花随风摇曳。2010年玉树地震后，为促进灾后重建，青海省委、省政府协调资源，在这里建设了青海省三江源民族中学这所具有特殊意义的学校，作为一所多民族学生共同学习生活的省内异地办学学校，三江源民族中学的建立使农牧区的孩子能够享受到城市优质教育资源。"要成为一名负责任的好老师。"陕西师范大学2009届毕业生、该校物理教师冶慧琴始终记得大学老师的这句教导。在她心里，学生就是自己的亲人。一次值班查寝，她发现藏族学生交巴东智总是只吃馒头充饥，为了不伤孩子自尊，冶慧琴组建创新学习小组，辅导学生学习，让小组成员一起打饭用餐，这些都被交巴东智默默记在了心里。2017年，交巴东智以全省第七名的成绩考入中央民族大学法学系。当时毕业时，冶慧琴告诉他："你考上大学，不是为了让自己脱离贫困的家乡，而是希望你帮助家乡脱离贫困。"带着这句话，交巴东智在大学毕业后回到循化老家成为一名律师——"因为那里的百姓更需要懂法的双语律师"。十余年来，陕西师范大学有近60名毕业生像冶慧琴一样，怀揣对教育的赤诚，在青海省三江源民族中学扎根、奉献，为当地基础教育高质量发展做出自己的贡献。

在青海省三江源民族中学任教的陕西师范大学毕业生（部分）

一场春雨后，云南省临沧市第一中学校园花团锦簇，生机勃勃。在历史教研室内，青年教师杨顺红正在紧张备战全校教学比赛。导师王晓明一边认真听他讲课，一边写下改进意见。"王老师既是我的高中班主任，也是我的大学'学长'。每次比赛前，无论多忙他都会挤出时间帮我磨课。"杨顺红说。临沧市地处祖国西南边陲，290余公里的国境线蜿蜒绵亘。作为一所扎根边疆民族地区的高中，临沧市第一中学近年来广泛吸引优秀人才，实施教育综合改革，学生培养质量不断提升，成为当地基础教育"领头羊"。2011年以来，王晓明、杨顺红等19名陕西师范大学毕业生陆续来到这里，为服务、引领边疆基础教育传递薪火、贡献力量。

在西藏日喀则市有百余名陕西师大毕业生任教，在内蒙古伊克昭中学有20余名陕西师大毕业生任教，在陕西岚皋中学有近20名陕西师大毕业生任教……调研组通过座谈、慰问、走访，了解到众多扎根西部基础教育一线的毕业生投身基础教育，扎根奉献，矢志不渝，体现了奉献西部教育事业的优秀品质。调研组把他们扎根奉献的故事带回了学校，广为宣传，激励在校大学生以他们为榜样，把青春绽放在祖国最需要的地方，用无悔年华写就西部基础教育的华彩篇章。

在云南省临沧市第一中学任教的陕西师范大学毕业生（部分）

二、精准掌握西部基础教育发展的需求

2023年，陕西师范大学启动了以"深入学习贯彻党的二十大精神 服务西部基础教育高质量发展"为主题的第二届对接服务西部基础教育"百校行"调研活动。在调研活动启动的媒体见面会上，校党委宣传部负责同志表示，这是学校深入贯彻落实党的二十大精神，立足西部大地、彰显使命担当、发扬"西部红烛两代师表"精神、对接基础教育的重要举措，是强化教师教育主责主业、寻找人才培养差距不足、提升办学育人质量的现实需要。通过第二届"百校行"调研活动，进一步精准掌握西部基础教育发展的需求，为学校教师教育发展决策提供科学依据，更好地服务西部基础教育高质量发展。

（一）坚持三个面向

风雨无阻，翻山越岭。仲夏时节，历时一个月，从雪域高原到瀚海丛林，从省会城市到偏远村落，由学校党政领导、专家学者、中青年教师共80余人组成的13支调研组时隔两年，历时二十六天，再次分赴陕西、四川、重庆、广西、云南、贵州、甘肃、内蒙古、宁夏、青海、新疆、西藏等西部12个省、自治区、直辖市及海南开展基础教育调研活动，在西部基础教育一线问需求、察实情、解难题，并把调研成果转化为师范生培养和服务基础教育的思路方法和实际举措，回答好"强国建设、师范何为"这一时代命题。

面向党和国家对西部基础教育发展的重大战略需求，面向党和国家对师范人才培养的重大战略需求，面向党和国家对新时代师范院校发展的重大战略需求，调研组深入教育行政部门、高等师范院校、基础教育学校，通过开展座谈会、实地走访、观摩听课、现场报告、发放调研问卷等方式，开展组团式、联合式调研。调研组走访了36个地市（地区、自治州）、34个县（市、自治旗）近70个教育行政部门，174所中小幼学校，20余家企业，10余所高校，累计行程6万多公里，召开了90余场座谈会，会见了500余位奋战在基础教育一线的校友，新建就业工作联络站150余家，共发放和回收有效调研问卷7万多份。

在四川凉山彝族自治州教育和体育局，调研组详细介绍了陕西师大国家公费师范生和"优师计划"师范生招生政策，并就中小学教师教育培训发展相关情况进行探讨。在西藏林芝市第一中学，调研组专家为当地基础教育一线从教的教师代表和陕西师大毕业生，做了题为《掀起课堂革命　培养时代新人》的专题报告，分享交流教育教学经验。"山水相依、人文相亲。陕西师范大学为宁夏培养了一大批高素质专业化创新型教师队伍，与宁夏大学签署了对口协议，与吴忠市共建秦宁中学……"在调研组与宁夏回族自治区教育厅座谈会上，宁夏回族自治区教育厅副厅长吴保军满怀感激地说。

"如何持续加强校地合作，畅通研修研学、教育实习、生源基地等合作渠道，在国家公费师范生培养、教师职后培训、优化教师结构、职业标准建设、教育评价服务等多方面发挥积极作用，在高质量推进西部城乡义务教育优质均衡发展的过程中形成可复制、能推广的经验模式？"带着一个个问题，调研组用实际行动写下了服务西部基础教育的生动注脚。

（二）聚焦四大主题

推进大中小学思政课一体化建设是落实立德树人根本任务、落实教育评价改革和《新时代基础教育强师计划》的关键举措，是教师教育衔接基础教育的重要桥梁；加强教师队伍建设是推动教育高质量发展、建设教育强国最重要的基础工作，是教师教育服务基础教育的第一要务；心理健康是学生全面发展的前提和基础，教师心理健康是实现全面发展教育目的的有力保障。鉴于以上原因，陕西师范大学第二届"百校行"在总结上次调研活动经验的基础上，以服务西部基础教育高质量发展和教育现代化发展目标为主线，站在人才供给紧跟教育需求、教育与经济社会协调发展、教育服务国家区域发展战略的高度，持续面向西部基础教育和教师教育发展现状与实际需求，围绕西部中小学教师队伍建设现状与需求、大中小学思政课一体化建设、中小学心理健康教育发展现状、访企拓岗对接用人单位需求等四大主题开展调研。

具体包括：了解西部中小学教师队伍建设现状和需求，掌握新形势背景下，中小学教育教学工作对教师结构、整体素养和培养体系提出的新要求；学校要在大中小学思政课一体化建设中发挥示范引领和辐射带动作用，努力形成有特色、可借鉴、可推广的工作模式和体制机制，建设创新型、研究型、示范型共同体；以区域经济发展水平为分层依据，了解西部地区基础教育学校心理健康教育的现实水平和主要问题，对标心理健康教育对人才的实际需求，改革学校心理健康教育师资培养模式；调研中小学生心理健康水平提升的所处困境和影响机制，为促进西部心理健康教育资源建设和发展提供一手资料，也为西部中小学心理健康水平的精准提升提供科学指导和事实依据；深入落实毕业生就业工作"一把手"工程，充分发挥校领导班子成员带头做好毕业生就业工作的重要示范作用，带动学校全员深度参与做好毕业生就业工作，全面深化校地、校企合作、供需对接。

调研组在海南华侨中学座谈交流

第四章　教育强国的时代答卷

调研组在宁夏吴忠市秦宁中学走访调研

　　在陕西师大对口帮扶的海南省昌江中学，"陕西师范大学教育实习实践基地"揭牌，为深化两地教育交流搭建平台；在广西凭祥市第四小学，教室里、走廊边、图书室，处处可见德育特色沉浸式思政课展示内容，双方就大中小学思政课一体化建设进行了深入探讨与交流；在内蒙古乌拉特中旗乌加河学校，调研组就乡镇学校留守儿童心理健康教育情况和校方展开深入交流，并就该校对心理教师职前培养和职后培训的实际需求做了调研；在新疆乌鲁木齐市高级中学，调研组实地考察了该校的科创教室、心理健康中心，就师资队伍建设、特色思政课建设、心理健康教育等方面展开广泛交流；在青海贵德县教育局，调研组了解了当地基础教育发展现状和发展需求，就加强教师队伍建设、心理健康教育和家校共育等方面进行了深入探讨；在西藏林芝市第一中学和拉萨中学，调研组走访校园、观摩课堂，并与在校工作的校友代表座谈；在重庆市实验学校，调研组走进心理辅导教室、美术教室、音乐教室、随班就读教室，深入了解学校的教师队伍建设情况，以及对教师职前培养和职后培训等方面的实际需求；

在贵州省教育厅，调研组了解了当地在提升基础教育方面的特色做法和显著成效，围绕国家公费师范生培养、教师队伍建设、大中小学思政课一体化建设、教育质量监测等方面进行了调研探讨；在陕西西安市第四十六中学，调研组了解了学校教师队伍培养、教研活动开展的具体做法，结合具体一线教学实际就人才培养、思政育人等方面进行了交流；在甘肃白银市，调研组与甘肃省教育厅、企业代表就共建产学研合作基地进行了深入交流。

（三）着力成果运用

成果转化运用是做好调研"后半篇文章"的关键。丰富的调研成果为学校调整育人举措、教师教育发展决策提供了科学依据。"百校行"调研组在广泛调研、扎实座谈、深入研究的基础上，通过对调研获取的基础数据、相关信息进行专业化、学术化分析研究，从为国家和教育部门掌握教育国情、进行科学决策提供咨政依据和为陕西师大人才培养、教育服务提供思路方法与实际举措的角度考量，形成了系列理论成果，为国家和教育行政部门提供政策建议，为学校进一步推动西部基础教育高质量发展、办好高水平一流师范大学提供了鲜活支撑和科学指导。

2021年在调研基础上，学校组织人员撰写了《西部基础教育事业新进展报告》《西部边疆基础教育咨询报告》及13篇子报告。以此为依据，学校制定出台了《陕西师范大学服务对接西部基础教育高质量发展实施方案》，梳理出5大类16项重点任务60项举措，为学校进一步推动西部基础教育高质量发展、打造西部教师教育珠峰、办好高水平一流师范大学提供了鲜活支撑、奠定了坚实基础。

2023年调研结束后，针对西部基础教育发展对师范大学的实际需求，分析把脉学校在学科专业建设、师范生培养等方面存在的短板弱项，制定《陕西师范大学服务对接西部基础教育高质量发展专题推进方案（2023—2024年）》，形成《陕西师范大学服务对接西部基础教育"百校行"（第二届）反馈结果整改暨高质量发展任务分工清单》，共梳理了 3 大类 12 项重点任务 33 项举措。

"百校行"调研活动充分体现了陕西师范大学在新时代新征程坚守教师教育主责主业，着力提高教师教育人才培养质量，提升教师教育与基础教育研究质量，更好地服务和引领西部基础教育发展的责任与担当。该活动持续得到了《人民日报》、新华社、《光明日报》等中央主流媒体的关注与报道，产生了较大的社会反响。

第二节　西部师范协同创新

西部教育的高质量发展离不开师范院校的贡献。西部师范院校地缘相邻、情怀一致、使命相同，协同创新发展是振兴西部教师教育的时代选择和支撑西部基础教育高质量发展的现实之需。陕西师范大学作为西北唯一一所教育部直属师范大学，主动承担起西部教师教育协同创新发展的责任，通过牵头创立西部师范大学教师教育创新与发展联盟、成立陕西教师发展研究院、积极投身教育部师范教育协同提质计划等方式，为进一步推动西部教师教育改革发展提供了有力支撑，为构建中国特色教师教育体系贡献了陕西师大智慧。

一、创建西部师范大学教师教育创新与发展联盟

西部师范大学教师教育创新与发展联盟是在教育部领导下，在西部各省、自治区、直辖市教育行政部门指导支持下，陕西师范大学、西南大学等西部地区以及一些中部地区师范院校自愿共同成立的校际协作组织，是共商西部教师教育创新与发展、建设西部一流师范院校、服务西部基础教育高素质专业化创新型教师队伍建设的西部教师教育命运共同体。

（一）召开联盟成立大会

2020 年 12 月 5 日上午，西部师范大学教师教育创新与发展联盟成立大会在陕西师范大学召开。会议发布了《西部教师教育振兴宣言》，通过了《西部

师范大学教师教育创新与发展联盟章程》，成立了首届联盟理事会，讨论研究了西部教师教育振兴发展举措，全面启动了联盟建设工作。陕西省人民政府副省长方光华、教育部教师工作司司长任友群出席大会并讲话，13个省、区、市教育行政部门代表、18所师范院校代表出席大会，大会由陕西师范大学党委书记李忠军主持。

方光华希望联盟明确理念和努力方向，探索西部教师教育现代化的新路径；做好整体规划和年度计划，建立联盟有效运行的常态化工作机制，确保建设任务落到实处；抢抓发展机遇，争取政策支持，大力振兴教师教育，深化教育评价改革，提高教师培养培训质量，造就大批高素质专业化创新型教师队伍，支撑西部基础教育高质量发展。

任友群肯定了近年来西部地区师范院校的建设成效以及服务基础教育的贡献与成果，并强调，联盟站位要高，在为西部地区教师教育出谋划策的同时，积极服务国家教师教育大局，当好智囊、勇挑重担、尽好义务、扛起责任；做法要实，整合资源、共建共享，协同培养高素质师范人才，形成可复制、可示范的经验做法，不断提升西部地区教师教育整体水平；眼光要远，立足西部、面向全国，为西部地区乃至全国培养一批高素质专业化创新型教师，助力脱贫攻坚和乡村振兴。

李忠军在主持大会时指出，联盟的成立是深入贯彻落实习近平总书记关于教育的重要论述和脱贫攻坚重要指示精神的重要举措，也是落实全国教育大会精神和教育部党组提升西部教师队伍建设要求的具体实践。联盟的成立必将有利于促进西部教师教育协同创新与发展，必将有利于提升西部师范大学整体办学实力和服务基础教育的水平，必将为加速推进教育现代化、建设教育强国、办好人民满意的教育做出西部师范院校应有的新的更大贡献。

陕西师范大学校长游旭群在致辞中表示，联盟将发挥最大作用，共同探索新时代师范院校建设特点及教师教育创新与发展规律，资源共享、优势互补、协同共进、交融创新，为教师教育创新与发展贡献智慧力量。

西北师范大学校长刘仲奎、云南师范大学校长蒋永文作为联盟成员高校代表发言，表示积极参与联盟各项工作，为西部师范大学高质量发展做出应有的贡献。

陕西师范大学副校长、联盟秘书长党怀兴宣读《西部教师教育振兴宣言》，宣示了西部教师教育振兴的责任担当：奠基民族复兴伟业，托举教育强国梦想，高扬红烛报国精神；公布了西部教师教育振兴的主责主业：深化新师范内涵建设，彰显新时代教师教育特色，引领新西部教师教育振兴；公布了振兴西部教师教育的问题导向：造就卓越西部乡村教师队伍，共促基础教育优质均衡发展，凝聚民族团结进步教育合力。

方光华、任友群及18所师范院校代表共同按动联盟启动标识和高校名称，宣告联盟正式成立。

大会第二阶段举行了"面对面：教育厅长对话师范大学校长"活动，围绕"大力振兴西部教师教育，不断提升教师专业素质能力"主题，西部省份教育行政部门与西部师范院校代表共同把脉西部教育发展中的重点难点问题，共商振兴西部教师教育改革举措，分享建设高素质专业化创新型教师队伍的智慧，为西部师范院校建强做优教师教育、支撑西部基础教育高质量发展献计献策。

陕西师范大学、西南大学、内蒙古师范大学、河南师范大学、广西师范大学、海南师范大学、重庆师范大学、四川师范大学、贵州师范大学、云南师范大学、西藏民族大学、西北师范大学、青海师范大学、新疆师范大学、伊犁师范大学、宁夏师范学院、天水师范学院、湖南第一师范学院等18所师范院校的80余位代表参加了联盟成立大会。

12月4日晚，联盟理事会召开了第一次会议，审议通过了《西部师范大学教师教育创新与发展联盟章程》、联盟首届理事会成员名单和《西部教师教育振兴宣言》。各师范院校代表表示联盟成立是西部师范院校教师教育创新与发展的良好契机，将积极参与联盟建设各项工作，为做大做强联盟贡献力量。

2020年12月5日，西部师范大学教师教育创新与发展联盟在陕西师范大学成立

（二）深入开展合作交流

西部师范大学教师教育创新与发展联盟自成立以来，联盟各高校秉持共商共建共创共享、互补互通互惠互利的原则，在教育教学改革和人才培养方面开展了广泛深入的合作交流，取得了丰硕的成果。

着力打造西部教师教育创新与培养培训基地，为西部教师教育的深化和新时代教师队伍的建设提供现实依据和实践支撑，联盟通过定期召开教务处长联席会议，围绕一流师范人才培养、一流师范专业建设、一流教师教育课程建设、一流教师教育团队建设、教学改革创新、教学质量文化建设等方面展开深入研究和交流，分享一流本科教育建设经验，探索教师教育创新与发展规律；通过教育精准帮扶，加强了对西部地区教师的培养培训，特别是为"三区三州"提供师资保障。同时，大规模接收国家公费师范生见习实习，不断提升师范生实践教学能力，培养更多卓越教师。

着力提升西部师范院校师资队伍建设水平，联盟依托陕西师范大学优势学科，设置国家西部教师教育师资专项招生计划，定向培养西部师范院校博士师资，为相关学科专业培养高水平专任教师。2021—2023年，陕西师范大学向教育部申请专项招生指标，并全部用于联盟成员高校，共招收教育博士79人，组建以教育学部、心理学院和校内外具有教育领导与管理、学生发展与教育、学校课程与教学三个方向博导资格的专职理论导师41人，合作实践导师19人，为提升西部师范院校教师教育队伍建设水平注入了新的活力。同时，积极开展校长和骨干教师培训计划，提高西部地区中小幼学校校园长和骨干教师的培训质量，培养造就一批西部教育家型校长、园长和教师。

着力建立完善西部师范大学协同发展融合机制，联盟通过实施教师访学交流与干部挂职锻炼计划、学生联合培养计划、西部师范院校学科专业提升计划等，促进成员高校间的交流与合作，推动优势互补，共建教师教育学科群。联盟先后举办了"百年辉煌与高质量思政课教学建设——深入学习习近平总书记'七一'重要讲话精神暨西部师范大学教师教育创新与发展联盟高校马克思主义学院首届论坛""西部师范大学教师教育创新与发展联盟马克思主义理论学科本硕博学术论坛"等高水平学术论坛；举办课堂教学创新展示活动，促进课堂教学改革创新，联盟高校近300名教师参与活动；举办物理教师教育专业课程教材建设研讨会、开展"西部课创大讲堂·课创三人行"系列公益讲座等活动。这些活动的开展为西部师范院校提供了一个交流思想、分享经验的平台，促进了高等教育与基础教育课程改革的协同提升。

2023年7月，内蒙古师范大学校长张军一行，带领3名参赛教师赴陕西师范大学参加西部师范大学教师教育创新与发展联盟年会及"田家炳杯"首届西部师范院校教师课堂教学创新展示活动决赛，并取得二等奖2项、三等奖1项的优异成绩。前期，活动共吸引来自西部师范大学教师教育创新与发展联盟高校的209名教师报名参加了线上评审，最终确定了15所院校的75名教师参加现场展示。活动以"课堂革命，西部行动"为主题，在引导西部高校教师创新教学理念、教学内容、教学方法、教学手段和教学评价，推动西部高校课堂教学创新等方面发挥了积极作用。

着力建设国家西部教师教育高端智库，联盟瞄准国家教育发展需求，定期轮流举办联盟高校年会和高端论坛，围绕西部师范大学学科建设、专业建设、卓越教师培养、师范类专业认证等方面进行广泛交流，分享经验；打造教师教育智库队伍，引导和支持专家学者围绕西部教师教育与基础教育的重点、难点、热点问题开展研究，向国家及教育行政部门提出政策建议，助力国家和区域教育事业发展。2022年11月，广西师范大学承办西部师范大学教师教育创新与发展联盟2022年峰会暨西部教师教育振兴论坛，主题为"振兴西部教师教育，培育新时代大国良师"。2023年7月，陕西师范大学承办西部师范大学教师教育创新与发展联盟年会暨教师教育高质量发展论坛，围绕"振兴西部教师教育，服务教育强国建设"主题展开热烈交流，为西部教师教育振兴发展贡献智慧。

（三）振兴西部教师教育

联盟将继续探索新时代师范院校建设特点及教师教育创新与发展规律，整合各方资源，推动西部地区的教师教育事业不断创新与发展，为加速推进教育现代化、建设教育强国、办好人民满意的教育做出西部师范院校应有的新的更大贡献。

托举教育强国梦想。作为教师教育主体的师范院校，将充分发挥基础性先导性根本性作用，培养造就高素质专业化创新型教师队伍，支撑世界最大规模教育体系，托举教育强国梦想，促进现代化强国建设。

高扬红烛报国精神。红烛精神是西部师范院校共同的精神标识和价值追求。红烛精神是一种力量、一种信仰，宣示协同、创新、坚守、奋斗，以高质量教师教育服务西部教育现代化，推进中国教育现代化。

深化新师范教育内涵建设。探索新师范高质量发展之路，夯实教师队伍建设基础。充分发挥师范院校主体作用，在广袤的西部大地上建设高质量教师教育体系。以一流教师教育学科、一流师范专业、一流教师教育课程，建强做优教师教育，彰显教师教育特色，提升教师培养质量。

引领西部教师教育振兴。凝练西部教师教育品牌，打造西部教师教育"示范点""活标本""新高地"。共建西部教师教育协同创新平台，开展教师发展协同创新实验,推进教师职前培养和职后培训一体化,为国家教师教育改革发展提供西部方案、西部经验。打造西部教师教育高端智库。开展"一带一路"教师教育交流合作。

造就卓越西部乡村教师队伍。创新乡村教师培养模式,着力培养紧缺学科教师,厚植乡村教育情怀,构筑西部乡村教师培养"最先一公里";推进师范生到西部乡村学校实习支教,促进名师送培下乡,打通西部乡村教师培训"最后一公里",为西部乡村培养造就"下得去、留得住、教得好、有发展"的中坚力量。打造"专递课堂",专门助力农村薄弱学校和教学点建设;打造"名师课堂",共享名师资源;打造"名校网络课堂",有效缩小区域、城乡、校际教育质量差距,共建共享优质在线精品课程资源。

二、设立陕西教师发展研究院

陕西教师发展研究院依托陕西师范大学教师发展学院设立,由陕西省教育厅与陕西师范大学共同建设,是集高层次教师培养、教师发展研究与高端智库建设、教师专业能力提升服务等功能为一体的综合型教学科研机构。研究院内设教育家精神研究、课堂教学研究、教育管理研究、教师发展培训研究、心理健康教育研究等5个研究中心。研究院以全面助力陕西省乃至西部教师队伍高质量发展为总体目标,旨在培养一批教育家型教师和校园长,产出一批具有代表性的实践研究成果,构建校地共建机制,深入推进地方政府、高等学校、中小学"三位一体"协同培养教育人才工作实践,实现教师教育理论与实践探索协调发展,创立高校发展和社会服务相互促进的优秀教师培养新模式。

(一)研究院的成立

2021年12月1日,陕西教师发展研究院揭牌仪式在陕西师范大学举行。陕西省副省长方光华出席仪式并讲话,教育部教师工作司司长任友群以视频方式讲话,陕西省人民政府副秘书长张军林、省委教育工委书记王建利、省教育厅厅长刘建林、陕西师范大学党委书记李忠军等参加仪式。仪式由陕西师范大学校长游旭群主持。

方光华充分肯定了陕西师范大学对陕西教师教育和基础教育发展做出的突出贡献，希望新成立的研究院落实立德树人根本任务，牢记教师队伍建设发展的初心使命，高质量高标准贯彻好中省关于教师队伍建设的部署要求，始终围绕提升陕西省教师队伍建设发展水平开展工作；准确把握时代机遇挑战，大力推进理念、体系、制度、内容、方法、治理现代化；深化体制机制改革，坚持"世界眼光、国际标准、中国特色、高点定位"的原则，敢于突破，革故鼎新，构建起高效运转的工作新格局；开展高层次教师发展研究，服务政府决策。

任友群希望研究院聚焦主责主业，打破思维定式，创新人才培养，精心培育"大先生"，深入开展基础研究、应用研究，服务教师发展理论创新与鲜活实践，持续提升教师信息技术应用能力，助力教师跨越式成长、专业化发展；担当社会责任，坚守师范教育初心，提高办院治学水平，积极推进师范院校协同发展，着力提高中西部欠发达地区教师队伍质量；坚持开门办学，秉持人类命运共同体理念，助力一流教师发展交流互鉴平台建设，主动对接"一带一路"倡议，积极扩大教育对外开放。

2021年12月1日，陕西省人民政府副秘书长张军林（左）和省委教育工委书记王建利共同为陕西教师发展研究院揭牌

仪式现场，张军林和王建利共同为陕西教师发展研究院揭牌。刘建林宣读了《陕西省教育厅关于成立"陕西教师发展研究院"的批复》。

李忠军在致辞中谈到，教师教育是基础教育的母机，师范大学是现代教师教育体系的主体。陕西师范大学将不负重托，积极探索新时代教师专业化发展的"陕西方案"，携手建设教师专业发展的"示范点""试验田"和"活标本"，为推进陕西教育改革发展，助力教育强国建设，做出新的更大贡献。

游旭群表示，陕西师大将在"十四五"建设中加强教师教育人才队伍、学科体系建设，培育更多塑造学生品格、品行、品位的名师大家，培养打造中华民族"梦之队"的筑梦人。陕西师大有信心以更高标准、更严要求和更实举措做好研究院建设工作，努力推动研究院成为陕西教师队伍建设的有力杠杆，全力激活陕西教师教育发展内生力，为陕西教育振兴和教育强省建设做出师大贡献。

（二）探索教师发展的"陕西方案"

陕西教师发展研究院成立以来，坚持守牢在陕西教师教育新发展格局中的战略地位，坚持稳中求进工作总基调，坚持高质量发展不动摇，坚持研究院与陕西师范大学教师教育融合发展，持续在人才培养和智库建设两大核心任务上用力，不断推动研究院在探索教师专业化发展的"陕西方案"道路上迈进。

聚焦人才培养质量，构建教育家精神引领下的"本硕博一体化、职前职后统筹推进"的人才培养格局。研究院于 2022 年开始招生，目前有本硕博学生 399 人，实现了本硕博一体化贯通式培养。研究院坚守立院初心，坚持立足陕西，服务西部，两年来共在西部招收 302 人，占比 75.7%，在陕西招收 172 人，占比 43.1%。特别是教育博士中，招收西部生源 229 人，陕西生源 124 人，分别占到 97.4%、52.8%；教育博士来自高校、基础教育学校的学生分别占到 54.9%、42.1%，为提升西部和陕西教师教育与基础教育教师学历、提高教师素质做出了重要贡献。研究院把打造"未来教育家"作为人才培养的目标，设立

"教育家精神研究中心",高位引领职前职后人才培养育根铸魂,形成"博士一人一计划、研究生学术活动周、教育博士论坛、西部教育论坛、研究生创新基金、职前职后手拉手"六大培养抓手,狠抓人才培养质量。其中年均60余场次的高层次专家交流,为扩大学术视野、激发学术活力、提升研究院声誉、促进学科发展提供了重要平台。

2022年11月,陕西省安康市汉滨区汉滨初级中学教师蔡李娜,作为陕西教师发展研究院首届教育博士生回到母校开启求学生涯:"我是陕西师大的第一届国家公费师范生,2011年毕业时有机会去东南沿海大城市发展,但我最终选择回到家乡陕西安康,扎根西部基础教育,投身中学英语教学。2012年,重新回到师大校园,攻读教育硕士。现在,再次回炉深造,内心更多的是沉甸甸的责任。"

教育博士研究目标是基于基础教育、面向基础教育,最终指导基础教育。"通过博士阶段的学习,希望再回到工作岗位时,可以带着问题去做研究、寻找问题的解决方案,然后在教学实践中去实证、去评价,达成理论、实践、创新的统一。"和蔡李娜一起入学的136名教育硕士生和教育博士生都有这样的共识。

推进智库建设,构建"立足陕西、服务西部、示范全国"的教师教育和基础教育协同提质发展品牌。研究院高质量开展"陕西教师发展研究计划项目",通过围绕教师发展领域重点难点问题开展实践研究,为全省教师专业培养和持续发展提供政策决策支持。通过项目的实施,建立了高校与基础教育联通开展研究实践的通道,推动研究成果从"实验场"走向"应用场"。两年来面向全省高校和中小学幼儿园共立项193项,投入经费871万元。另一方面,研究院高质量开展陕西基础教育领航校园长培养,首批培养24名校园长。通过开设高端论坛,配备高水平理论导师,赴深圳南山区和上海开展省外研修、举办沙龙和读书会、建立工作室等,积极推动校园长教育教学改革创新,引领"陕派教育"改革方向。此外,研究院统筹组织编写"教师职业心理健康"丛书一套

9 本，主持编写小学教育系列教材 17 本，吸收西部师范大学教师参编。组织开展"西部基础教育质量监测站"建设，建立优秀成果奖励和配套机制，以成果导向促进研究院服务强国建设、高质量教育体系建设。

三、参与师范教育协同提质计划

在新时代的背景下，我国教育事业迎来了前所未有的发展机遇。为推进实施新时代基础教育强师计划，构建高质量师范大学体系，整体提升师范院校和师范专业办学水平，提高教师培养质量，教育部于 2022 年开启了一项具有深远意义的计划——师范教育协同提质计划，以"1+M+N"的方式形成 10 个组团，分别由 6 所部属师范大学和 4 所"双一流"省属师范大学牵头，联合 30 所地方高水平师范院校协同参与，共同对 32 所地方师范院校进行帮扶。

教育部副部长王嘉毅在师范教育协同提质计划交流活动暨"新时代师范教育与中国式教育现代化"研讨会上表示，协同提质计划是发挥我国特色社会主义制度显著优势，推进教师教育高质量发展的生动体现。

陕西师范大学作为教育部师范教育协同提质计划的牵头高校之一，在计划实施期间（2023—2025 年），协调调动天津师范大学、海南师范大学、咸阳师范学院等 3 所"参与帮扶院校"优势力量，聚焦"人才队伍建设""学科专业建设""基础教育服务能力建设""学校规划与管理能力建设"四大方面，共同帮扶促进天水师范学院、琼台师范学院、渭南师范学院等 3 所"薄弱院校"师范教育办学水平整体提升。

2023 年 8 月，陕西师范大学校长游旭群一行前往帮扶院校琼台师范学院开展师范教育协同提质计划项目实施情况调研。琼台师范学院副校长林琛在调研座谈会中对陕西师范大学在教育部师范教育协同提质计划中给予的支持和帮助表示衷心感谢。他谈到，琼台师范学院薪火相传迄今已有三百余年的办学历史，前身可追溯到清初康熙年间，陕西武功人焦映汉赴任雷琼兵备道，在当时海南政治、经济、文化的中心琼州府城创建琼台书院。如今，教育部师范教育协同提质计划安排陕西师范大学牵头帮扶琼台师范学院，也是学校办学历史中与陕西交集的另一段佳话。

第三节 跨越千里的国门握手

边境是祖国的大门，边境国门学校不仅承担着一般的教育功能，在维护边境安全、推进民族团结方面也具有特殊的不可替代的作用。2023年以来，陕西师范大学以坚定师范生教育报国信念和提升边疆地区基础教育质量为重点，通过开展"红烛苗圃"实践育人项目、边境县国门学校校长素质能力提升公益培训项目等积极探索构建铸魂育人新路径、校地协同新机制、服务边疆边境地区教育发展新载体，为培养党和人民满意的"四有"好老师、建设教育强国贡献力量。

一、"红烛苗圃"育苗育心

学校党委高度重视边境国门学校"红烛苗圃"实践育人项目，将其作为落实立德树人根本任务、培育"四有"好老师的重要载体，实地考察、深入了解边疆边境地区基础教育发展存在的主要问题，积极对接各级教育部门，综合确定了云南省红河哈尼族彝族自治州金平苗族瑶族傣族自治县、河口瑶族自治县、临沧市镇康县，新疆维吾尔自治区克孜勒苏柯尔克孜自治州阿克陶县，西藏自治区林芝市米林市、朗县，广西壮族自治区崇左市凭祥市、百色市那坡县，内蒙古自治区巴彦淖尔市乌拉特后旗、包头市达尔罕茂明安联合旗等10个市、县、旗为交流活动实践点。2023年7月，陕西师范大学首个边境国门学校"红烛苗圃"在云南省金平苗族瑶族傣族自治县挂牌。

学校教育学部、马克思主义学院、国家安全学院（政法与公共管理学院）、历史文化学院、物理学与信息技术学院、化学化工学院、地理科学与旅游学院、新闻与传播学院、音乐学院、国际商学院、民族教育学院等11个学院（部）

党政领导带队开展实践，形成了"学校党委谋划推动、二级党组织书记一线带队、二级党组织副书记和组织员全程跟进、边境地区地方政府全力支持"的"红烛苗圃"项目推进实施工作机制。全校遴选了政治立场坚定、学习成绩优异、综合能力突出的学生骨干组成实践团队，每个团队包含5—8个学科专业，以强化团队合作和发挥专业优势。组织专家团队与当地教育部门深入沟通，紧密结合小学生认知特点和边疆边境地区实际打造"育苗育心"民族团结进步教育核心课程体系、"童心童语"中华优秀传统文化特色教育活动体系、"五育并举"多彩社团培育体系。组织集体备课、实训试讲，统一审核讲稿课件，力求课程精准化、规范化和多样化，着力构建以青少年交流成长营、教师教育培训、大手拉小手现场研学为主体的"1+1+1"实践交流体系。

（一）铸牢中华民族共同体意识

为了使边疆边境地区小学生深刻认识到铸牢中华民族共同体意识的重要性，引导其树立远大志向，为中华民族伟大复兴而发奋读书，努力成长为国家的栋梁之材，加强大学生民族团结进步教育，学校特别聘请相关领域专家团队设计、打造了一批以"国家安全有你有我——争做安全小卫士""诗意长安——沉浸式体验盛唐长安行""主题宣讲：从祖国版图看大好河山""小笔尖书写大文明——我是小小书法家""从大历史观看战史馆缘何成为红色旅游胜地"等精品课程为主的"铸牢中华民族共同体意识"教学课程矩阵。同时，组建边境国门学校国家安全教育师生研究团队，统一设计调查问卷，开展专项调研，形成《边疆地区基础教育学段国家安全教育质量现状及改进——基于西部5省（区）10个边境县的实地调研》专项调研报告。

"这些孩子虽然生活在边疆，但他们的心中有着对祖国的无限热爱和对美好未来的无限憧憬。"国家安全学院（政法与公共管理学院）硕士研究生黄晶晶和实践队队员们的主要任务是结合专业知识，为当地小学生讲一堂国家安全课。为了适应当地学生的学习特点，实践队在出发前经历了一个多月的备课磨课，特别设置了"刮刮乐""猜猜看"等游戏互动环节，希望在寓教于乐中为当地小学生展示总体国家安全观所包含的具体领域。课堂上，为了鼓励大家，黄晶晶给每一名小学生都发了一枚国旗贴纸，孩子们兴奋地围到她身边，争先恐后地表达着对祖国和未来的憧憬："老师，咱们的五星红旗真好看！""老师，你去过天安门看升国旗吗？""老师，我想考国防科技大学，保卫祖国！"在讲到国土安全的时候，所有小朋友异口同声地喊出了："我们的祖国一点儿都不能少！"这句简单而坚定的誓言深深地温暖着黄晶晶。

在云南省临沧市镇康县的实践活动中，国家安全学院（政法与公共管理学院）硕士研究生王嘉欣深有感触地谈到，国土安全是立国之基，与国家安全紧密相连，是国家安全中最敏感的要素。在一次课堂上，王嘉欣邀请了一名小男孩上台，让他扮演一个国家的角色，并询问他哪些范围属于他的国土，小男孩略带羞涩地低下了头，他先是轻轻指着自己的身体，然后又将手指向头顶和脚底，并轻声却坚定地说："我家就住在边境线上，国土一点儿也不

陕西师范大学边境国门学校"红烛苗圃"青少年交流成长营实践团队成员
在云南省临沧市镇康县南伞边境完全小学开展国家安全教育

能少。"这简短而有力的话语让王嘉欣内心深感触动。尽管这些孩子与她年龄相差较远,但他们对国家安全的认知却同样深刻。可见,在这个特殊的环境中,他们更能深切地感受到国土的每一寸都至关重要,在辨别问题地图时,孩子们也都能够敏锐地发现其中的缺失部分,因为在他们心中,每一寸国土都承载着家园的温情与记忆,是绝不容许有丝毫缺失的。王嘉欣感慨万分地表示:"作为国家安全学专业的研究生,我深切地认识到国家安全学并非仅仅停留在书本上的理论知识,它更需要在实践中去深刻体会和灵活应用,这次能够亲身参与边境地区的实践活动,对我来说是一次极为难得和宝贵的经历,我衷心希望,能够在这片边疆的沃土上播撒下国家安全的'种子',让我们的微弱光芒能够汇聚成守护国家安全的坚不可摧的防线,为边疆的安全稳定贡献出自己的一份力量。"

(二) 推动思政课教学质量提升

作为教育部大中小学思政课一体化共同体陕西片区的领军高校,陕西师范大学依托全国高校思政课"手拉手"集体备课中心优势平台,将大中小学思政课一体化建设教师集体备课会与边境国门学校"红烛苗圃"交流实践活动有机结合,携手专家学者深入边疆边境国门基础教育一线,共同提升边疆边境地区思想政治理论课的育人质量和水平。

在云南省红河哈尼族彝族自治州金平苗族瑶族傣族自治县(简称"金平县"),一场跨越1800公里的集体备课会召开,吸引了来自全县的110余名思政课教师踊跃参与。备课会上,金平县第三小学的思政课教师李俊敏、金平中学的思政课教师代表姚永丽以及金平县第一中学的思政课教师刘兵分别进行了精彩的教学展示。陕西师范大学马克思主义学院段伟副教授围绕新课标解读做了主旨报告,为教师们带来了全新的教学理念和方法。云南省金平县教育体育局党组来函表示,活动对金平县均衡教育资源、提升教育协同、密切教育衔接,意义非凡,点亮西部红烛精神,照耀边疆人民教育。

陕西师范大学边境国门学校"红烛苗圃"交流实践团队在云南省红河哈尼族彝族自治州金平苗族瑶族傣族自治县开展大中小学思政课一体化集体备课会

（三）激发青少年爱国情报国志

"红烛苗圃"实践项目特别设立红色实践教育专项活动，依托实践地红色教育资源，组织广大实践团队师生与当地小学生一起开展现场研学，共同在最具时代性、最有说服力的爱国教育鲜活教材的学习中坚定"四个自信"，厚植爱党爱国情怀，并转化为爱国奋斗的不懈动力。活动充分发挥了学校教师教育特色、学科学术资源、民族工作经验、区位地缘优势，探索建立"大手拉小手"民族团结进步教育典型范式。

在西藏自治区林芝市巴宜区"红旗颂"红色研学主题教育联馆，青年学生追随习近平总书记的足迹，先后参观了嘎啦村展览馆（"团结颂"）、巴吉村展览馆（"振兴颂"）、立定村展览馆（"解放颂"）、巴宜区展览馆（"英雄颂"）等四个红色教育展览馆，深入了解党带领西藏各族人民共同奋斗所创造的发展奇迹。在云南省金平县，这个与越南2省5县接壤，少数民族占比高达88%，并且拥有长达502公里边境线的边陲小城，60名小营员在学校实践团大学生志愿者的带领下，手执五彩斑斓的画笔，在长达6米的画卷上挥洒自如，将过桥米线、鲜花饼、蝴蝶的生动形象，以及身穿民族服饰的儿童的欢快姿态，乃至大雁塔、万里长城的雄伟壮观，遥不可及的宇宙飞船的奇幻景象等一一呈现，绘制出一幅幅民族团结、梦向未来的美好画卷，不仅令在场的教师和家长们赞叹不已，更展现了孩子们无限的创意与对美好未来的向往。作为此次成长营活动的重要环节，营员们在实践团队的带领下，深入参观了金平战史馆。在金水河口岸的"593 高地"金平战史馆，解放军战士们深情地讲述着这里曾经发生过的浴血战争，学生们聚精会神地倾听着"593 高地"的过往历史。站在 593 高地，远眺那条蜿蜒曲折的国界线，每个人脸上都洋溢着对祖国的无限深情。苗族小学生段昌贵激动地表示："长大后，我也要成为一名解放军，保家卫国，守护这片神圣的土地。"在边防官兵的悉心引导和讲解下，全体志愿者和营员通过此次参观学习，重温了那段艰苦卓绝的历史，接受了一次深刻的精神洗礼，更加坚定了对党的信仰，对国家的热爱。在云南镇康县南伞镇，"排雷英雄"杜富国所在扫雷大队里的英雄事迹，为师生们带

陕西师范大学边境国门学校"红烛苗圃"交流实践团队在西藏自治区林芝市开展研学活动

来了一堂鲜活而深刻的边境思政课，师生们真切地感受到了铸牢中华民族共同体意识、维护国家安全的极端重要性，激发了他们内心的爱国情感，使他们更加深刻地体会到祖国强大所带来的坚实安全感。

体育学院学生樊乾宇说："沿着习近平总书记的考察足迹，我感受到了西藏地区发展的不易，深刻领悟到在中国共产党的带领下西藏地区的面貌发生了翻天覆地的变化。当在'红旗颂'展馆中看到视频中嘎啦村群众看见习近平总书记后的激动场景，我不禁热泪盈眶，仿佛身临其境感受着村民们的幸福之情。先后前往'团结颂''振兴颂''解放颂''英雄颂'四个红色教育展览馆，我深切感受到西藏人民艰苦奋斗、顽强不屈的精神，切实体会到党和国家'绿水青山就是金山银山、冰天雪地也是金山银山'的发展理念。"

（四）点燃边境学生科技梦想

科普工作是培养青少年科学素养的关键，也是推动科技发展的必由之路。学校聘请科普教育骨干专家及其团队成员，精心设计系列科技创新实验课，向边境国门学校的少年儿童生动展示科普知识，激发其科学好奇心、想象力和探求欲，引导青少年讲科学、爱科学、学科学、用科学。实践队成员精心策划了"奇妙世界　科普漫游"主题教育宣讲活动，通过丰富多样的科学实验、生动有趣的知识讲解和富有互动性的游戏环节，激发边境国门学校学生们的好奇心和求知欲，让知识的种子在学生们心中生根发芽，点燃学习的热情。在与越南一河之隔的云南红河州河口瑶族自治县城区小学，实践队也开展了一系列科普实验活动。从"团结的五角星——水的表面张力探究"到"小小抽水机——虹吸现象探究"，再到"3D全息投影"等，每一个实验都充满了趣味性和探索性，不仅让孩子们在亲身体验中感受到了科学的魅力，更在他们心中播下了热爱科学、追求真理的种子。

（五）拓展交流共建广度深度

2023年学校派遣24名公费师范生和4名实习带队教师前往西藏阿里地

区高级中学、广西防城港市高级中学、广西东兴市北仑河中学、广西防城港市那良镇中学、云南瑞丽市民族中学、云南瑞丽市第一民族中学、内蒙古阿尔山市第一中学 7 所学校（实习基地）进行教育实习和基础教育调研，带队教师和实习学生通过实地考察、深度访谈和问卷调查等多种方式，全面而深入地探究了这些边境地区（中学）的基础教育实际状况。此次实习结束后，带队教师共撰写调研报告 4 份，全面梳理并深入剖析了实习地区及实习学校的基础教育现状，提出了一系列切实可行的针对性建议，调研成果不仅为学校进一步推进师范教育和教师教育改革提供了科学依据，也为边境地区的基础教育发展提供了宝贵的策略建议。未来，学校党委将不断完善工作体系，优化教育实践内容，推进学校师范专业人才培养和教师教育服务能力再上新台阶。

学校还作为首批数字支教赋能乡村教育项目高校，充分发挥学科优势，开展了百名学生党员结对百名边境国门学校学生专项实践活动，2023 年寒假期间，组织 169 名优秀学生党员与云南镇康、金平、河口，西藏米林、内蒙古乌拉特后旗 5 个边境县 169 名国门学校小学生结成帮扶交流对子，牵头研发了"红烛苗圃智慧教育学堂"云端平台，通过数字化赋能边疆地区教育创新实验项目，不断把优质的教育资源输送到偏远地区的学校，让西部边疆地区数字支教常态化，搭建了高校服务西部基础教育发展的新载体。该专项实践活动运用数字技术手段打破时空壁垒，大学生、小学生在线上同台开展"云阅读""云学习""云游览""云书信"等各项活动 410 余场次，共读《祖国在我心中》系列图书，线上课堂服务时长达 760 余小时。

2024 年 4 月，学校举办了边境国门学校"红烛苗圃"各族青少年交流成长营。本次交流成长营活动为期 7 天，以铸牢中华民族共同体意识为主线，以红色教育线、文化传承线、科技创新线、同心筑梦线为支线，让边疆边境地区各族青少年更加直观、形象地体悟革命文化、中华民族悠久历史文明、高新科技发展成就。内蒙古包头市达尔罕茂明安联合旗百灵庙第一小学五年级学生斯琴乌玉

中央电视台《东方时空》报道陕西师范大学
探索"云支教"赋能乡村教育新模式

说:"我登上了西安古城墙,通过老师的讲解,我更加了解城墙的历史和意义,在碑林,我还收到来自陕西师范大学老师们很有文化意义的小礼物,感受到他们的关怀和期待,这次文化研学活动,也在我心中播下了一颗小种子,我希望未来能够成为一名老师。"西藏林芝市米林市多卡小学副校长毛勇表示:"我对历史很感兴趣,西安历史积淀深厚,今天的活动让我获益匪浅。读万卷书,行万里路,我希望通过不断的学习和体验增长见识、丰盈自我,对于边疆地区的孩子们来说,这次文化交流活动,增强了他们对中华民族的认同感和自豪感。"

大手拉小手,拉起了就不会再放下。学校党委将实施边境国门学校"红烛苗圃"实践育人项目作为体现思政工作成效、打造思政工作品牌的重要举措,使青年学生在实际参与中了解国情民情、增长知识才干、坚定从教信念。跨越千里的"国门握手",共建"红烛苗圃"实践项目受到上级部门的高度认可和社会媒体的广泛关注。获评国家民委"各族青少年交流计划2023年全国试点示范项目"、教育部2024年高校思政工作精品项目、陕西省高校校园文化建设优秀成果一等奖、国家民委各族青少年交流计划典型案例等。中央电视台新闻频道(CCTV-13)《东方时空》、《光明日报》、《中国社会科学报》、《中国教育报》、《中国民族报》、《中国青年报》、共青团中央公众号、中国教育发布、人民网、《云南日报》、《广西日报》、陕西广播电视台、陕西教育融媒体中心等媒体或平台对学校"红烛苗圃"实践活动进行了相关报道。实践活动入选团中央2023年全国大学生"三下乡""返家乡"暑期社会实践成果网络主题展播活动,在全国进行展播,实践团队获评团中央社会实践优秀团队、陕西省标兵团队。

陕西师范大学边境国门学校"红烛苗圃"各族青少年交流成长营

二、开展国门学校校长能力公益培训

办好国门学校对于提升国家形象、维护边疆稳定意义重大。国家"十四五"规划明确提出，在边境县建设 100 所国门学校——这是"国门学校"一词首次出现在国家发展规划里，充分彰显了国门学校的重要地位。如何助力边境县国门学校的发展？在国家和地方加大投入的同时，作为西北地区唯一一所教育部直属师范大学，学校勇挑重担，充分发挥自身优势，立足教师教育办学特色，传承弘扬"西部红烛两代师表"精神，主动对接服务边疆边境国门学校，在总结前期开展边疆边境地区校长、教师相关培训经验的基础上，自筹经费开启了面向边境县国门学校的校长能力素养提升公益培训，通过系统专业的培训，使各位国门学校校长牢记为党育人、为国育才的初心使命，传承弘扬教育家精神，将优秀的教育理念、科学的教育活动与更广泛的教育实践相结合，成长为具有崇高教育理想与追求，有专业创新能力的高素质校长，为教育强国建设贡献智慧和力量。

（一）主动扛起责任

国门学校，即处在边境线上的学校。因为地理位置与经济发展等原因，这类学校的发展步履蹒跚。长期以来，课程建设经验缺乏、资金投入不足、家长观念难以转变等，都是国门学校面临的严峻挑战。为深入贯彻党的二十大精神以及习近平总书记关于教育和民族工作的重要论述，近年来，针对边疆边境地区教师缺乏专业培训、科研力量薄弱等问题，学校教师干部培训学院持续面向边疆边境地区中小学幼儿园骨干教师、校园长、教育行政部门管理者，实施名师名校长名班主任示范性培训、国家统编三科教材专项培训、国家安全教育专题培训等项目，近三年培训边疆边境地区教师千余人。2024年3月，在总结前期开展边疆边境地区校长、教师相关培训经验的基础上，学校正式启动了边境县国门学校校长素质能力提升公益培训项目。该项目以铸牢中华民族共同体意识为主线，以加强国家安全教育为重点，注重校长职业理想与职业道德教育，不断增强边境县国门学校校长教书育人、管理育人的责任感和使命感。边境县国门学校校长素质能力提升公益培训项目覆盖了广西、云南、西藏、甘肃、新疆、内蒙古、黑龙江、吉林、辽宁等省区的136个边境县270多所国门学校，实现了边境县全覆盖，超过300位边境县国门学校校长参加了培训。

习近平总书记强调："强教必先强师。要把加强教师队伍建设作为建设教育强国最重要的基础工作来抓"。一直以来，学校始终把服务对接西部地区和边疆边境地区基础教育，作为落实习近平总书记重要指示精神最直接、最具体、最生动的战略实践。"优质的基础教育会带给边境县人民强烈的民族认同感和自豪感，会极大增强国家的凝聚力和向心力。"校长游旭群表示，"一位好校长就是一所好学校，学校举办边境县国门学校校长能力素养提升公益培训，是学校服务边疆边境教育事业发展的一项具体举措，也是助力建设高素质专业化创新型校长队伍的一次生动实践。"教育部全国中小学教师校长培训专家工作组秘书处秘书长黄贵珍说："陕西师大举办边境县国门学校校长公益培

教育部全国中小学教师校长培训专家工作组秘书处秘书长黄贵珍做专题报告

训是一项非常具有前瞻性的重要举措，是落实党中央兴边富民、稳边固边决策部署，助力边境基础教育高质量发展的具体行动，充分发挥了作为西北地区唯一一所教育部直属师范大学的责任担当。"西藏阿里地区日土县日松乡小学校长扎西顿珠是陕西师范大学首届免费师范毕业生，时隔十三年他回到母校继续"深造"，他说："边境国门学校肩负着推动边境地区教育事业发展、培养优秀人才的重要使命，通过培训，我们更加坚定了做边境教育守望者的决心，将学校的发展扛在肩上，让边境的学生能走向更远的地方。"

（二）持续赋能发展

教育发展，领航赋能。校长对于一所学校来说就是"掌舵人"，在学校发展的整个过程中发挥着至关重要的作用。"初任校长、合格校长、骨干校长、优秀校长、名校长、教育家型校长、教育家，这是校长专业发展的七个阶段……"教育部全国中小学教师校长培训专家工作组秘书处秘书长黄贵珍从不同维度讲解了新时代校长的使命和担当。在边疆边境地区，因地理位置的特殊性、民族的多样性等原因，如何因地制宜地引领一所学校发展，是摆在教育工作者面前的重要课题。参加边境县国门学校校长素质能力提升公益培训的各位校长是边境县教育教学的引导者，是为当地教育高质量发展增值赋能的助力者，更是奋力书写教育强国篇章的重要参与者。为更好地回应国门学校校长专业发展需求，破解教育重点难点问题，学校高水平设计培训任务。在培训开展前期，学校教师干部培训学院精心设计调研问卷，充分了解参训校长的培训需求，按照理论联系实际、能力为重、务求实效的原则，遴选了多元化的师资团队，整合了陕西和全国的优质资源，组建了结构合理、立足前沿、关注实践的培训专家团队，边境县国门学校校长素质能力提升集中研修培训由教育部全国中小学教师校长培训专家工作组秘书处秘书长黄贵珍领衔，涵盖高校专家学者 4 位，一线中小学知名校长、教师 8 位，同时配备了教学班主任、生活班主任，选配了班长及分组组长。黄贵珍表示："近年来的调研数据、座谈记录等材料表明，国门学校校长在更新教育理念、提高课程领导力、提升教师队伍建设能力等方面存在需求，具体包括如何加强思政课建设、落实国家课程校本化、加强中小学生心理健康教育等问题。"培训项目设计了模块化的教学内容，坚持以学习者为中心，以任务驱动和学员参与为主要教学组织方式，精心设计开发了"理论学习 4 天 + 探究式学习 3 天 + 名校访学 3 天 + 返岗实践 60 天"的培训模式，采用了专题讲座、主题分享、现场教学、名校访学、交流研讨等形式，围绕校长专业发展、师德师风、课程领导力、校长信息化领导力、校园安全管理、美育教育实践、心理健康等主题，为国门学校校长搭建学习交流平台，推动参训学校校长分享培训成果、提炼研修经验，进一步提升校长职业能力与专业水平，使参训的国门学校校长成为学生和教师为学、为事、为人的"大先生"，为培育边疆边境地区教育家型校长奠定基础。

　　对于办一所理想的国门学校，每一位校长都充满期待，陕西师范大学边境县国门学校校长能力素养提升公益培训让国门学校校长们看到了许多理想学校的样态，也给他们提供了可复制的路径。培训结束后，有的国门学校校长正在

边境县国门学校校长素质能力提升公益培训组织学员在陕西师范大学陆港小学参观访学

围绕教师教育观念转变和提升学生自主学习能力等方面开展研究，有的则在尝试从铸牢中华民族共同体意识、国家安全观教育、学科思政德育融合等方面加强师生的边境意识，有的开始探索"以大视野谋划学校的发展规划，走高质量教育发展之路"……跨越千里，满载而归，一批批边境国门学校的校长带着前沿的专业理念、专业知识和专业技能回到当地，扎根边境基础教育事业，传递教育的光与热。

第四节 "一带一路"教育人文交流

教育是共建"一带一路"的重要内容，是促进民心相通和文明交流互鉴的重要力量。2016年7月，教育部印发《推进共建"一带一路"教育行动》，以高质量发展为主题，在语言互联互通、人才培养培训合作、人文交流研究等方面精心谋划、精准发力，一条满载着语言、文化、技术的智力丝绸之路，跨越时空界限、语言阻隔，成为连接世界各国的多彩纽带，中国教育以更加开放、自信、主动的姿态走向世界。

位于丝绸之路起点——古都西安的陕西师范大学，坚持深入贯彻国家共建"一带一路"倡议和新时代教育对外开放战略部署，找准国家战略与办学治校的切入点和着重点，坐拥汉唐文脉，立足教师教育主业，发挥人文社会科学优势，全面推进与"一带一路"共建国家教育文化交流合作，为推动共建"一带一路"高质量发展做出了应有贡献，取得了丰硕成果。

一、搭建教育交流"高架桥"

陕西师范大学坚持以服务国家对外开放大局和共建"一带一路"倡议为中心，立足优势、聚焦重点、创新突破，在深入参与推进中国教育对外开放实践、推进"一带一路"共建国家间教育交流合作等方面开展了有益探索，构建起了更全方位、更宽领域、更多层次、更加主动的学校教育对外开放新格局。

2013年9月，在国家主席习近平和阿富汗时任总统卡尔扎伊的见证下，陕西师范大学与阿富汗喀布尔大学在人民大会堂签署了合作谅解备忘录，这是学校具体落实共建"一带一路"倡议的重大举措，开创了学校国际交流与合作的新局面。

2017年1月，陕西师范大学提出实施《推进与"一带一路"国家教育文化交流合作行动计划》；2019年11月，学校出台了《"一带一路"驼铃计划实施方案》；2021年11月，学校将国际交流合作作为重要发展战略纳入了学校"十四五"发展规划，进一步明确了提升学校国际化人才培养的时间表、任务书、路线图。通过重点推进"与'一带一路'国家教育文化交流合作行动计划"，学校进一步巩固和发展了与校际合作院校间的交流合作，搭建起一座座"一带一路"教育交流合作"高架桥"。截至目前，陕西师范大学与俄罗斯、韩国、乌兹别克斯坦、哈萨克斯坦、吉尔吉斯斯坦等23个"一带一路"共建国家的78所高校及机构建立了友好合作关系，服务共建"一带一路"倡议的支撑力持续提升。

2014年，陕西师范大学开始着力打造"1311丝绸之路教育人文交流工程"，

第四章　教育强国的时代答卷

陕西师范大学首倡成立丝绸之路教师教育联盟、丝绸之路人文社会科学联盟、丝绸之路图书档案出版联盟

即计划出版一套全部由学校教师完成的丝绸之路智库集成；首倡成立丝绸之路教师教育联盟、丝绸之路人文社会科学联盟和丝绸之路图书档案出版联盟等三个联盟；实施"一带一路"高层次人才培养专项计划；与共建国家相关单位共同筹办"'一带一路'高校体育艺术节暨体育艺术教育高端国际论坛"。

一套集成，硕果盈枝。从2016年"丝绸之路智库集成"编纂工程正式开启，学校相关领域专家学者齐心协力，历经七年，出版了"丝绸之路通鉴"丛书第一辑、《全球空间与"一带一路"研究》丛书，得到学术界和社会的广泛赞誉和认可。其中，《全球空间与"一带一路"研究》丛书还出版了阿拉伯文版，该丛书主编、陕西师大西北国土资源研究中心曹小曙教授说："这是国内首套以全球空间为尺度诠释'一带一路'海港和陆港体系、旅游合作、区域生态及文化蕴涵的书籍，从人文社会科学与自然科学交叉融合的视角，展示了人类命运共同体思想强大的内生动力和外在张力，再次印证了'一带一路'讲述的是一个'没有中心的全球空间的故事'。"

三个联盟，共谋发展。2017年11月，在陕西师大的首倡下，20余位来自丝路沿线国内外高校的嘉宾学者齐聚师大、并肩牵手，共同按下启动按钮，见证丝绸之路教师教育联盟、丝绸之路人文社会科学联盟、丝绸之路图书档案出版联盟正式成立，并讨论通过了《丝绸之路教育人文交流与合作西安共识》。丝绸之路三个联盟旨在通过加盟单位之间的合作办学、学生交换、学分互认、教育实践基地建设、科研合作、研究平台共建、学者交流、图书资源共享、数据库建设、出版资源合作开发等方式，搭建丝绸之路教育人文交流合作平台，共同推进沿线国家和地区的人文合作与建设，培养一批高素质、复合型、具有国际视野的杰出人才，共同提高沿线各国人文社会科学研究水平，为各国经济、文化与社会发展提供历史资鉴和智力支持。2017年以来，陕西师范大学已分别与兰州大学、新疆大学、俄罗斯国立师范大学、塔吉克斯坦国立师范大学、乌兹别克斯坦塔什干国立师范大学、吉尔吉斯斯坦比什凯克人文大学等30余所高校和科研机构签署了共建相关联盟的合作框架协议。2023年正值共建"一带一路"倡议提出十周年，11月，陕西师范大学举办"一带一路"十周年系列活动，与丝绸之路三个联盟盟校共话"一带一路"教师教育实践、共谋"一带一路"教师教育发展大计。活动期间召开三个联盟工作会议，为联盟建设行稳致远再次凝聚了思想共识、汇聚起强大合力。

一项计划，培育人才。2017年，为服务"一带一路"建设培养输送高素质专业化人才，陕西师范大学开始着力实施"'一带一路'建设与沿线国家战略对接重大问题研究"高层次人才培养专项计划。截至目前，学校已依托该专项连续七年招收博士研究生80人，涵盖世界史、外国语言文学、课程与教学论、马克思主义哲学等29个专业。学校高层次人才培养专项计划博士生祖全盛在回顾博士求学生涯时说："学校不仅为'一带一路'专项博士生安排了'大师云集'的专业课，还开设了'丝绸之路教育研究的视野和方法'等具有学术指导性的课程。我不仅收获了专业知识，还掌握了科学的研究方法，对'一带一路'中蕴含的丰厚文化与博大智慧有了更深刻的理解，也为今后从事专业研究、服务'一带一路'奠定了坚实的基础。"

艺体共融，丝路同心。2019年10月，一场特别的足球赛在陕西师大长安

"丝绸之路"体育艺术节之"丝路杯"大学生足球邀请赛在陕西师大开幕

校区田径场拉开序幕。在为期一周的"丝路杯"大学生足球邀请赛中，来自陕西师范大学、俄罗斯莫斯科国立大学、吉尔吉斯斯坦国立民族大学、乌兹别克斯坦撒马尔罕国立大学的学生足球队同场竞技、以球会友。比赛之余，来自不同国家的队员们一起参观游览、座谈交流，彼此结下了深厚的友谊，大家纷纷动情地表示："'一带一路'倡议将我们连接在一起，'丝路精神'将我们凝聚在一起！"2021年5月，陕西师大长安校区新勇学生活动中心气氛热烈，"丝绸之路沿线高校师生艺术展"开幕，来自"一带一路"沿线19个国家50余所合作院校及三个联盟国内外成员高校师生创作的艺术作品引人注目。这次艺术展全面展示了沿线国家和民族的风土人情、精神风貌、国家发展等，为中外民心相通、世界多元文明交流互鉴架起了艺术桥梁。2023年11月，学校牵头举办了"一带一路"研究成果展，来自陕西师范大学、俄罗斯莫斯科国立大学、兰州大学、西北师范大学、伊犁师范大学、昌吉学院等高校的上百种共计300余册图书资料参展，成为联盟院校推进"一带一路"教育高质量发展成果的一次阶段性集中展示，谱写了"一带一路"人文交流合作的美好篇章。

二、搭建人才培养"立交桥"

人才是"一带一路"建设的关键。随着高质量共建"一带一路"倡议不断推进，一个个优质合作项目在"一带一路"共建国家落地生根，不同文明交流互鉴，急需一大批具有全球视野的高素质国际化人才。高等教育是科技第一生产力、人才第一资源、创新第一动力的重要结合点，为"一带一路"建设提供有力的人才支撑，是高校的应有之义。学校通过来华留学教育、联合培养和中外合作办学等多种途径，持续拓展合作范围、深化合作内容，构建起具有学校特色的"一带一路"建设人才培养机制，为政府机构、企事业单位、科研院所培养了一大批"一带一路"建设需要的高层次国际化人才，成为推动"一带一路"建设的重要力量。

引进来，助力国际人才培养。陕西师范大学是我国最早接收和培养来华留学生的高校之一。1965 年，100 名越南留学生来到陕西师范大学进行短期汉语进修，这是陕西师大培养的第一批外国留学生。在这半个多世纪的历史进程中，学校聚焦来华留学教育质量管理，切实做好招、教、管、育工作，吸引了来自 110 多个国家和地区的近万名留学生来校求学问道，学校对外教育交流合作从无到小、由小到大，取得了历史性成就。共建"一带一路"倡议提出十年来，学校依托中国政府奖学金"丝绸之路"项目、"一带一路"外国留学生奖学金项目、西安市教育局"中亚五国"留学生教育培训计划专项奖学金项目等多个项目，吸引了来自约 100 个"一带一路"国家和地区的 3030 名国际学生，占到了留学生培养总数的 59% 以上。很多毕业校友已成为有关国家学界、政界、商界的知名人士，其中包括前越南驻华大使陈文律，中央电视台外籍主持人乌兹别克斯坦学生谭美，热衷教育公益事业的美国哈佛大学研究生戴伟，为中国水电在非援建项目提供多年翻译服务的贝宁学生杨过，独立编纂出版商务汉语词典（汉哈）、汉哈－哈汉 HSK（汉语水平考试）词典（1—6 级）的哈萨克斯坦学生别克，等等。他们像一粒粒种子，在共建"一带一路"倡议的滋养下，茁壮成长，成为"一带一路"文化交流的使者。

走出去，融入"一带一路"建设。中文教育在践行共建"一带一路"倡议过程中扮演着重要的角色，陕西师范大学以中文教育为桥梁共建"一带一路"朋友圈，2013年以来，学校依托教育部语言交流合作中心"国际中文教育志愿者"等项目，共选派195名学生赴泰国、韩国、菲律宾、尼泊尔、拉脱维亚、新西兰等23个"一带一路"共建国家的大中小学开展国际中文教育志愿服务，支持共建国家中文爱好者学习中文、体验中国文化，为其打开了一扇更好认识中国的新窗口。与此同时，学校通过校际交换、联合培养、访学、国际中文教育、文化研修、教育实习等各类长短期项目，选派了659名学生前往俄罗斯、意大利、韩国、新加坡、泰国、马来西亚等29个"一带一路"共建国家进行学习、交流及教育实习，并推荐100名学生通过线上方式参与新加坡、韩国、俄罗斯高校的寒暑期交流项目；连续举办12届国际暑期学校，邀请来自俄罗斯、新西兰、新加坡、希腊、波兰、意大利等"一带一路"共建国家在内的20余个国家近200名外籍教师来校授课、讲学，开设了230余门国际暑期课程。通过引导青年学生"走出去"亲身体验"一带一路"教育交流合作，使学生更深理解国家发展的时代方位和人类的时代发展，更好参与学校"一带一路"教育人文交流，以更宽广的视野涵育人类情怀和大国意识。学校与撒马尔罕国立大学的"历史学联合培养"项目招收的乌兹别克斯坦学生胡善良动情地说："我想给更多的乌兹别克斯坦人介绍中国的文化、美丽的风景，让他们更加了解中国，希望未来能有更多的乌兹别克斯坦学生前来交流学习，做两国文化的交流者和两国友谊的见证者！"

携起手，聚四海英才育之。中外合作办学是教育对外开放的重要载体，在创新人才培养新路径，提升我国教育国际影响力，更好满足"一带一路"共建国家人才培养、产业发展和人文交流需求，推动共建"一带一路"高质量发展的过程中大有可为。2019年10月，陕西师范大学与撒马尔罕国立大学"历史学联合培养"项目开学仪式在陕西师大雁塔校区举行。这是学校首次开设的中外联合培养项目，通过学历学位互认实现优质教育资源共享，对促进学科建设发展、提升国际化办学水平具有重要意义。截至目前，撒马尔罕国立大学"国际学生 2+2 双学位联合培养"项目已招收了 4 届学生，共培养 32 名本科生。2022 年 2 月，陕西师范大学与匈牙利塞格德大学围绕深入推进双方教育和学术交流签署合作备忘录。2023 年 4 月，副校长董治宝再次率团出访塞格德大学，就推进电子信息科学与技术专业本科教育中外合作办学项目、进一步拓展交流合作领域等展开深入交流，迈出了学校历史上中外合作办学的实质性一步。

三、搭建科学研究"同心桥"

陕西师范大学积极响应时代召唤，以强烈的历史使命感和责任感，积极发挥独特的地缘优势和人文社会科研优势，主动聚焦"一带一路"重大理论和现实问题，开展有组织的科研，用学术话语促进中国和"一带一路"共建国家科研互联互通、民心相连相通，为"一带一路"建设提供智力支持。

聚智聚识推动平台建设。2004 年 12 月，陕西师范大学中亚研究所正式成立，它是集科研、教学和咨政服务为一体，专门研究中亚问题的实体科研机构。2013 年，为响应共建"一带一路"倡议，学校相继成立了乌兹别克斯坦研究中心、吉尔吉斯斯坦研究中心和塔吉克斯坦研究中心，持续深化"一带一路"区域国别研究。2017 年，学校发起建立"'一带一路'文化教育传播智慧港"，组建了文化教育智慧传播工程技术研究中心，获批国家外专局、教育部 111 引智基地——长安与丝路文化学科创新引智基地。学校 4 个智库——丝绸之路人文交流研究中心、乌兹别克斯坦研究中心、土耳其研究中心、阿富汗研究中心入选教育部国别和区域研究中心。西北跨境民族与边疆安全研究中心获批为第三批国家民委民族理论政策研究基地。为进一步统筹学校相关优势研究资源、组建跨学科交叉集群高水平国际合作的研究团队，2018 年初，学校对乌兹别克斯坦研究中心等 8 个研究中心进行整合，与中国社会科学院大学共建成立"一带一路"文化研究院，打造"政、产、学、研"一体化的高端智库平台，凝聚智慧合力，推动包括中亚研究在内的"一带一路"研究更加专业化、多元化和国际化，得到了社会各界的广泛认可。

同心同向凝聚科研成果。天然的地域文化优势使陕西师范大学很早就致力于丝绸之路研究。早在20世纪七八十年代，学校历史地理学家史念海先生及其团队就已经对丝绸之路的历史地理环境、商品交流、沿线国家、文化传播等进行了大量研究。2006年，民族学家周伟洲先生及其团队，编纂出版集学术性、知识性、资料性、实用性为一体的大型工具书《丝绸之路大辞典》，收录词目11607条，是迄今最完整、词目最全面、内容最丰富的有关丝绸之路的百科全书。2018年，该书经大幅度修订再版，增补和完善了丝路研究最新进展，体例和内容也更加完备，堪称一部"丝绸之路百科全书"。2016年，陕西师大启动了"丝绸之路通鉴"丛书的编纂工程，该丛书聚焦"一带一路"重大现实问题和战略问题，从多领域、多角度阐发"一带一路"涉及的重大理论和实践问题，为推进"一带一路"建设提供全领域、全视角、体系化的智力支撑。2022年，曹小曙教授主编的《全球空间与"一带一路"研究》丛书出版，丛书分海港卷、陆港卷、旅游卷、生态卷、文化卷5卷，以"丝绸之路"纵轴的现实延伸和"国际秩序"横轴的历史演进，探讨"一带一路"的东方语境和文明互鉴的空间叙事。这3部汇集国内丝绸之路研究名家的巨著，以宽阔的视野纵览丝绸之路，同时也对中亚地区的历史地理环境、商品交流、文化传播进行了细致的考察。

做实做优服务国之所需。陕西师范大学紧跟党和国家重大战略需求，以咨政服务为主线，在开展学术研究的基础上进行政策研究，为服务国家战略、促进地方发展建言献策，当好参谋助手。近十年来，陕西师大紧紧围绕"一带一路"出版发表了一批产生重要影响的研究成果，包括相关著作140余部、论文540余篇；承担国家社科基金重大项目、国家社科基金重大专项重点项目、国家哲学社会科学基金冷门"绝学"国别史专项等高层次项目达120余项；向国家部委、省市机关等提供咨询报告400余篇，其中大部分得到有关单位采纳，为学术研究和现实问题研判的真实性和准确性提供了重要依据。"多年来，陕西师范大学和上合组织共同致力于深化上合框架内的人文合作，尤其在抗击全球疫情之时，贵校专家积极建言献策，贡献良多……"2020 年 5 月，上海合作组织秘书长弗拉基米尔·诺罗夫致信陕西师大，高度评价学校服务"一带一路"建设做出的重要贡献。

四、搭建文化互通"连心桥"

习近平主席在联合国教科文组织总部发表演讲时提出："文明因交流而多彩，文明因互鉴而丰富。"新时代，"一带一路"建设正有力推进，一条绵延千年的文明之路又焕发出新的生机。陕西师范大学积极搭建文化交流平台，加强中外文化互通互鉴，在服务"一带一路"建设中贡献力量。

奏响文化交流多彩乐章。文化交流的长河跨越山海，生生不息。自 2013 年至今，陕西师范大学与"一带一路"国家合作院校校领导多次率团互访，深化相互了解。2015 年，美术学院崔彬教授的雕塑作品《四方共同宝鼎》《飞纵千里山》成为习近平主席赠送给哈萨克斯坦总统和中非合作论坛 40 余国国家元首的国礼。2016 年，学校向吉尔吉斯斯坦科学院和哈萨克斯坦图兰大学捐赠中国文化、陕西地域文化和汉语学习相关图书 126 册。2017 年，应乌兰巴托中国文化中心邀请，学校音乐学院和体育学院 23 名师生赴蒙古国演出，向国外展现中国传统舞蹈、民乐、声乐、武术等，受到蒙古国星空电视台、ETV 等十余家媒体报道。2018 年、2019 年，学校两次派出音乐学院 13 名师生参加泰国国际民间文化艺术节，在泰国北标府、华富里府、素攀武里府、佛统府等地巡回交流演出，受到高度关注和评价。2021 年，学校承办陕西省"一带一路"国际学生文化艺术季"走进塔吉克斯坦"主题展演，展演展示塔吉克斯坦音乐、舞蹈、服饰及传统特色文化，促进了中塔人文交流。2022 年，学校与撒马尔罕国立大学合作建立海外中文实习基地，现已开设 3 期中文学习班；设立陕西师范大学乌兹别克斯坦研究中心海外工作站；设立"中文书架"，捐赠书籍及书画作品等 2000 余册。一张越织越密的陕西师大"一带一路"教育交流合作网，正在徐徐铺展。

绘就丝路出版美好画卷。为更好面向"一带一路"共建国家传播中国文化、中国智慧、中国方案，陕西师范大学出版总社组建成立了中国文化外译中心，与俄罗斯莫斯科国立大学高翻学院、俄罗斯科学院东方文献研究所以及国内兄弟单位合作共建了"一带一路"人文教育出版翻译基地、"一带一路"小语种翻译基地和丝绸之路俄语出版翻译基地，与莫斯科俄语出版社签订了合作互译出版协议，与伊朗阿拉梅塔巴塔巴依大学出版社合作成立了陕西师范大学出版总社伊朗分社。2018 年，陕西师大出版总社成为由中国人民大学出版社发起的"一带一路"学术出版联盟的第 17 家出版成员单位，2019 年又成为中国出版协会"一带一路"出版工作委员会副主任委员单位。截至目前，陕西师大出版总社已出版了"丝绸之路通鉴"丛书、《国家名片上的丝绸之路》、《中外关系史视野下的一带一路》、《丝绸之路文史录》、《丝绸之路旅游发展报告 2016》、《宗教与历史的交叉点：丝绸之路》、《丝绸之路档案：西出长安望葱岭》等一系列"一带一路"精品图书，获批国家社科基金中华学术外译项目 4 项，入选国家"丝路书香工程项目"图书 8 种，产生了广泛的社会影响。

书写学术繁荣交流新篇。中外文化的互鉴，不是简单的交流与沟通，而是一次次有内涵、有深度的文化活动。2013 年以来，陕西师范大学先后成功举办了第十九届全国心理学学术会议暨"心理学与一带一路"国际论坛、"一带一路"文化与教育高端论坛、丝绸之路文化与中华民族文学国际学术研讨会、第二届"塔吉克斯坦与欧亚文明"国际学术研讨会、第三届"一带一路"与乌兹别克斯坦国际学术研讨会、2021"欧亚经济论坛"智库分论坛、"'中哈合作 30 年'国际学术研讨会——中哈永久全面战略伙伴关系的美好未来""构建中国—乌兹别克斯坦命运共同体，推动'一带一路'高质量发展"国际学术研讨会、"一带一路"教师教育论坛、中俄教育类高校联盟双边理事会暨学术论坛等一系列高端国际学术会议，围绕"一带一路"共建国家共同关心的热点话题展开研讨交流，互相打开了一扇扇走进对方国度，理解彼此历史、民族与文化的大门。同时，学校华文教育基地和"青年汉学家研修计划"吸引了数千名海外汉学家和海外华文教师参与，通过讲好中国故事、传播好中国声音，展现了可信、可爱、可敬的中国形象，促进了中国与"一带一路"共建国家的人文交流和民心相通。

春发其华，秋收其实；命运与共，携手同行。共建"一带一路"倡议提出以来，陕西师范大学积极响应国家共建"一带一路"倡议，主动助力人类命运共同体建设，服务国家和区域经济社会发展，勇担新时代师范大学的新使命，当好教育人文交流先行者。

面向未来，陕西师范大学将结合"一带一路"建设的实际需求，立足学校办学特色与优势，找准新的发力点和结合点，在学术研究、智库建设、人才培养等方面持续加强与共建国家和地区的合作交流，为深入推进"一带一路"建设提供大批高素质复合型的国际化人才贡献"陕师力量"。

共建"一带一路"走过了第一个蓬勃十年，风华正茂，务当昂扬奋进，奔向下一个金色十年。陕西师范大学将与"一带一路"共建国家携手同行，推动共建"一带一路"教育行动更高质量发展，奋力书写国家互利共赢、人民相知相亲、文明互学互鉴的丝路时代新篇，为推动构建人类命运共同体做出新的更大贡献！

第五章 新闻媒体眼中的陕师大

新闻媒体是时代的见证者、记录者和守望者。走过八十年风雨历程，各级新闻媒体一路见证和记录了陕西师范大学的进步、变革、创新和跨越。翻开一页页泛黄的报纸，那些无声的文字传递着历史的温度；打开一帧帧过往的影像，那些流动的画面构筑着师生校友的光辉岁月，新闻媒体为学校的历史变迁、重大事件及学人风貌等写下了生动的注脚，为陕西师范大学留下了珍贵的历史记忆，为我们徐徐展开了一幅幅生动的"红烛"画卷。

第一节　教师的摇篮

陕西师范大学被誉为"教师的摇篮"。八十年来，学校坚守师范大学初心，践行立德树人使命，为西部地区基础教育输送了一批又一批高素质、专业化、创新型的优质师资，为国家西部教育事业发展，特别是西部基础教育事业发展做出了具有示范性、引领性的"陕师贡献"。

一、坚守师范大学初心

《中国高等教育》2021年第13/14期发表陕西师大党委书记李忠军、校长游旭群的署名文章《师范百年与建党百年》。文章阐明了师范教育的兴起为马克思主义在中国的传播和中国共产党创建所需思想条件和组织条件的形成做出了重要贡献。文章指出，在党的坚强领导下，中国师范教育不断得到革命性改造，始终服务伟大革命事业，担承构筑中华民族伟大复兴教育之基的重任，并在建设教育强国的新征程上走向新辉煌。文章认为，"进入新时代，根据国家发展师范教育和教师教育战略布局，陕西师范大学恪守师范大学初心和主责主业，内合西部高师，外联东部前沿，使学校逐步成为东中西部围绕服务西部师范教育、进行高师院校合作的西部龙头和全国枢纽。同时，不断提升服务基础教育和推进西部师范教育的能力，探索打造现代化的西部教师教育示范园区的道路，努力使学校成为西部教师培训提升的集散地、教师资源的配置地、西部教师教育现代信息技术创新发展集散地和东部拉动西部教师教育一体发展的对接地，在建设西部教师教育珠峰、辐射引领西部师范院校过程中积极参与铸就新时代师范教育的新辉煌"。

回溯历史，陕西师范大学始终坚持牢记师范教育办学初心，担当起西部师范大学的职责使命。

1958 年 10 月 8 日，《光明日报》以两个专版的篇幅全面报道了西安师范学院推动教学改革的情况。其中，时任西安师范学院副院长郭琦在其撰写的文章《粉碎"师范教育特殊论" 贯彻党的教育方针》中表示：

> 我们的教育方针，必须坚持为无产阶级的政治服务，必须和生产劳动相结合，这是各级各类学校都必须贯彻执行的，师范教育也不能例外的。但是，师范学院在执行党的教育为政治服务，教育与生产劳动相结合的方针时，当然要考虑到自己是培养教师专业队伍的这一特点来具体贯彻党的教育方针。就这个意义来说，面向中学这一口号在今天仍然是有积极意义的。同时还应该指出，我们过去对中学情况的研究，不是太多，而是太少。

文章强调，师范教育要坚持为无产阶级服务的政治方向，师范学院要贯彻党的教育方针，坚定不移地承担起为中学培养师资的光荣使命。

1960 年 4 月 14 日，《人民日报》第 12 版刊发时任陕西师范学院副院长原政庭在第二届全国人民代表大会第二次会议的发言《一定要把教育革命进行到底》。在这篇发言中，原政庭介绍了陕西师范学院一年来的工作情况：

> 进一步加强和巩固了党对学校工作的绝对领导，在学术领域和教学工作中，奠定了马克思列宁主义的领导地位；初步克服了教学脱离政治、脱离生产、脱离实际的资产阶级倾向，开始实现了政治与业务结合、教育与劳动结合、理论与实际结合的社会主义、共产主义教育的基本原则；建立了以教学为主，教学、生产劳动和科学研究三结合的新的教学秩序，形成了在党的领导下，教学相长、民

主平等的新型师生关系。

他表示：

> 贯彻执行党的教育为无产阶级的政治服务，教育与生产劳动相结合，教育必须要由党来领导的教育工作方针，进行教育革命，是社会主义革命的一个重要组成部分，它具有极为深远的历史意义。

这篇讲话表明，在学校的发展早期，坚持党的教育方针、保持正确的办学方向，这种坚定的政治自觉就已经极其鲜明地呈现出来。

培养高质量的中小学教师是学校矢志不移的追求和目标。1989年2月13日，《光明日报》第2版头条刊发题为《著名数学家、陕西师范大学校长王国俊呼吁 全社会都应该关心师范院校的生源问题》的文章。在这篇文章中，时任校长王国俊以高度的社会责任感呼吁全社会都来关心师范院校的生源问题，以保障高等教育的质量。他还用系统论的观点论述提高师范院校生源质量的必要性："把整个教育事业看作一个系统工程，这个工程的基础就是中小学基础教育。办好基础教育需要资金、房舍、仪器，更需要高质量的教师"。

2004年10月12日，陕西师范大学迎来六十周年校庆，《光明日报》刊发文章《西部教育诗——献给陕西师范大学60华诞》。该文分为"岁月回眸""传承文明""现代华章""奔向未来"四个篇章，回顾学校六十年发展历程，展望学校实现跨越式发展的美好前景。10月17日，《光明日报》头版刊发通讯《六十年春华秋实，十万朵桃李芬芳 陕西师大成为教育人才培养重要基地》，文章梳理了学校自建校以来在人才培养、队伍建设、学科建设、国际交流等方面取得的重要成就，展现了陕西师范大学以骄人的成绩书写"西部教育诗"的璀璨篇章。

2014年，在陕西师范大学七十周年校庆之际，《光明日报》《中国青年报》及新华网等主流媒体刊发报道。其中，《中国青年报》头版头条刊发文章《陕师大：用理想扛起西部教育这面大旗》，从"抱道不曲""主动担当""传递薪火"三个方面报道学校建校七十年来，深刻把握在国家发展大局中的办学定位，始终保持师范育人的本色，积极承担服务西部教育发展的重任，自觉履行"国家队"的使命担当。报道称：

> 中国教育短板在西部、农村地区。而在广袤的西北五省区，上至省市重点学校，下至偏远的基层乡村，无不活跃着陕师大毕业生的身影。……这所根植于西部的大学，天然地与脚下的这片土地血脉相连，自觉地与西部地区教育同频共振。

2019年，陕西师范大学建校七十五周年之际，《光明日报》于12月3日刊发校长游旭群的署名文章《传承西部红烛精神 肩负教育报国使命》。文章从"秉持教育报国初心，扛起西部教育大旗""建强做优教师教育，倾情培育名家良师"等方面总结了陕师大为服务西部基础教育、培育优秀教师做出的贡献。文章强调：

> 中国特色社会主义的教育必须是以培养社会主义合格建设者和可靠接班人为目的。无论哪个时期，无论任何时代，"陕西师大人"始终铭记这一教育理念和教育宗旨，用汗水和心血哺育了数以十万计的教育工作者，把桃李满天下的理想和西部红烛精神点燃在共和国西部，成为支撑西部基础教育的脊梁，为共和国西部教育事业发展，特别是基础教育事业发展作出了具有示范性、引领性的"陕师贡献"。

2021年，全党集中开展党史学习教育期间，12月20日，《光明日报》整版报道陕西师范大学开展党史学习教育的典型经验，在第5版题为《"西部红烛"映初心 "两代师表"担使命——陕西师范大学在党史学习教育中铸魂育人》的文章中，报道了党史学习教育开展以来，陕西师范大学围绕"学史明理、学史增信、学史崇德、学史力行"，引导师生坚定教育报国理想信念，创新学习机制，激发学习热情，强化学做结合，践履知行合一，把学习教育成果转化为学校积极服务西部基础教育的实际成效。在《长镜头》栏目，文章展示了陕西师范大学充分挖掘地方红色资源，集结青年学子力量，让红色教育入脑入心。在《一线讲述》栏目，马克思主义学院院长刘力波教授作为讲述人，立足学校思政课建设实践，介绍学校把党史学习教育融入思政课程的特色做法。文章指出：

> 学校引导师生不断从党史学习教育中汲取奋进力量，坚守师范大学主责主业，坚持长期服务西部基础教育，努力用"西部红烛两代师表"精神助力教育强国建设，为西部基础教育高质量发展作出新的更大贡献。

《光明日报》（2021年12月20日）专版报道陕西师范大学
开展党史学习教育经验做法和典型事迹

二、践行立德树人使命

八十年来，陕西师范大学认真落实立德树人根本任务，始终将办好师范教育作为第一职责，通过积极推进教学改革，创新人才培养模式，强化培养师范生综合素质和专业能力，切实提高师范人才培养质量，着力打造一流师范教育，坚定不移地为基础教育一线输送合格师范人才。

1989年12月11日，《陕西日报》在头版头条位置刊文称赞陕西师范大学大力实施教育教学改革，在十年间培养万余名合格人才：

> 陕西师大是国家教委直属的6所重点师范院校之一。近年来，根据师大就是培养中等学校师资的目标，改革课程设置，加强基础课教学，其中三分之二的主干课程由教授、副教授担任主讲。他们还不断抓教学内容的更新，尽可能把科学的最新成果介绍给学生，以适应中等教育多种办学形式和地方经济建设的需要。……陕师大结合教学实践，对学生进行教案备写、课堂讲授以及教具制作等基本功的训练，多次举行作业批改展览和教师教案展览。

1993年12月21日，《中国教育报》以《加强师范性 拓宽专业面 试行主副修 陕西师大全面深化教改》为题，报道陕西师大狠抓教学质量，采取"组织教学委员会，开展教学质量评估""适应经济建设需要，有计划地调整专业结构""试行主副修制，鼓励学生积极进取""建立长期稳定的36个教学实习基地"等一系列有效措施，探索出一条适合高师特点的改革之路。报道指出：

> 教育教学改革的不断深化，不仅使该校形成了一整套教育教学管理制度和良好的教育秩序，调动了广大教师教学和学生学习的积极性和主动性，也大大地提高了师范生的综合素质和适应市场经济的能力，使学生的教学质量明显提高。

1995年11月9日，《中国教育报》以《陕西师大练教师硬功》为题，报道陕西师大通过建立学生师范基本功考评制度、教师承担师范基本素质教育制度，以及组织学生广泛开展"一推三练"（即推广普通话以及练习三笔字、英语口语、口才)、"一调三评"(即社会调查、书评、影评和剧评)及师范生基本素质大赛等活动,着力抓好师范生基本素质教育,不断提升师范人才培养质量。

21世纪初,陕西师范大学为进一步推进教学改革,提高教学质量,倡导名教授要给本科生上基础课。2006年11月8日,《中国教育报》以《陕师大教授给本科生上基础课蔚然成风》为题,报道时任陕西师范大学校长赵世超教授连续六年为本科生讲授中国古代史,国家级突出贡献专家陈锦屏教授、化学发光分析领域专家章竹君教授、数学家王国俊教授都积极倡导教授为本科生上基础课并身体力行。报道称:"上好课、教好书、育好人,在陕西师大已成为广大教师的一种严格自律和自觉行动。"

同时,针对教师教育中存在的人才培养与社会需求不相适应的问题,陕西师大积极创新教师教育人才培养模式,致力于提升师范人才培养质量。2010年9月28日,《科学时报》刊登《陕西师大:创新模式培养新型高素质教师》,对陕西师大提高师范人才培养质量相关典型经验做法进行详细报道。报道称:

> 从2005年起,陕西师大开始实施"4+2"城乡合作教师教育人才培养新模式,其中"4"指四年的本科学科专业教育;"2"指两年的教育硕士教育。……从而将本科阶段和研究生阶段的教师教育有机贯通,将学科教育与教师教育有效结合,将基础教育与师范教育有机结合,为基础教育培养研究型、教学型的高层次优质师资。

提高师范生的思想政治素质,对开展好中小学生思想政治教育具有深远影响。陕西师范大学马列理论读书社成立于1987年,至今已走过三十七个年头。在各级党团组织的指导支持下,该社团由最初的1个小组9名学生发展壮大为全校性的大学生理论学习社团。《光明日报》《中国教育报》《陕西日报》及中央电视台、陕西电视台曾先后进行宣传报道,产生了较大的社会反响。其中,《中国教育报》于2017年1月3日在通讯《陕西师范大学马列理论读书社——一个活跃了三十年的"红色社团"》中称:

> 作为一所以教师教育为主要特色的高校,陕西师大一直聚焦如

何"育育才之才"这一关键问题。校党委决定以马列理论读书社为依托，通过学生社团形式，系统地组织学生研读经典原著、积极参与社会实践，引导他们把理想信念建立在对科学理论的自觉认同上。

进入新时代，聚焦如何打造特色思政"金课"，让课程"亮"起来，让课堂"活"起来，让思政课教师队伍"强"起来，切实筑牢师范生的思想根基，陕西师大探索的步伐从未停歇。

学校从 2017 年秋季开始为新入学的国家免费师范生开设"理想信念与卓越师范人才培养——《习近平的七年知青岁月》导读"通识教育核心必修课，通过指导学生阅读《习近平的七年知青岁月》，学习习近平青年时代在艰苦环境中磨炼意志和品格的奋斗故事，引导和激励大学生以青年习近平为榜样，自觉树立"扎根西部、脚踏实地，爱岗敬业、服务教育，心系人民、矢志报国"的理想信念和道德情操，培养师范生早日成长为党和人民满意的好老师及未来教育家。《人民日报》《光明日报》《中国青年报》及新华社等媒体均对课程开设情况进行了报道。时任校党委书记程光旭在接受记者采访时说：

> 这本书是广大学子学习青年习近平，尤其是激励新时代大学生坚定理想信念，扎根基层奉献的鲜活教材，为陕西师范大学在新的历史条件下创新高校思想政治工作提供了十分重要的契机。

《学习时报》在报道中指出：

> 在陕西师范大学，读《习近平的七年知青岁月》已经成为一种时尚，向青年习近平学习已经成为一种潮流。广大学生深深地被青年习近平的优秀品质和精神所折服，纷纷将青年习近平视为自己的学习榜样。

2019 年 9 月 11 日，《光明日报》刊发报道《师范院校思政课要更接地气、聚人气》，从"锻造一支思政课精干队伍""打通思政教学的'三大课堂'""为师范生上好思政课"三个方面报道了陕师大开展师范生思政教育的创新举措。《中国教育报》也在 2021 年 4 月 14 日刊发题为《陕西师范大学活用红色资源打造特色思政课——走心"金课群"激活思政课堂》的报道，从课程建设、课堂创新、强化师资三个方面介绍了陕师大思政课程群建设的典型经验做法。学校为师范生精心设计打造的特色思政"金课"和师德课程为师范生提供了源源不断、受益终生的精神营养。

在强化师范生理想信念的同时，陕西师大十分注重师范生专业技能的提升，构建了覆盖学前、小学、中学全学段，本硕博全层次，职前职后培养的完整培养体系。

学前教育师资培养方面，早在 1960 年 7 月 12 日《人民日报》就报道了陕西师大幼儿师范教育在培养农村幼儿教师方面做出的贡献。报道称：

> 为适应农村幼儿教育事业空前大发展的要求，陕西师范大学从一九五八年起，采用了既办训练班也办幼师的"两条腿走路"的办法，几年来，他们除在学校直接培养了六百多名幼儿教师外，还利用出外实习时间和暑假，到全省各地办短期训练班和业余幼儿师范学校，培养了幼儿教师一千五百多名。

2023 年 7 月 2 日，《中国教育报》以《陕西师范大学创新学前教育师资培养方式——培养会研究懂实践的人才》为题，介绍了陕西师范大学创新学前教育师资培养经验和卓越成效。该报道通过 4 名毕业生的典型案例，讲述了陕师大紧紧围绕"研究"和"实践"两项专业能力，致力于把学生培养成具有未来教育家潜质的"实践研究型"优秀学前教育工作者的故事。

国家免费师范生培养方面，2011 年 7 月 20 日，《人民日报》刊发报道《光荣的责任和使命——6 所高校免费师范生培养工作巡礼》，在首届国家免费师范生即将奔赴各地教学一线之际，回顾总结学校四年来培养首届国家免费师范生的创新举措。文章在第二部分"成长——'我们内外兼修、扎实基础'"，关注到了陕西师大为国家免费师范生量身定制的一份书单：

> 一入学就收到了一份特殊的书目——《陕西师范大学大学生必读书目考核办法》，学校为了加强免费师范生文化素质教育，专门向同学们推荐"教育名著阅读书目"共 30 种，引导免费师范生充分

了解人类历史上重要的教育思想和教学理论。

2013年6月15日,《中国教育报》在头版以《编织大西北的"教师摇篮"——陕西师范大学创新本科人才培养采访纪行》为题,从"创新'2+2'本科人才培养模式""三个中心提升学生专业能力""教学实践中锤炼出师者品质"三个方面介绍了陕西师范大学持续推进本科教学,不断创新本科人才培养模式,培养出了一批批优秀师范生,"在文化浓郁的教师'摇篮'里,一颗颗生机蓬勃的种子正在发芽"。

2022年9月21日,《中国教师报》以《16年,培养25967名公费师范生——为西部基础教育撑起一片天》为题,以"五个突出"解读陕西师大国家公费师范生培养经验。即"突出理念引领,以'西部红烛精神'为核心涵养师范生立志从教的家国情怀""突出培养模式创新,'三位一体'协同培养卓越教师""突出课程改革创新,大力推进教师教育课程建设""突出实践育人环节,探索独具特色的公费师范生'3-3-2'实践教学模式""突出夯实教学基本功,提升公费师范生教育教学能力"。

在不断创新培养举措的同时,学校还将实习基地向东部基础教育发达地区拓展,尝试将东部实习与西部就业紧密联系,积极适应国家特别是西部地区对教师教育的需求。2015年11月14日,《中国教育报》在第2版头条位置以《免费师范生东南"学艺"西部扎根》为题对这一举措进行报道:

在教育教学实践基地建设上下功夫,鼓励学生异地实习,将实习基地逐步向东南沿海基础教育发达地区拓展。

....

延安市宜川县4年接受陕西师大12名免费师范生,他们作出这样的评价:这些免费师范生具有强烈的事业心和高度的责任感,能虚心向老教师学习,认真钻研教材,积极参与教研,努力提高自身业务素质。上课时,他们能运用多种教学方法,以巧妙的方式设疑和点拨来激发学生的创造性思维。

《光明日报》（2022年12月2日）刊发报道
《陕西师范大学："四有"好老师点亮西部基础教育》

2022年12月2日，《光明日报》刊发题为《陕西师范大学："四有"好老师点亮西部基础教育》的报道文章，从"坚守主责主业　探索构建卓越教师培养体系""定点定向培养　朝'四有'好老师目标迈进""立足西部辐射全国　开启师范教育新范式"等三个方面，介绍了学校积极探索构建卓越教师培养体系，坚守教师教育主责主业的使命与担当。报道中写道：

> 2007年以来，陕西师大积极承担国家公费师范生和优师计划等重要使命，共培养25967名国家优秀公费师范毕业生，占比位居部属师范大学第一名，其中70%以上在西部地区就业从教，极大缓解了

西部基础教育优秀师资紧缺的现实难题，为西部基础教育优质均衡发展作出了巨大贡献。

教育硕士培育方面，2020年5月26日，《中国教育报》以《砥砺书写奋进之笔　红烛照亮西部教育——陕西师范大学深化教育硕士改革纪实》为题，从终身从教理念、人才培养模式、实践教研、实习基地建设四个方面对学校近年来教育硕士改革的主要内容及成效进行了报道："陕西师范大学是全国首批开展教育硕士和教育博士专业学位研究生教育的高校之一，20多年来始终坚持'奉献担当，知行合一'的培养理念，深化教育硕士培养模式改革，已发展成为在国内具有较强影响力和较高知名度的教师教育优质品牌。""学校为我国特别是西部地区基础教育事业培养教育硕士万余名，学校教育硕士培养模式和培养质量得到了广泛认可，在西部教师教育中产生了较大影响。"

教师培训是加强教师队伍建设的重要环节，是推进素质教育、促进教育公平、提高教育质量的重要保证。2001年11月3日，《中国教育报》在《锻造脊梁——陕西师大中小学骨干教师国家级培训侧记》这篇报道中，讲述了2000年4月至2001年8月，来自中西部10多个省区的116名中小学骨干教师在陕西师大完成教育部"跨世纪园丁工程"第一期国家级培训的故事。报道称："教育部于1999年启动了'跨世纪园丁工程'，陕西师大是首批承担骨干教师国家级培训的单位之一。""'我们收获的是成熟的教育理念，我们播种的是教育的明天。'这句话已成为陕西师大国家级骨干教师培训学员的共识"。

2006年5月19日，《中国教育报》刊发《陕师大为农村培养"永久"牌教师》，报道了陕师大针对西北地区基础教育发展落后的事实，面向西北探索教师教育新模式，如成立基础教育课程研究中心坚持教授送教下乡、成立教师干部培训学校、加强校县结对、利用网络加强在职中小学教师继续教育等。

2014年9月7日，《中国教育报》头版头条以《陕西师大强化教师培训，与地方政府共建探索服务新模式——拨旺大西北基础教育之火》为题，对陕师大推进西部基础教育发展进行深入报道。报道从"'2+2'模式创新本科人才培养""职后培训助力教师专业成长""合作共建探索服务基础教育新模式""研发教学资源推进课程改革"等方面，宣传学校建校七十年来强化教师教育办学特色，服务西部基础教育采取的创新举措和突出成就。报道称：

> 多年来，为促进西北地区基础教育师资队伍建设，陕西师大承担了大量的省级、国家级中小学教师培训任务，尽最大努力满足西北地区中小学教师的培训需求。

此外，《中国教育报》在2016年5月25日以《国培"培训+"模式激活基层教研》为题，从网络教研培训、针对农村教师实施"优秀成果购买"方案、教育帮扶三个方面介绍陕师大激活基层教研的举措：

> 陕西师大积极参与教育精准扶贫工作，并以国培项目为抓手，为乡村教师提供优质课程和有力指导，不断提升教育教学能力，并促进项目县校本研修常态化运行机制的建立，找到教育扶贫的切入点。

三、名师荟萃育英才

教师是育才之本、兴校之源。八十年来，以刘泽如、黄国璋、史念海、霍松林、黄永年、郑哲民、王国俊、章竹君、陈锦屏、尤西林、房喻、李玉虎、张新科等为代表的一批专家学者，在陕西师范大学弘文励教、福荫学子。这些在历史的长河中熠熠生辉的"大先生"犹如一座座灯塔，闪耀着红烛之光，照亮了一批又一批学子前行的道路。

史念海是我国历史地理学的创建人之一。1996年4月23日，《光明日报》以《爱我河山 求真务实——史念海教授访谈录》为题，刊载陕西师范大学历史地理所教授、博士生导师朱士光与史念海教授的访谈内容。在访谈中，史念海教授结合自己的治学经历谈道：

> 根据我的体会，要真正做好野外考察工作，首先必须树立做学问

要求真求实为世所用的思想。除了要解决思想认识问题，感到有这种迫切需要之外，还要有不畏艰险追踪索解和虚心求教不耻下问的精神。

在这篇访谈中，史念海先生还对年轻一代的学者提出了殷殷希望：一是要认真读书，打好专业基础；二是对文章要多修改。

作为学术界、教育界的一面旗帜，文艺理论家、古典文学研究专家霍松林教授一生成果丰硕，桃李遍天下。2014年7月18日，《中国教育报》以《霍松林：唐音塞上来》为题整版进行深度报道。文章记述了霍松林教授幼承家学，受名师熏陶，与文学相伴、痴迷一生，在其七十余载的科研和教学生涯中笔耕不辍、立论著文，刻苦治学、培育英才，并以其刚正不阿、勇于独抒己见的学术品格终成文学界泰斗的风雨岁月。报道称："回顾这近一个世纪的岁月，霍松林说：'我这一辈子很简单，就是围绕文学，做了读书、教书、写书三件事情。'"

在陕师大曾经有一位"网红"教授，他就是化学发光分析领域专家章竹君教授。2017年5月17日，《中国青年报》头版显著位置以《80岁老教授为本科生坚守讲台成"网红"》为题，对章竹君教授五十八载如一日，坚持站着为本科生讲课，在教学、科研领域滋兰树蕙、孜孜以求的可贵精神和感人事迹进行了报道。章竹君说："学生的事情比天大。""在讲台上站到最后一刻，是我的心愿。"2017年5月20日，中央电视台新闻频道亦对其事迹进行报道。2021年9月10日，在学校教师节表彰大会上，章竹君被授予首届"西部红烛两代师表奖"，表彰其为党育人、为国育才做出的突出贡献。

杨清源，一位抗美援朝的志愿军老战士、陕西师大思政课教师，在薪火传递中续写为国为民的大爱大德。2020年11月26日，新华社对90岁的杨清源老师进行特别报道，题目为"从沙场到育人讲台——志愿军老战士坚守初心播撒'红色种子'"，讲述了杨清源老师积极参与关心下一代工作的先进事迹。他说："能多活一天就多讲一天，只要还有明天，今天永远是起跑线。"2021年9月10日，学校教师节表彰大会上，杨清源被授予学校首届"西部红烛两代师表奖"。

皓首穷经，二十八年磨一剑，只为编撰一部辞书，文学院教授迟铎的故事在学校广为流传。2017年2月19日,《中国青年报》头版以《传奇辞典背后的"匠人精神"》为题,报道了《十三经辞典》编纂背后的故事。《十三经辞典》的课题发起人刘学林,是迟铎教授的丈夫,1994年突然去世。"你走了,我替你继续前进。"迟铎教授带领一支逾百人的专家团队,啃一块没人愿意啃的硬骨头,甘坐冷板凳,历时二十八年,终于将共计15册3000多万字的辞典全部完稿、出版,诠释了老一辈先生们的"匠人精神"。2018年,迟铎荣获中国辞书学会"第四届辞书事业终身成就奖"。

房喻,中国科学院院士,他"以学术为生命、以教育为使命"的精神鼓舞着众多师生校友。2021年12月1日,《陕西日报》刊发长篇通讯《以学术为生命 以教育为使命——记中国科学院院士、陕西师范大学教授房喻》,整版报道房喻教授求学成长经历、潜心治学精神、教书育人故事。同年12月9日,《新华每日电讯》在第11版,刊登了题为《半辈子跟"危险"打交道,这位院士有点"疯"》的人物通讯。从"用技术感知危险""顶天立地做科研""勤于治学,更重育人"三个方面报道房喻教授的科研育人故事。

潜心治学、甘为人梯、顽强拼搏的"大先生"张新科教授,是全省教育工作者学习的榜样,《人民日报》《光明日报》《中国教育报》《陕西日报》等主流媒体对其先进事迹进行了报道。2023年9月18日,《陕西日报》刊登了题为《一生与〈史记〉结缘的大先生》的报道,从"和《史记》结缘""甘为人梯的大先生""做人做事做学问"三个方面,讲述了文学院张新科教授潜心治学、教书育人的先进事迹。同年12月12日,《人民日报》在第11版要闻版用三分之二的版面刊发人物通讯《钟爱〈史记〉,潜心研究四十余载》,对张新科少年立志、青年成才、一生坚守,始终站在《史记》研究第一线,把《史记》研究做到底的先进事迹进行报道。在这篇报道中,张新科说:"从当年的小伙子,到现在步入老年,我这辈子就研究《史记》了……""以山为喻,强调恒心,强调毅力。一步一个脚印做研究,才能有所收获。不管面对什么困难,我都要把《史记》研究坚持下去。"记者手记中这样写道:"经

《人民日报》（2023年12月12日）报道
陕西师范大学文学院张新科教授先进事迹

历了疾病的折磨，张新科鬓发尽白，体重降了30斤；现在的他，与曾经身体健硕的他判若两人，但眼神中依然透着一股坚毅。同事和学生都说，张老师就是这样，无论遇到多大的困难和挑战，心心念念的始终是一辈子执着的《史记》研究。他常念叨，'做学问要惜时如金，要踏踏实实，要坐得住冷板凳'。"

他是一位文物保护专家，他能够让千年的文物重现光彩。这个化腐朽为神奇的人，就是陕西师范大学历史文化遗产保护教育部工程中心主任李玉虎教授。他与文物的传奇故事多年来被媒体追踪报道。2014年11月17日，《人民日报》刊发通讯《让春秋彩陶、东汉陶瓶、唐代壁画重现真颜，李玉虎——对文物的每一厘米负责》，记述了李玉虎从保护档案到修复文物的工作转换过程，突显了他执着专注的科研精神。通讯写道："在他们的实验室，一件西汉王莽时期的彩陶已经在这样的容器中保存了8年，图形保持稳定，没有发生起翘脱落等现象。'文物修复保护不容许失败'，李玉虎对记者强调，'我们要对文物的每一个平方厘米负责。'"2011年4月27日，《科学时报》以《历史在他的手中重现光彩》为题，对李玉虎求学立志、潜心科研、教学育人的事迹进行报道，为这位不善言辞的文物"美容师"，描摹出了一幅"行胜于言"的画像。

第二节　祖国西部一道亮丽的教育风景线

"到西部去，到基层去，到祖国最需要的地方去……"从建校之初的首届毕业生到现在的国家公费师范生，一代代陕西师大毕业生响应国家号召，不约而同选择到祖国最需要的地方建功立业。他们来到、留下，扎根、奉献，把美好的青春年华默默奉献给祖国西部的教育事业，用理想、信念、学识和情怀，扛起西部基础教育的大旗，成为托举西部基础教育的坚实脊梁，为最艰苦的地方撑起一片天地。

一、选择：到西部去，到边疆去

在疆域辽阔的祖国西部，数十万陕西师大毕业生扎根在基础教育一线，用青春、信念谱写当地教育的新篇章。他们的选择，坚定而有力；他们的故事，平凡而伟大。

1959年6月24日《人民日报》第6版，可以看到一篇报道——《在祖国需要的地方扎根开花结果》。这篇报道援引《陕西日报》的消息，报道了当年西安师范学院毕业的452名应届毕业生坚决服从国家分配，走上光荣的人民教师工作岗位的情况。在这篇报道中，学子们说："祖国的需要就是我的志愿""党指向那里，就奔向那里""在祖国最需要的地方扎根、开花、结果"。报道称："应届毕业的四百多个学生中，80%以

《人民日报》（1959年6月24日）刊发报道
《在祖国需要的地方扎根开花结果》

上都是党团员，政治质量比较高。许多同学在毕业前夕，更加重视提高自己的政治思想。他们主动地向党团组织汇报自己的思想情况，申请入团入党。""同学们为他们能在祖国建国十周年的年代里，走上崇高的教师岗位，抚育祖国新的一代，感到无限光荣和自豪。为了报答党和国家对自己的耐心培养，为了在走上工作岗位后，很快就能做出优异成绩，他们更加刻苦的学习着。"这些朴实的话语今天读来，依然能够让人强烈感受到陕西师大人的殷殷爱国之心、拳拳报国之志。

1987年5月30日，《陕西师大报》第3版以"到基层去 到边远地方去 到祖国最需要的地方去"为题，对陕西师大毕业生撰写的志愿服务西部的文章进行摘登。其中，物理系毕业生李掌权在其撰写的《让生命之光闪烁在祖国最需要的地方》一文中表示："为了开发大西北，建设大西北，我自愿要求到宁夏去工作，为振兴宁夏的教育事业贡献我的力量，我诚恳地等待组织批准我的要求，实现一个有志青年赤诚的建国之心，报国之志。"政教系刘军翔在撰写的《我自愿到青海去》一文中说："我自愿到青海去，支援那里的建设和开发，为发展那里的教育事业贡献自己的力量。"中文系赵春在《把青春献给大西北》中写道："现在，祖国腾飞需要人才，大西北建设需要我们，祖国在期待，大西北在召唤。"

1987年9月18日，《光明日报》第2版以《通过对'老少边穷'地区普教现状的考察 陕西师大万名学生立志献身教育事业》为题，报道陕西师范大学从1983年开始，每年暑假组织高年级学生到新疆、青海、宁夏、甘肃以及陕南、陕北等老、少、边、穷地区，了解当地普教事业的状况和师资需求情况，通过社会实践帮助学生确立献身教育事业的坚定信念。其中，数学系1986届毕业生张学良，于1985年暑假随学校考察团赴新疆考察，边远地区教育的落后状况激发了他的社会责任感，毕业时他第一个申请去了新疆。物理系1983级学生铁大庆自费到青海考察，了解到当地人才奇缺，毕业时坚决要求去青海工作。化学系1987届毕业生王小平，自愿放弃留在西安的机会，坚决要求回到家乡——地处秦巴山区的镇安县从教。

1990年6月30日,《陕西师大报》在头版以《我校毕业生分配工作进展顺利　110多名本科毕业生表示愿意到基层去建功立业　24人报名支援大西北》为题,对陕西师大毕业生积极响应号召,服从组织分配,主动申请到祖国最需要的地方建功立业的先进事迹进行报道。报道称:

> 在24位支援边疆和贫困地区的申请书中,率先于今年开学初递交第一份自愿到新疆哈密煤矿子弟中学去的,是中文系多次获奖学生、被评为三好学生的王小红。她父母都在铜川工作,可她说服了父母,毅然报名支边去新疆。第二个报名支边要求到新疆去的是来自关中宝鸡地区王勃阳,这个政教系的应届毕业生是带着要干出一番事业的决心去新疆的。

进入21世纪,"扎根西部、甘于奉献、追求卓越、教育报国"的理想信念已深深融入了每个陕西师大人的精神血脉。2003年12月26日,《中国教育报》在报道《桃李芬芳满天涯——初探毕业生就业难题的陕西师大解法》中称:"事实上,在陕师大近60年培养的9万名毕业生中,有95%以上的学生奋战在教育第一线,为国家特别是西北地区教育事业的发展作出了重要贡献。""2003年就业过程中,陕西师大到西部的毕业生人数明显增多。来自西部的1500多位学生中,70%到西部就业。在基础教育教学第一线就业的比例占毕业生总数的68%以上。""他们只是千千万万个到基层就业的大学生的一员,他们的事迹看起来很普通,他们的话语听起来很朴素,但他们投身西部的激情、迈向基层的脚步展示出青年大学生的时代风采。"2007年5月1日,《人民日报》在头版的通讯《投身西部热土——记到基层就业的三位陕西师范大学毕业生》中,对主动选择到贵州六盘水市三中、陕西略阳县一中、延安子长中学任教的3名陕师大毕业生给予高度评价。

2011年,首届国家免费师范生毕业。他们的选择,不仅是个人职业道路的抉择,更是对国家教育事业的深情承诺。他们的故事被《人民日报》《中国教育报》《中国青年报》等媒体广泛报道。当年 2 月 28 日,《中国教育报》头版刊发《到最需要教师的地方去——即将赴基层任教的首届免费师范生们的心声》,记者采访了 6 名即将踏上西部热土的免费师范毕业生,他们教育报国的誓言铿锵而有力:"从小就铁了心要当老师""女孩子当老师很神气很美""回报家乡是最幸福的事""10 年太短,要终身当老师""做改变学生命运的老师"。当年 6 月 22 日,新华网的一则消息《陕西师大 2590 名首届免费师范毕业生全部签约》引发了主流媒体的转载报道。报道称:"截至目前,陕西师范大学首届 2590 名免费师范毕业生全部签约,其中到县级及县级以下中小学校就业的毕业生约占毕业生总数的 85%。""陕西师大首届免费师范生多数来自西部,其就业呈现的特点为:到西部就业的比例高,到基层任教的人数多。""毕业生到贫困地区及灾区的就业人数增多,如非地震灾区北川籍毕业生签约北川中学的就达 11 人,签约地震灾区陕西宁强县的 12 人,到西部地区如新疆、宁夏、甘肃、青海就业的达 512 人,到西藏的 81 人。"这就是陕西师大首届免费师范毕业生为祖国交上的青春答卷,他们以实际行动践行着教育报国的庄严承诺。

"西部红烛,为祖国闪耀;师大学子,为中国而教。"这不但是国家公费师范生的使命担当,更是铭刻在他们灵魂中的铮铮誓言。2020 年 8 月 19 日,《光明日报》报道了 2020 届毕业生的一组就业故事,其中包括陕西师范大学应用化学专业 2020 届本科毕业生龚新甘当"西部红烛"、筑梦三尺讲台的事迹,勾画出在定位人生新坐标的过程中新一代年轻人的精神风貌。在这篇报道中,龚新说:

> 进入陕西师范大学后,为了锻炼自己,我做过很多份家教,也去山区支过教。我发现,山区的孩子光去上课就得步行一个多小时,晚上回家还得帮父母干活。这再次触动了我,我的内心萌发一个想法:当一名老师,让更多农村孩子走出大山。

对于很多毕业生来说,选择西部,意味着选择了远方。而对于家在西部的国家公费师范生而言,回到家乡,是为了帮助更多的孩子看看外面的世界。

2021年9月9日,《人民日报》客户端《三秦故事》栏目,以《点燃红烛,再回横山》为题,讲述了陕西师范大学文学院首届国家免费师范毕业生平竹玲毕业时毅然选择回到家乡——曾是国家级贫困县的榆林横山任教的故事。报道中平竹玲说:"直到毕业前夕,面临大城市火树银花的吸引,面对'诗与远方'的召唤,我也犹豫过,痛苦过,参加面试应战过,实是初心易得,始终难守。""终于,我还是踏上了北上的列车,踏上了回乡从教的旅程。"

2024年4月24日,中国教育新闻网以《薪火相传 接力奉献边疆教育——陕师大毕业生服务云南临沧教育侧记》为题,报道2011年以来19名陕西师范大学毕业生陆续来到云南省临沧市第一中学,为服务引领边疆基础教育传递薪火、贡献力量的故事。在这篇报道中,陕西师大首届国家免费师范生王晓明毕业后毅然回到家乡临沧从教,他说:"走出大山,又回到大山,这不是简单的重复,而是一次全新的出发。我带着先进的理念、扎实的学识和深厚的情怀回来了。"

2022年8月14日,《人民日报》第5版《深聚焦》栏目刊登了题为《高校学生党支部创造力凝聚力战斗力不断增强——强化党建引领 激发青春力量》的报道文章。文章选取了3个高校学生党支部,讲述他们在严格支部组织生活、创新支部工作方法、丰富主题实践活动等方面进行的探索,陕西师大数学与统计学院国家公费师范生第二党支部即为其中之一,支部党员、2022届毕业生甘贾元选择回到新疆从教,她说:"我们要牢记习近平总书记的嘱托,到基层和人民中去建功立业,让青春之花绽放在祖国最需要的地方,在实现中国梦的伟大实践中书写别样精彩的人生。"9月8日,《人民日报》在第19版《深聚焦》栏目刊登了题为《奋进新时代,师范生的理想追求——用爱浇灌祖国的花朵》的报道。文章讲述了陕西师范大学教育学部2022级学前教育专业国家公费师范生孙艺菲的教育逐梦故事。在这篇报道中,孙艺菲说:"成为一名公费师范生,就是向祖国许下了承诺。我希望能用自己所学,为家乡孩子、为中西部教育尽一份力。""优秀的教师,才能培养出优秀的人才。我会不断努力，充实自己，用爱和责任浇灌祖国的花朵。"

陕西师大的大多数毕业生们，在最好的年华选择"到西部去，到基层去，投入时代的洪流中"，这样的选择是青春之幸、青春之福，是青春之无悔。他们让青春之花绽放在祖国最需要的地方，在西部大地上书写着别样精彩的青春华章。

二、奋斗：让青春在祖国最需要的地方闪光

在我国西部特别是西北地区，从省市重点学校到偏远基层学校，处处活跃着陕西师大毕业生的身影。他们紧握"西部红烛两代师表"精神的接力棒，以初心铸魂，用使命蓄力，将青春的热血和智慧的火花奉献给了祖国最需要的地方，铸起西部教育事业坚固的灯塔。他们的故事如同一颗颗璀璨的星辰，照亮了西部教育的天空。

仰孝升，陕西师范大学物理系 1979 级校友，全国模范教师。他凭信念坚守在山区教育园地里，在平凡的岗位上教书育人、坚守担当，为师大学子示范着一位普通教育工作者的使命与担当。2007 年 9 月 5 日，《光明日报》发表通讯《仰孝升：让每个学生都能全面发展》，报道了仰孝升矢志山区教育的事迹。文中仰孝升吐露心声："从走上三尺讲台那天起，我便坚定了一个信念：扎根山区，让自己所教的每一个孩子都能得到全面发展，成为国家建设和家乡发展的有用人才。"2008 年 12 月 19 日《中国教育报》刊发通讯《仰孝升：更重要的是教会学生做人》，当时从教二十多年的仰孝升，见证了农村教育事业的巨大变化。他说："一个好教师关键是要热爱自己所从事的事业，有了对教育事业的热爱，才能尽最大的努力把工作做好。"

杨毛措，陕西师范大学中文系 1986 级校友，青海果洛州历史上第一位出省的藏族女大学生。1989 年，杨毛措从陕西师大毕业后，放弃更优渥的工作环境和工资待遇，回到教育资源相对匮乏的家乡青海省果洛州达日县，成为一名中学语文老师。1998 年，杨毛措调入县民族中学任副校长，2003 年被青海

省政府授予"全省十杰校长"称号。2004年《青海教育》(第9—10期),以《雪域扬起一面旗——记青海省达日县民族中学校长杨毛措》为题,记述了杨毛措为牧区教育无私奉献的感人事迹。文中提到她的一段日记:

> 人的生命是有限的,可是,为牧区广大人民服务是无限的,我要把有限的生命,投入到为牧区人民服务之中去,不管别人怎么看我,别人怎么说我,我始终热爱自己的家乡,热爱广阔的草原,热爱雪域这片热土,我决心扎根在这里干一辈子。

这就是杨毛措的崇高愿望。她寻找一切机会为牧民服务,把自己生命的每一分钟都献给达日,献给草原的人民。

敬鳗力,陕西师范大学化学系1987级校友,新疆乌鲁木齐市第一中学教师,2019年入选国家级教学名师,"叶圣陶教师奖"获得者,曾受到国家领导人接见。2022年9月9日,《新疆日报》第3版刊发通讯《敬鳗力:当好学生的引路人》,报道敬鳗力把教师这份工作做到极致,为学生铸就美好人生的先进事迹。2023年9月9日,《乌鲁木齐晚报》以《用爱守候静待花开——走近乌鲁木齐"叶圣陶教师奖"获得者敬鳗力》为题对敬鳗力进行报道。报道称:"今年53岁的敬鳗力从教32年,她始终认为教育植根于爱,她甘为人梯,托举学生逐梦。……也有不少学生在她的影响下,在大学里选择了与化学相关的专业。开学前,就有两名学生向我报喜,他们分别被上海交通大学和南京大学录取,都选择了化学相关专业。"敬鳗力说,学生如花,她是园丁,她享受着静待花开、授人以渔的职业幸福感。

申承林,陕西师范大学教育系1996级校友,"全国最美教师",毕业后到广东顺德启智学校任教长达二十余年。2019年9月12日,《南方日报》以《申承林:20载耕耘特殊教育,贡献广东智慧》为题,报道申承林择一行、干一行、爱一行,二十余年在特殊教育领域默默耕耘的先进事迹。报道称:"从普通特教老师到学校管理者,角色转变让申承林有了更多的思考。""为提高教师专业能力,申承林初步设计了'同心圆'课程框架,以特教基础知识技能为圆心向外拓展，形成一个涵盖人文社科和自然科学的完整知识体系，为特教教师搭建平台，鼓励老师广泛涉猎、主动学习，打造学习型团队。"2024年3月5日，在教育部举办的教育家精神巡回宣讲活动上，申承林做教育家精神宣讲报告。中国网络教育电视台对此次宣讲活动进行了报道。申承林在报告中动情地说："我们培养每个孩子，希望他们也能和其他孩子一样，健康快乐地成长，平安幸福地生活。这是我们特教老师最朴素的愿望。"

2021年9月10日，中央电视台综合频道（CCTV-1）播出《闪亮的名字——2021最美教师》，陕西师大2012届校友、安康中学教师张莎莎被中宣部、教育部授予全国"最美教师"称号。作为全国近10万国家公费师范生中的优秀代表，张莎莎说："教育是一盏灯，灯亮一点，光明就多一点。"在近十年的教师生涯中，她用青春点亮一盏盏灯，照亮学生前行的道路。2021年9月29日，《陕西日报》以《长大后我就成了你》为题，报道了"最美教师"张莎莎的典型事迹。文中写道：

> 毕业于安康中学，又回到安康中学任教。张莎莎说，正如一首歌中所唱"长大后我就成了你"，自己像一只小鸟又"飞回"母校。

2021年9月10日，中央电视台综合频道播出陕西师范大学
2012届免费师范生、"最美教师"张莎莎先进事迹

在安康中学这几年，张莎莎用她过硬的教学能力，得到了同事、学生和家长的认可。近10年的教师生涯，张莎莎有很多收获："教师对孩子的影响很大，甚至会影响到孩子的一生。因此，这么多年我都是认认真真、踏踏实实地努力做一名称职的老师，引导更多学生走上成才之路。"就这样，张莎莎通过自己的努力，获得了"陕西省教学能手"等多个省市级荣誉。

张莎莎在秦巴山间点亮希望之光，用实际行动诠释了人民教师的担当与奉献。

"让最优秀的人培养更优秀的人"，陕西师大将一批又一批的优秀师资输送到祖国的西部，他们扎根奉献，引领西部基础教育高质量发展。从一支支"红烛"到一簇簇"红烛"，他们都有一个闪亮的名字——"陕西师大人"。在青海省三江源民族中学，有近60名陕师大毕业生怀揣对教育的赤诚接续服务，对当地基础教育高质量发展做出了重要贡献。2023年6月9日，《中国青年报》头版显著位置刊发通讯《陕师大学子在西部基础教育一线接续奋斗——"西部红烛"情暖三江源》："陕师大的毕业生默默扎根西部基础教育一线，秉持家国情怀和奉献精神，为西部基础教育的发展作出了贡献，是陕师大的宝贵财富。""三江源中学的近60名陕师大毕业生，是践行学校'西部红烛两代师表'精神的真实写照。"

2020年12月15日，《光明日报》第8版刊登了题为《陕西师范大学："西部红烛"照亮学子前行的道路》的报道文章。文章从"坚守初心，在薪火相传中培育教育力量""践行使命，到祖国最需要的地方去""志存高远，做西部教育的'筑梦人'"三个方面，对一代又一代陕西师大人肩负"教教人之人、育育才之才"的光荣使命，书写西部教师教育奋进之笔的事迹进行了报道。报道称：

> 建校76年来，陕西师大培养的十余万名毕业生"扎根西部，甘于奉献，追求卓越，教育报国"，服务基础教育，志愿做一支"西部红烛"，在祖国最需要的地方绽放青春光芒。

2021年11月24日，首届国家公费师范生毕业十年，《中国教育报》在

《中国教育报》（2021年11月24日）头版刊发通讯
《一"诺"向西　扎根基层——陕师大免费师范毕业生投身西部基层教育》

头版显著位置刊发通讯《一"诺"向西　扎根基层——陕师大免费师范毕业生投身西部基层教育》，报道从"回西部到一线，践行向祖国许下的承诺""'西部红烛'闪耀，谱写基础教育华彩篇章""心怀'国之大者'，引领西部教育未来"三个层面，展现了2007年招收国家免费师范生以来，学校以培育优秀师范人才助力西部基础教育高质量发展的使命担当。文章写道："陕师大至今累计招收了32600余人，西部生源比例达到72%。17200余名免费师范毕业生践行教育承诺，立身三尺讲台，将青春奉献给了西部基础教育事业。""学校将继续坚守师范大学主责主业，弘扬传承'西部红烛精神'，探索与时俱进的办学育人模式，做好中西部欠发达地区教师定向培养和精准培训，坚持长期服务对接西部基础教育，为西部基础教育高质量发展作出新的更大贡献。"

三、聚力：同心共筑西部教育梦

服务国家基础教育特别是服务西部地区基础教育事业，是陕西师范大学从未动摇的初心。30余万校友扎根奉献在西部大地上，书写着一部可歌可泣的西部教育史诗，同时，学校发挥自身教育、科技、人才优势，不断探索、实践教育帮扶经验，用"授人以渔"的长远眼光，探索出了一条高校教育帮扶的新路径。

2001年，陕西师范大学成立基础教育课程研究中心，为基础教育提供智力服务和理论指导。陕西师范大学5名教授和22名副教授走出书斋，连续五年坚持送教下乡，足迹遍及陕西、宁夏、甘肃、青海、广东、河北等省区，为农村教师送去课程改革的新理念、新模式。2006年5月1日，《中国教育报》以《为农村教师送来新理念新模式——陕西师范大学引领基础教育课程改革纪实》为题，对该课题组推动基础教育课程改革开展的工作进行了详尽报道。同年9月11日，《陕西日报》以《捧着一颗心去 不带走半根草回——记陕西师大走进大山深处的教授们》为题，再次对这支服务西部基础教育的陕师大教授团队进行了专题报道。在该报道中，课程研究中心主任杜鸿科教授说："当前的课改不是一场轰轰烈烈的运动，它是一次事关国计民生、事关民族希望、使命艰巨的但又充满艰辛的实践过程。它需要一批高素质的具有献身精神的专家学者加入进来，并不断引导年轻一代长期做下去。作为从小受党培养的知识分子，为国家为人民做事，这是我们不容推卸的历史责任。"张迎春教授说："付出了这么多心血，付出了这么多时间，但仍是无怨无悔，乐在其中，因为我们在奉献的同时也在获得一种精神上的慰藉、充实和提高。"可以说，杜鸿科、张迎春等一批老师都是学校"西部红烛两代师表"精神的身体力行者，他们无悔的选择、默默的坚守，正是陕西师大人"扎根西部、甘于奉献、追求卓越、教育报国"的生动剪影。

学校发挥自身优势，聚焦基础教育需求，开展以"请进来""走出去"双向交流为特色的教育帮扶。2006年1月26日，《中国青年报》以《不一样的共建，不一样的收获——陕西师范大学十年校县共建活动追记》为题，记述了学校十年来与革命老区旬邑县、陇县的校县共建活动。文章写道：

> 十年共建中建成并得到巩固的"三大基地"，早已成为陕西师大了解西部农村基础教育现状、需求和动态的"观测点"，研究农村教育问题的"活标本"，推广陕西师大教育研究成果的"试验田"，为陕西师大不断适应西部基础教育发展需要、推进教育教学改革和人才培养模式创新、构建有利于实现优质教师教育资源与西部农村教育谐振的教师教育"陕西师范大学模式"，提供了客观参照、现实依据和实践支持。

2016年5月16日，《中国教育报》头版刊发通讯《陕西师大与甘肃临夏州手拉手，精准帮扶当地教育："美丽园丁"浇灌"花儿之乡"》，报道陕西师大与甘肃临夏州签署"美丽园丁计划"三年来，通过中小学对口支援、教育研究成果推广等方式，全面支持临夏州基础教育事业发展的典型事迹，成为陕西师大服务民族地区教育和经济社会发展的一个缩影。

2015年，陕师大积极响应党和国家号召，充分发挥自身科教优势和平台资源，承担了云南省景谷傣族彝族自治县、贵州省沿河土家族自治县，以及陕西省岚皋县及四季镇天坪村、三原县和旬邑县等地的脱贫任务，持续做好教育帮扶工作。

2019年3月25日，《陕西日报》以《陕师大"1+2+X"模式助力岚皋脱贫攻坚》为题，报道陕师大助力深度贫困县岚皋县脱贫攻坚的生动故事。报道称：

在基础教育帮扶方面，陕师大为岚皋县争取到了"国培计划""省培计划""名师大篷车"项目支持；对岚皋县中小幼一线教师开展"名师送培"活动，培训教师1000余人次；派遣陕师大附属中学特级教师开展主题报告，培训当地中学校长、教研室主任、学科教师、班主任等400多人次；组织陕师大实验小学开展"手拉手·圆梦微心愿"活动，深入帮扶岚皋县小学生。

2019年7月14日，《普洱日报》第3版以《擎起教育帮扶"1"面旗——陕西师范大学帮扶景谷傣族彝族自治县综述》为题，讲述陕西师范大学自2012年承担景谷县定点帮扶任务以来，在脱贫攻坚的战场和乡村振兴的舞台上书写奋进之笔的故事。报道称：

> 这段跨越了2000多公里的守望相助，让"陕西师范大学""一中分校"成为景谷县家喻户晓的两个热频词，陕西师范大学的教育品牌印记深深渗透到了景谷教育的各条脉络。而陕西师范大学也以"双向交流机制"为特色的教育扶贫模式，在扶贫地区书写了教育脱贫攻坚的"高校样本"，为中国脱贫攻坚提供了高校智慧和高校经验。

2020—2021年，16名陕西师大人在全国52个未脱贫摘帽县之一的贵州省铜仁市沿河县第三中学支教。他们用一年时间把希望和知识留在了这里，把陕西师范大学开展教育帮扶的"景谷模式"写在了黔北大地上。2021年高考，该校创下历史佳绩，高考一本上线67人，比2020年增加了42人，包揽全县理科前三名。《陕西师大报》刊发通讯《让黔北大地飞出更多"金凤凰"》，报道了陕西师大人在当地开展教育帮扶、托起美好未来的感人故事。文章写道：

> "我们在沿河三中取得了高考的历史性突破，但成绩永远属于过往。支教团的服务期只有一年，我们离开后三中的孩子们怎么办？"韩谈判带领的支教团队早有打算，"'授人以鱼更要授人以渔'。只有发挥好传、帮、带作用，把当地教师培养好，才能变'输血'为'造血'，当地教育的高质量发展才能得到长期保障。"

一年支教的时间不长，师大人服务西部基础教育的教育情怀够深够长，他们离开了，他们的故事却还在黔北大地传颂。

"银龄计划"教师的故事同样让人感动，2021年10月15日，《陕西师大报》刊发通讯《银发映初心　红烛耀南疆——记我校首位"银龄计划"教师徐忠慧》，报道陕西师大首位"银龄计划"教师、外国语学院退休教师徐忠慧怀揣几十年积累下来的教育理念和教学经验，从古城西安出发，一路向西前往塔里木大学，在祖国辽阔的版图上画出自己生命里最坚定最美丽的一道弧线。文中，塔里木大学人文学院教师李燕飞这样评价徐忠慧："徐忠慧老师经验丰富，学识渊博，她做任何事情都非常严谨细致，愿意花更多时间去和学生、青年教师做朋友，在她身上我们深切感受到了陕师大教师所具有的甘于奉献、追求卓越的优秀品质，在我们当地青年教师中树立了榜样。"

2022年11月1日《陕西师大报》刊发通讯《重返三尺讲台，续写不老"青春"——记我校第二批银龄教师支教团》，报道陕西师大第二批银龄教师支教团胸怀"国之大者"，带着教育部和陕西师大的嘱托，奔赴西北偏北，重新站上三尺讲台，用自己的余力为国家教育的未来继续奋斗的故事。报道称：

> 他们退而不休，初心不改，纵使年岁渐长，始终胸怀"国之大者"，带着教育部和陕西师大的嘱托，毅然背起行囊，奔赴西北偏北，重新站上三尺讲台，用自己的余力为国家教育的未来继续奋斗。

在教育帮扶这条路上，不但学校的老师勇毅西行，广大学生也一路同行，师生一道共同构筑西部教育的梦想。2014年7月29日，《人民日报》刊发通讯《当年受助生，如今来支教，陕西师大支教团里的爱心接力：出山，回山》，报道陕师大学生志愿者在地处秦岭深山的山阳中学支教的故事。文章报道了毕业生们从山里走出去，学成归来再次回到山里，用所学知识回馈家乡，与学生一起成长、一起吃苦、一起收获的感人故事。文末写道："爱心还将继续接力，今年9月，陕师大第十六届研究生支教团的6名成员又将赶赴山阳，在秦岭深山间挥洒青春热情……"

陕西师范大学支教团的爱心接力活动，让山区的孩子们感受到了知识的力量。2015年3月25日，《中国教师报》第5版以《陕西师大春晖支教队在贵州最后一公里的守望》为题回顾了陕师大春晖支教队14名志愿者赴贵州省德江县长堡镇杨河完小开展义务支教活动的故事。开篇写道："那些日子，仿佛伸手就能触摸阳光，充满温暖和希望。"这篇文章还以时间为序，呈现了志愿者初见、考验、工作、家访、怀念的场面。志愿者感慨地说：

> 很感激这样一段岁月，收获了努力与感动。不管能不能改变，给孩子们带去一双手套的温暖，一场话剧的欢乐，一些外面世界的期盼，也是好的。这样的生活比上网有意义。网络把时间切割成碎片，让人成为信息的奴隶，淡漠人的感情和对生活的体验。在越来越体会不到美好和感动时，庆幸有这样一段经历，让自己思考人应该怎样活着，如何按自己所想的，为认定的东西去努力。

自1999年开始，陕西师大先后向青海循化、宁夏西吉、山西灵丘、陕西镇安、陕西山阳、陕西佳县、甘肃通渭、甘肃张家川等地派出了25届研究生支教团共327名志愿者。学校研究生支教团以"参加早、人数多、辐射广、影响大"等特点，走在全国高校的前列，先后得到了教育部、共青团中央和共青团省委等部门的表彰和肯定。2016年2月9日，《人民日报》刊发通讯《陕师大76名研究生支教：为山里娃打开一扇窗》，报道学校先后组织76名研究生赴山阳中学支教，为山区学生打开了一扇通往外界的窗口。

"教育帮扶，授人以鱼，更要授人以渔"，这是陕西师大人对教育最执着的追求。"在疆域辽阔的祖国西部，数十万陕西师大毕业生和李晨光一样，扎根在基础教育一线，用青春、信念换来当地教育的日新月异；为培养好这些'教育人的人'，一代又一代陕西师大教师数十年如一日，怀揣报国之志，立身三尺讲台。"2020年12月5日，《中国教育报》头版刊发通讯《陕西师大培养数十万教师扎根一线，为西部教师终身发展提供坚实支撑——红烛精神照亮西部教育》，从"培养优秀教师，数十万红烛聚萤成光""辐射西部教育，为教师终身发展提供支撑""深入推进扶贫,为西部教育托底"等三个方面,全面报道陕西师范大学着力培养"扎根西部、甘于奉献、追求卓越、教育报国"的优秀人才,推动祖国教育事业不断蓬勃发展。

雨落终南,润泽千里。陕西师范大学以其深厚的师范教育传统,培养了一代又一代的优秀教师,无论是响应国家号召的师范生,还是扎根西部的校友,抑或是积极参与教育帮扶的师生团队,他们传承弘扬学校"西部红烛两代师表"精神,为实现西部教育梦接力奉献、不懈努力,他们的事迹将成为西部教育史上不可磨灭的印记。

第三节 让"西部红烛两代师表"精神绽放时代光芒

八十年来,新闻媒体见证了学校"西部红烛两代师表"精神的形成与发展,也正是通过新闻媒体的报道,"西部红烛两代师表"精神的丰富内涵更加清晰可见、深入人心。

一、办学治校的宝贵精神财富

"西部红烛两代师表"精神作为宝贵的精神财富,是陕西师范大学在八十年矢志不渝的创业史、奋斗史和追梦史中自觉生发的。

陕西师范大学的前身是陕西省立师范专科学校,目的在于为本省培养合格的中学师资。这所创立之初就以"师范"命名的高等学府,八十年来始终唯师范之名不改、唯师范之志不移、唯师范之路不变,以为西部基础教育培养优秀师资为己任,用辉煌的办学成就诠释了一所西部师范大学持久深沉的家国情怀。20世纪60年代初,西安师范学院与陕西师范学院合并为陕西师范大学,成为当时全国为数不多的师范大学。1978年,学校划归教育部直属。作为西北地区唯一一所部属师范大学,陕西师范大学为西部基础教育输送优秀师资做出了突出贡献。

第五章　新闻媒体眼中的陕师大

进入 21 世纪，面对党和国家事业发展对高质量教师队伍的迫切需求，陕西师大发挥自身优势，坚持以办好师范教育助力中西部教育事业发展。2000 年 10 月 4 日，《光明日报》刊发通讯《"教师摇篮"大兴尊师风：陕西师大学校工作教师唱"主角"》：

> 有"教师摇篮"美誉的陕西师范大学，通过表彰教学质量优秀奖及教书育人优秀奖获得者、召开教师代表座谈会等多种形式的活动，进一步在全校上下强化教师是办学主体的意识，努力营造尊重知识、尊重人才，促进优秀人才脱颖而出的良好校风，真正确立"教师为本，人才第一"的观念。

这一时期，学校抓住人才、科研、特色、认识等关键环节，大力加强人才队伍建设和学科建设，一批知名学者来到师大，一批优秀人才脱颖而出，充满活力的学科群不断涌现，促使学校突破发展瓶颈跃上快车道，为入选国家"双一流"建设高校，全面开启扎根中国大地建设一流师范大学的新征程奠定了坚实基础，也为"西部红烛精神"的孕育和提出奠定了坚实的物质基础和牢固的实践基础。其中，2002 年 10 月 24 日，《光明日报》刊发通讯《大海龙腾　高岗凤鸣——陕西师范大学高层次人才队伍建设纪实》，报道称："按照'大力引进、积极培养、优化结构、提高质量'的师资队伍建设方针，陕西师范大学采取了一系列措施，为人才营造了一个富于人文关怀的工作环境。"2004 年 3 月 10 日，《光明日报》又以《春风又绿曲江畔——陕西师范大学学科建设巡礼》为题，报道陕西师大积极构筑西部学科高地，走出了一条有特色的人才引进和学科建设相互促进、相得益彰、良性循环的改革之路、发展之路。2018 年 7 月 11 日，建校七十五周年之际，在对办学传统、办学成就进行全面总结和凝练的基础上，学校对外正式提出"西部红烛精神"，并将其内涵确定为：扎根西部、甘于奉献、追求卓越、教育报国。

2018 年 8 月 31 日，《中国高等教育》第 13/14 期刊登时任学校党委书记程光旭的署名文章《牢记使命　扎根西部　建设高素质教师队伍》。文章从坚持办学正确政治方向，牢记师范大学的初心和使命等方面，结合学校内涵式发展实践，就贯彻落实习近平总书记北大考察重要讲话精神，扎根西部办好社会主义师范大学进行了阐述。文章特别谈道：

> 70多年来，学校牢记师范大学的初心与使命，坚持教师教育特色不动摇，发扬"扎根西部、奉献教育"的"西部红烛"精神，在西部大地上高高举起师范教育的旗帜，为国家和社会培养各类人才30余万人。

"我和我的祖国，一刻也不能分割……"2018年12月31日上午，中央电视台综合频道以《陕师大："西部红烛"为祖国闪耀》为题，报道了陕师大"青春表白祖国"快闪活动。中央电视台综合频道、中文国际频道、新闻频道同步播出"我和我的祖国"专题节目。报道中说：

> 作为扎根祖国西部的一所师范院校，陕西师范大学始终与民族的命运起伏共振，与国家教育事业的发展紧密相连，怀抱教育强国之志，以对国家、民族的忠诚和奉献，铸就了特有的"西部红烛"精神，为国家特别是西部地区培养了一大批名师，用理想、信念和情怀，扛起了西部教育的大旗。

2018年12月31日，中央电视台综合频道报道陕师大"青春表白祖国"快闪活动

"红色代表着对党和国家教育事业的忠诚，烛光凝聚着教师教育的奉献与执着。"2019年2月25日，《光明日报》头版以《陕西师大：以"西部红烛精神"锻铁成钢》为题，对陕西师大师生传承弘扬学校"西部红烛精神"，牢记使命、散光发热、传递火种的奉献与担当精神进行了报道。文章写道："红烛，人们常用来比喻和赞颂教师的崇高品质。西部红烛，是陕西师范大学的写照。扎根西部、教书育人，坚守担当、奉献祖国的'西部红烛精神'，诠释着陕西师大人的家国情怀。""'扎根西部'体现了忠诚祖国、坚守担当的家国情怀，'甘于奉献'体现了淡泊名利、无怨无悔的崇高品质，'追求卓越'体现了勇攀高峰、力争一流的奋斗品格，'教育报国'体现了矢志教育、初心不改的价值追求。"2021年3月30日，校长游旭群在接受《瞭望》新闻周刊采访时，进一步宣介了"西部红烛精神"的深刻内涵。

教育问题，关乎根本。2019年12月3日，陕西师大校长游旭群在《光明日报》发表理论文章《传承西部红烛精神　肩负教育报国使命》。文章系统总结了陕西师范大学坚守教师教育主责主业的典型经验，并阐述了"西部红烛精神"的深刻内涵和现实意义：

> "西部红烛精神"是爱国的精神、奋斗的精神、坚守的精神、奉献的精神。……"西部红烛精神"，初心在于教育，使命在于育人。陕西师范大学将站在新的历史起点上，进一步传承好西部红烛精神，为实现"两个一百年"奋斗目标培养好担当民族复兴大任的时代新人。

2020年6月9日，陕西师大党委常委、党委宣传部部长马晓云在《光明日报》发表文章《"西部红烛精神"的生成和弘扬》，从学校发展脉络的视角对"西部红烛精神"的生成过程进行了深刻阐述：

> 在早期筚路蓝缕的发展基础上，陕西师范大学积极响应国家号召，10万毕业生深深扎根并服务于西部，……正是这支奋战在祖国西部基础教育的宏大队伍，守正不移，潜心育人，让陕西师范大学与西部基础教育的命运紧紧地联系在了一起，成为祖国西部一道亮

丽的教育风景线，以扎根西部、甘于奉献、追求卓越、教育报国的精神谱写出"西部红烛精神"。

文章还深刻分析了"西部红烛精神"的价值意蕴：

"西部红烛精神"，是陕西师范大学在76年的办学实践以"扎根西部、甘于奉献、追求卓越、教育报国"谱写而成的，展示了一所西部师范大学的精神成长，在师范教育史上呈现出鲜明而独特的育人价值。

2022年，正式入选新一轮"双一流"建设名单以来，陕西师范大学各项事业步入快车道，为办好人民满意的教育、培养"四有"好老师做出了应有贡献。这一时期，陕西师大紧随建设教育强国的时代发展脉搏，致力于把学校办成国家教师教育创新的探索者、引领者和示范者，进一步明确教师教育主责主业，结合推动学校高质量发展面临的形势任务，不断丰富和深化学校精神内涵，将"西部红烛精神"进一步表述为"西部红烛两代师表"精神。

西部振兴，教育为本；教育振兴，教师为本。八十年来，媒体报道记录着陕师大这样一所西部师范大学筚路蓝缕的发展足迹，也映照着陕西师大人"扎根西部、甘于奉献、追求卓越、教育报国"的精神境界和价值追求。历经八十载岁月洗礼、时代变迁，"西部红烛两代师表"精神在报章文字的映照下更加灿烂夺目，在镜头影像的折射中更加熠熠生辉，在新时代的赶考之路上正焕发出强大的生机与活力。

二、高质量发展的不竭源泉

教育是"国之大者"。进入新时代，构建更公平、更高质量的基础教育发展新格局的号角吹响，陕西师大审时度势，再次肩负起了推动西部基础教育高质量发展的时代使命。近年来，学校以教师教育为切入点、以协同创新为着力点、以优质均衡为落脚点，通过发起成立丝绸之路教师教育联盟、西部师范大学教师教育创新与发展联盟，开展"百校行"西部基础教育服务对接活动，共建边境国门学校"红烛苗圃"等，大力推进教师教育创新协同发展，构建起支撑西部基础教育优质均衡发展的新格局。

2013年秋，习近平主席提出了共建丝绸之路经济带和21世纪海上丝绸之路。"一带一路"建设，教育何为？师范何为？2014年，陕西师范大学开始实施"1311丝绸之路教育人文交流工程"，为"一带一路"建设贡献陕师智慧。2017年11月4日，由陕西师范大学倡导共建的丝绸之路教师教育联盟、人文社会科学联盟、图书档案出版联盟等三个联盟成立，新华社、央广网及《人民日报》《中国社会科学报》等媒体进行了报道。其中，《人民日报》在2017年11月6日刊发的报道《陕西师大成立丝路教师教育联盟》中称：

> 三个联盟通过加盟单位之间的合作办学、学生交换、学风互认、教育实践基地建设、科研合作、研究平台共建、学者交流、图书资源共享、数据库建设、出版资源合作开发等方式，搭建丝绸之路教育合作交流平台，推进沿线国家和地区的人文合作与建设，为各个国家经济、文化与社会发展提供历史资鉴和智力支持。

2023年底，在"一带一路"倡议提出十周年之际，中国社会科学网以《共绘教育"同心圆"搭起文化"连心桥"——陕西师范大学助力"一带一路"建设十年回眸》为题，全面梳理陕西师范大学十年来助力"一带一路"建设取得的突出成就。文章写道：

> 十年来，陕西师大党委深入贯彻国家"一带一路"倡议和新时代教育对外开放战略部署，找准国家战略与办学治校的切入点和着重点，立足师范特色、彰显地缘之利、发挥学科优势、优化人才培养、激活科研潜力，全面推进与"一带一路"国家教育文化交流合作，为推动"一带一路"高质量发展作出应有的贡献。

进入新的历史时期，根据国家发展师范教育和教师教育的战略布局，陕西师范大学恪守师范大学初心和主责主业，内合西部高师，外联东部前沿，使学校逐步成为东中西部围绕服务西部师范教育、进行高师院校合作的西部龙头和全国枢纽。2020年底，由陕西师大牵头、中西部18所师范院校加盟的西部师范大学教师教育创新与发展联盟成立，联盟的使命是以西部基础教育高素质专业化创新型教师队伍建设推动西部教师教育振兴发展，主要任务是开展协同创新和凝练西部品牌以及打造高端智库。新华网、中国新闻网及《中国教育报》《中国青年报》《陕西日报》等媒体纷纷报道。其中，新华社报道称：

> 建立联盟是振兴西部教师教育的时代选择和支撑西部基础教育高质量发展的现实之需。联盟将发挥最大作用，共同探索新时代师范院校发展规律及教师教育创新与发展规律，资源共享、优势互补、交融共进、协同创新，为教师教育创新与发展贡献智慧力量。

《中国青年报》称：

> 西部师范院校根在西部、缘在师范、新在创新、重在发展、贵在协同。联盟将围绕高质量教师教育体系建设、师范院校协同提质和西部经济社会发展等重点任务开展工作，为服务教育强国建设发挥更加积极的作用。

2021年，陕西师范大学与陕西省教育厅联合成立陕西教师发展研究院，整合校内外优势资源，开展针对国家教师发展战略规划、区域教师人才资源开发、教师队伍建设策略、一线教育教学和教育管理等领域的理论及实践研究，全面助力陕西和西部教师队伍高质量发展。新华网、人民网、新华社客户端、《人民日报》客户端、中国新闻网及《中国教育报》《陕西日报》等媒体对此进行了宣传报道。其中，中国新闻网在报道中称："陕西教师发展研究院旨在培养一批教育家型教师和校园长，发挥教育家型教师和校园长辐射带动作用，迅速建立起一批引领区域教育发展的高水平教师团队，有效支撑陕西和西部教育高质量发展。"人民网称，陕西教师发展研究院的成立是"积极探索新时代教师专业化发展的'陕西方案'，携手建设教师专业发展的'示范点''试验田'和'活标本'"。

2024年4月10日,《中国教师报》以《教育部师范教育协同提质计划陕西师范大学组团:协同创新促进组团院校跨越式发展》为题,从"勇抓机遇,书写振兴新篇章""守正奋进,实现发展新突破""突破瓶颈,迈向提升新阶段"三个方面报道陕师大深入落实教育部师范教育协同提质计划,会同天津师范大学、海南师范大学、咸阳师范学院,联合帮扶天水师范学院、琼台师范学院、渭南师范学院,协同构建西部教师教育高质量发展体系,为西部教师教育与基础教育事业振兴发展贡献"陕师力量"。报道称:

> 陕西师范大学组团将以协同提质为契机,确立新的奋斗目标,谋划新思路、搭建新平台,把国家使命、社会责任、办学担当紧密结合起来,站在学校整体发展和跨越式发展高度,科学设计帮扶举措,加强沟通,凝聚共识,把握机遇,共同发展,建设高质量教师教育体系,助力教育强国建设。

2021年4月,为深入了解西部各省区市基础教育现状,精准对接西部革命老区、民族地区、边疆地区、"三区三州"地区的基础教育高质量发展对师范大学办学的需求,陕西师范大学开展首届"百校行"西部基础教育服务对接活动。

2023年6月,陕西师范大学再次开展以"深入学习贯彻党的二十大精神 服务西部基础教育高质量发展"为主题的第二届对接西部基础教育"百校行"调研活动。作为学校主动服务国家发展战略,不断提升服务基础教育能力和水平的一项重要举措,两次"百校行"活动均被新华社、央广网及《人民日报》《光明日报》《中国教育报》等主流媒体关注报道,受到媒体赞誉:

> 让陕西师大与西部基础教育的高质量发展紧密联系在一起,为弘扬践行学校"西部红烛两代师表"精神、扎根西部大地办人民满意的教育写下了新篇章。

其中,中国教育新闻网刊发报道《陕西师范大学开展第二届"百校行"调研——矢志西部基础教育 勇担教育强国使命》,从"坚持'三个面向':书写服务西部基础教育的生动注脚""聚焦'四大主题':在问计问需问效中解决真问题""共建'红烛苗圃':'大手拉小手'助力边境基础教育"等三个方面对第二届"百校行"进行了深入报道。

边境国门学校不仅是国家形象的展示,更彰显了教育之于民族团结、国家

《中国教育报》(2023年8月26日)报道陕西师范大学
开展暑期"边境国门学校红烛苗圃"交流实践活动

安全的特殊意义。2021年，国家"十四五"规划提出在边境县（团场）建设100所"国门学校"的构想，首次将发展"国门"教育提升至国家战略层面。为进一步推动边疆边境教育高质量发展，陕西师大充分发挥人才、学科、平台优势，与西部边疆民族地区5省区10县（旗）共建边境国门学校"红烛苗圃"。2023年7月，陕西师范大学首个边境国门学校"红烛苗圃"在云南省金平苗族瑶族傣族自治县挂牌。同年8月26日，《中国教育报》刊登题为《跨越千里的"国门握手"——陕西师范大学暑期"边境国门学校红烛苗圃"交流实践活动扫描》的报道文章，介绍陕西师范大学在持续开展"百校行"西部基础教育服务对接活动基础上，以铸牢中华民族共同体意识为主线，以加强国家安全教育为重点，发挥学校教师教育优势，组织师生与西部边疆民族地区开展共建边境国门学校"红烛苗圃"交流实践活动，通过跨越千里的共建交流，将国家安全、民族团结的种子播撒进各族青少年心田。

2024年2月1日，央视新闻频道《东方时空》栏目在对陕师大运用数字化技术打造"云支教"服务新模式的报道中称：

> 陕师大作为首批数字支教赋能乡村教育项目高校，充分发挥学科优势，牵头研发了"红烛苗圃智慧学堂"平台，通过数字化赋能边疆地区教育创新实验项目，不断把优质的教育资源输送到偏远地区的学校，让西部边疆地区数字支教常态化，搭建了高校服务西部基础教育发展的新载体。

同年2月21日，《光明日报》刊发题为《"红烛苗圃"的故事——陕西师范大学助力边疆教育质量提高》的报道文章，介绍了陕西师范大学深入开展边境国门学校"红烛苗圃"实践育人项目，探索构建铸魂育人新路径、校地协同新机制、服务边疆边境地区教育发展新载体，为培养党和人民满意的"四有"好老师、建设教育强国特别是推动西部教育事业高质量发展贡献力量。

2024年4月21日，《中国青年报》在第4版刊发题为《跨越山河，到边境线上"当老师"——陕西师范大学开展"红烛苗圃"边境国门学校育人实践活动》

《光明日报》（2024年2月21日）报道
陕西师范大学助力边疆教育质量提高

的报道文章。文章再次生动讲述了"红烛苗圃"边境国门学校育人实践项目团队200多名师生分赴云南、新疆、西藏、广西、内蒙古等5省区的10个边境县

（旗）的国门小学，以铸牢中华民族共同体意识、加强国家安全教育为重点，组织开展青少年交流成长营、教师教育培训班等系列活动的生动事迹，展现了陕西师大学子心有大我、至诚报国的理想信念和使命担当。这篇报道写道："这就是一次双向奔赴的育人之旅。'红烛'是无私奉献的教师形象象征，'苗圃'则寓意着通过'大手拉小手'的帮扶形式，让边疆的孩子们感受到知识的力量，同时也加强青年大学生们的责任感和使命感。""参与项目的大学生们在思想格局和国家意识上有了显著提升，他们变得更加成熟，更加坚强，同时对国家和社会责任也有了更深刻的理解。"

作为陕西师范大学优良办学传统的精神凝结，"西部红烛两代师表"精神展现了一所西部师范大学的使命担当，在师范教育史上呈现出鲜明而独特的育人价值。2021 年，第 37 个教师节之际，为表彰奖励忠诚于党的教育事业、师德师风高尚、教书育人成效显著的好老师，陕师大颁发首届"西部红烛两代师表奖"。"西部红烛两代师表奖"是陕西师范大学为支撑教育强国战略、振兴西部基础教育、担当师范大学时代使命、弘扬教师崇高精神追求和精神境界而设置的奖项，也是陕西师范大学为校内教师（含离退休教师）和校友设立的最高荣誉。《人民日报》、人民网、中青在线、中国新闻网、《陕西日报》等多家媒体争相报道。历经岁月的洗礼，陕西师范大学这张名片愈加光彩夺目、熠熠生辉，"西部红烛两代师表"精神更加深入人心，化为陕西师大人踔厉奋发、勇毅前行的不竭精神动力。

"实施科教兴国战略，强化现代化建设人才支撑。"党的二十大报告将教育、科技、人才"三位一体"统筹安排、一体部署，明确了科教兴国战略在新时代的科学内涵和使命任务。这是以习近平同志为核心的党中央对强国崛起规律、未来世界发展大势的深刻洞察和把握，以及对教育在全面建设社会主义现代化国家中的基础性、战略性作用的强调与期待。在加快建设教育强国、实现中华民族伟大复兴的时代征程上，陕西师大将以习近平新时代中国特色社会主义思想为指引，全面贯彻党的教育方针，坚持社会主义办学方向，落实立德树人根本任务，践行"四个服务"重要使命，按照学校"两条主线、一个根本、一个关键"发展思路，大力弘扬教育家精神，向着中国特色、世界一流师范大学的目标奋勇前进，为全面建设社会主义现代化国家、全面推进中华民族伟大复兴做出新的更大的贡献！

附录

学校发展各个时期的主要负责人

郝 耀 东

郝耀东（1891—1969），字照初，陕西长安人。著名教育家，陕西省立师范专科学校首任校长（1944—1948），陕西师范大学教育学、心理学学科奠基人之一。

1891年农历十二月十一日，郝耀东出生于陕西省长安县杜永村（今属西安市长安区郭杜街道）。9岁起在家乡私塾读书，1904年就读于咸宁高等小学堂，1908年考入西安府实业中学。1911年辛亥革命爆发后，投身革命洪流，承担电讯翻译工作。1912年到由李仪祉主持的留学预备科（设在三秦公学）学习。1913年考取陕西留美的三名正取之一，被派往上海学习英语。1914年陕西政局有变，令未出国者停止出国，遂考入上海吴淞中国公学大学预科学习。1916年毕业后转入天津北洋大学法科。1920年在北洋大学毕业，第二次考取留美资格。

1920年冬，郝耀东远涉重洋，在加利福尼亚大学文学院学习，后转入斯坦福大学，师从著名心理学家、"智商之父"刘易斯·推孟。1924年取得硕士学位，同年8月入哥伦比亚大学师范学院工作。在美求学期间，郝耀东开始接触马克思主义，同时联合当地中国留学生成立"华盛顿会议后援会"，强烈要求日本归还中国领土，呼应华盛顿会议上北洋政府关于日本归还胶州湾的要求。

学成归来，郝耀东将时光与精力投入祖国教育事业，满怀着通过教育改造社会、造福人民的教育理想，体验着"得天下英才而教育之"的教师的喜悦，用爱国、敬业、正直、勤奋诠释着教育报国精神。1925 年回国任国立西北大学教授，1930 年任安徽大学教育系主任。1932 年，郝耀东在《大公报》（7 月 6 日）上发表《提议设国立西京大学案》，呼吁在西北设立国立大学，发展高等教育，服务西北发展。1938 年 2 月任西安临时大学（后更名西北联合大学）教授。1939 年春，因日军不断轰炸西安，西安临时大学搬迁到陕西汉中的城固，4 月将学校改名为西北联合大学，8 月又将师范学院独立出来，成为国立西北师范学院。郝耀东先在西北联合大学师范学院任教，后任国立西北师范学院教育系主任。1941 年，西北师范学院先在甘肃兰州设立分院，后逐渐全部转移至兰州，郝耀东赴兰州任教。

1943 年，陕西有识之士力促当局建立培养中学师资的高等师范院校，陕西省立师范专科学校成立。1944 年 7 月，郝耀东受陕西省政府之邀担任该校首任校长。陕西省立师专创办之初，共设国文、英文、史地、数学、理化 5 个科，学制三年，首届招生 268 人，但教师仅有 20 余人，郝耀东从西北大学、西北工学院等院校聘请兼职教师任教。作为一位学贯中西的教育家，郝耀东办学民主，兼容并蓄，广泛聘请不同学术流派的专家学者来校任教，其中不乏地下共产党员和有进步倾向的教师。1946 年，在多方努力下，师专购置北洋工学院西京分院校址约 100 亩，修建 181 间校舍，办学条件得到改善。同年 8 月，在郝耀东主持下，省立师专汉中分校成立，分校开设国文、数学两科，招生 100 多名。学生一、二年级在分校学习，三年级转西安校本部学习。师专尽管办学条件简陋，师资力量不足，但在郝耀东的带领影响下，教学质量得到一定保证。1947 年 12 月，师专建校三周年校庆时，西安的《西京日报》上推出"师专校庆特刊"，发表郝耀东的《师专三周年》、学校训导处的《师专的校庆》等。解放战争时期，郝耀东积极参与民主政治活动，支持师生爱国运动。1948 年，郝耀东转赴安徽大学任教。

郝耀东视教育为救亡图存、改变中国命运的最重要途径，他热爱教育，重视教育，寄厚望于教育，更寄厚望于新的教育。他认为，"个个教育者，都要以复兴民族为己任，不特能坐而言，还要能起而行，先由学风变成士气，再由士气变成民族精神，然后国家才有办法"。他研究和教授的主要学科是教育心理学，但他对当时整个教育事业的发展非常关心，他对教育发展与改革提出的重要理念和精辟见解，至今仍有重要的借鉴意义。作为著名教育家，郝耀东担负起那个时期的历史重任，为中国现代教育事业的建设发展做出了卓越贡献。

郝耀东的教育理念，大致可概括为五个方面。一是强调"大教育观"，指出办教育要符合社会需要，"社会改造应与教育改造同时并进"。二是高度重视培养全面发展的人才，认为培养学生的健全体格、自治能力、公平竞胜、科学方法、致用学问，"不特可使教育发达，中国富强的基础即在于此"。三是高度重视提高教育质量，"中国教育，向来偏重量的方面，……须质量兼顾，应先于质上求充实，然后再从量上求扩充"；在教学方法上，强调因材施教。四是强调道德品格教育，"中国之教育目的，品格陶冶要较知识灌输为重"，"道德教育问题关系民族复兴前途至为重要"。五是重视教育与生产劳动相结合。

1949年后，郝耀东在西北大学师范学院、西安师院任教。1960年，西安师院与陕西师院合并成立陕西师范大学，他在教育系任教授直至1965年9月退休，主讲教育学、心理学、儿童心理学等课程。其间还担任中国民主促进会陕西省委员会常务委员、西安市政协常委，参政议政，为社会主义革命和建设建言献策。"文革"期间受到迫害，1969年3月在西安逝世。1979年经陕西省委有关领导批示，西安市委统战部召开平反大会为郝耀东昭雪，充分肯定其热爱教育、献身教育、爱国奋斗的一生。

刘 安 国

刘安国（1895—1989），字依仁，陕西华县（今渭南市华州区）人。1948年8月至1949年5月任陕西省立师范专科学校校长。

刘安国读过私塾，聪颖好学。后入华州高等小学堂，受教于教育家顾熠山。1911年入西安省立第三中学。1917年入北京高等师范（今北京师范大学）博物科。五四运动中，正读大三的刘安国联系其他同学成立"十人救国团"，营救被捕学生。1920年，刘安国北京高等师范毕业后，赴日本考察教育，归国后著《东渡日本教育考察记》。

1921年，刘安国回陕任省立三中训育主任，1922年任校长。他思想进步，聘用革命人士魏野畴（北京高等师范1921年毕业）来校担任教导主任，"办刊物，编教材，宣传革命思想"，学校焕发勃勃生机。三中期间，刘安国、魏野畴培养了很多革命青年，如后来的中共青岛市委书记党维榕、抗日名将关麟征等。

1924年，鲁迅来西安讲学，刘安国参与接待工作。刘安国在北京高等师范读书时，并不是鲁迅的学生，但他常去旁听，和鲁迅也有师生情谊。刘安国之子刘念尚说："父亲和二叔都考上了北京高等师范学堂，二叔还是鲁迅的学生、刘和珍的同学。"

1926年，刘安国离开三中，任省长公署参议。1927年任白水县县长。后在省教育厅任督学，又任陕西女子师范校长及中山中学校长。刘安国任督学期间，积极营救进步学生。1928年陕西省立第三师范学校（设在三原）发生投毒案，当地政府借此逮捕了多名学生。刘安国找到地方当局，表示投毒事件由投毒者负责，其他人员应该释放，尤其是16岁以下的学生不应负刑事责任。学生这才大多被营救出来。

刘安国曾任富平县县长、咸阳县县长。在咸阳县县长任内，他体恤民情，务实勤勉，几乎走遍每个村堡，被当地称为"刘青天"。1935年，刘安国回省教育厅再任督学。1937年任西北农林专科学校副教授兼附设高级职业学校主任。1942年到省教育厅任主任秘书、设计委员会总干事、民众教育委员会主席等职，同时在省立商专、西北工学院兼课。

1948年8月，刘安国任陕西省立师范专科学校校长。当时，解放战争进入战略决战阶段，他顺应时势，主持校务。1949年后，刘安国入西北人民革命大学学习。1951年参加天水土地改革。1952年后在西北军政委员会文教厅、省文化局、省博物馆工作，加入中国国民党革命委员会，1961年被聘为省文史研究馆馆员。"文革"期间被遣送回乡，1976年12月平反。1989年，刘安国在西安逝世。

刘安国长期致力于陕西文物保护、文史资料编撰整理等工作。1976年复出后，任政协西安市委员会委员、民革陕西省委顾问、政协陕西省委员会文史资料征集委员会委员、省地方志编纂委员会顾问，为编修新志和社会各方面编史修志的史料咨询做了大量工作。早在1923年，陕西通志馆《续修陕西通志》编纂工作恢复，刘安国就被聘为采访员。他实地调查，征集文献资料，对全省交通进行全面考察，编写出版《陕西交通絜要》。1931年在咸阳任内，聘请学者冯孝伯修纂《重修咸阳县志》，刘安国自撰长序《重修咸阳县志述略》。1948年与李子春（后为陕西文史馆馆员）协助顾熠山重修华县县志（1949年在西安出版）。

刘安国是蓝田猿人的发现者之一。蓝田猿人的发现，堪称中国考古史上一个重大事件。《西安市志》第七卷《社会·人物》记载："杨虎城主持陕政后，刘曾先后出任富平县县长、咸阳县县长，曾与梁午峰等对蓝田公王岭一带发现的龙骨化石进行分析，最终导致'蓝田猿人'的发现。"张应超（毕业于陕西师大西安专修科，曾任陕西社科院历史所副所长、宗教所副所长）在《著名教育家刘依仁先生》一文中提到，1935年，刘安国返回教育厅任督学，同年，他在去蓝田考察教育时，得知当地常有化石、龙骨出土，遂亲赴现场勘查，并将此事告知古生物学家杨钟健以引起重视。后来根据刘安国提供的线索，在蓝田发掘出轰动国内外的蓝田猿人，杨钟健（1948年当选中央研究院院士，1955年当选中国科学院学部委员，中国古脊椎动物学的开拓者和奠基人）赞誉刘安国提供的资料是"蓝田猿人发现之前奏"。

刘 泽 如

刘泽如（1897—1986），直隶束鹿（今河北辛集）人。中国马克思主义心理学的开创者与奠基人之一。1949年后，历任西北大学师范学院院长，西安师范学院党委书记、院长，陕西师范大学党委书记、校长。

1897年3月，刘泽如出生于直隶省束鹿县西良马村（今河北省石家庄市辛集市辛集镇西良马村）的一个贫苦农民家庭。1905年到当地农村的初等小学念书。1912年以全县第一的成绩考入束鹿县立高等小学，1915年考入直隶省立第二师范学校。1920年春，因病回农村小学教书。1922年春，受新文化运动影响来到北京。经蔡元培介绍，到北京大学研究所国学门（刘泽如称之为"北京大学国学研究所图书馆"）工作。

北大期间，刘泽如追求科学真理，致力学术研究。他博览群书，对哲学、人类学、社会学、伦理学、生物学、遗传学等广泛涉猎，尤其倾心兴趣最浓、已有初步研究基础的心理学研究。在此期间，刘泽如在李大钊和进步书刊的影响下，逐步接受马克思主义的立场、观点和方法，萌发革命思想。他先后结识在北京从事中共地下活动的胡乔木、武光等进步青年，在他们的影响下，加入华北教育劳动者联盟，任联盟组织部长，1932年加入中国共产党。

1932年8月，刘泽如离开北京回到河北开辟党的工作，从事革命活动，建立束鹿县党组织，担任县委第一任党委书记，还在深泽、安平等地开展革命工作。1933年7月到济南参加中共山东省委工作，由于叛徒告密，被捕入狱。1937年11月，经党组织营救出狱。1938年1月奔赴延安，在陕甘宁边区抗敌后援会工作；同年11月到河南洛阳创建第十八集团军洛阳办事处。1939年在洛阳受到刘少奇的接见，在刘少奇的支持和推荐下，回到延安马列学院从事研究工作。

1941年1月，刘泽如赴陕北公学执教，任师范部主任；同年9月延安大学成立，转任延安大学教育学院院长。1943年春至1944年11月，任延安大学教育研究室主任。1944年12月，刘泽如赶赴陇东分区，任陇东中学校长。到任后，他凭借多年从事领导教育和教学研究工作的丰厚经验，坚持实事求是、理论联系实际，遵循教育规律的原则，采用相信和依靠学生、实行校内外结合的民主办学方式，做了大量富有成效的工作。

1949年5月西安解放后，刘泽如作为军代表工作组成员，参与接管陕西省立师范专科学校等大专院校。1949年8月被任命为西北大学师范学院院长。1954年，西北大学师范学院独立设置为西安师范学院，刘泽如任党委书记、院长。1960年，西安师范学院与1956年成立的陕西师范学院合并成立陕西师范大学，刘泽如任党委书记、校长。主要社会兼职有中国教育工会副主席、陕西省教育工会主席、陕西省心理学会理事长、陕西省社会科学学会联合会顾问等。

西安师范学院时期，刘泽如面临建校初期的新形势、新任务，带领全院师生职工，团结一心，发扬延安精神，引领学院逐步适应社会主义建设事业需要，不断发展前进。在刘泽如的治理下，坚持党对学校的全面领导，贯彻党和国家的方针政策，坚持师范教育主业，贯彻党委领导小组的校院长负责制，加强党团组织建设，推进教学改革，注重人才队伍建设和青年师资培养，提高人才培养质量。陕西师范大学成立后，刘泽如坚定正确的政治方向，在教学和科研工作中正确执行党的路线方针政策，加强思想政治和党的建设工作，加快人才队伍建设，狠抓科学研究，全面提高教学质量，使学校快速迈上新的发展轨道。

1967年1月刘泽如被校"文革"筹委会宣布撤销党委书记、校长等党内外一切职务。1976年后复出的刘泽如不再担任学校党委行政职务，但仍任学校顾问，以及学校学术委员会顾问、学校学位评定委员会名誉主席等。1986年4月，刘泽如在石家庄病逝。

中国心理学坚持以马克思辩证唯物主义思想为指导，但马克思主义心理学的发展经历了曲折的过程。20世纪20年代末，老一辈心理学者潘菽、高觉敷等开始介绍苏联辩证唯物论心理学。潘菽一直在探索改革旧心理学和建立科学的辩证唯物论心理学的途径，高觉敷认为整个心理学思想史就应该是一部唯物主义心理学思想和唯心主义心理学思想斗争的历史。30年代，郭一岑、曹日昌、刘泽如等提倡用辩证唯物论的观点和方法研究心理学，对马克思主义心理学的理论建设做出了积极贡献。

原 政 庭

原政庭（1903—1992），又名原树敏，陕西蒲城人。民盟陕西组织的卓越领导人，著名教育家和社会活动家。1954年10月任陕西师范专科学校校长，1957年2月任陕西师范学院副院长，1960年4月任陕西师范大学副校长。

1903年12月，原政庭出生于陕西蒲城县傅家庄村的一个农民家庭。1911年入本村私塾读书。1916年入蒲城高等学堂，开始接受近代教育。1918年入蒲城县师范预备学校。1919年秋入陕西省立第一师范学校，在物理老师、西北革命教育先驱杨明轩的影响下，接受革命思想熏陶。1923年秋毕业后到北京师范大学学生办的群化补习学校学习，1924年秋入北京师范大学预科，1925年加入中国共产党。1926年秋入北京师范大学英语系，担任学生党支部书记。1927年到绥远负责恢复党组织工作。1928年初担任陕西省立第一中学教员，同年3月因陕西省委机关被破坏而入狱，次年1月被保释。出狱后赴北师大复学，1929年9月到河北大名第七师范学院任教，因抨击军阀混战、宣讲共产主义和马列主义基本理论被捕。1930年12月刑满释放。

1931年，原政庭受杨虎城资助赴英留学，先后就读于伦敦大学历史学院和经济学院。在英期间参加英国共产党中国支部。1933年1月在英国共产党的帮助下于回国途中去苏联参观学习。回国后至1937年先后在东北军担任政治教官，在西北军杨虎城部任教官、绥靖公署电务科长等职，参加西安事变。1938年起先后担任《西北文化日报》总编辑、三原北城中学教师、渭南故市中学教师、民族革命大学（设在宜川县观亭镇）政治经济学教官、陕西省国民教育师训所教务主任、国立西北大学法商学院教授等。1946年因支持学生革命活动被校方解聘，回蒲城闲居。1949年3月担任西北军政大学蒲城分校教务主任，5月随校迁至西安。此后历任西北大学教授，西北军政委员会教育部副处长、处长，西北行政委员会教育局副局长等职。

原政庭是陕西师范学院的创建者之一。1953年，面对基础教育人才紧缺的情况，陕西举办中等教育师资训练班。1954年将之改建为陕西师范专科学校，1956年扩建为陕西师范学院，1960年与西安师范学院合并成立陕西师范大学。原政庭于1954年10月任陕西师范专科学校校长，1957年2月任陕西师范学院副院长，1960年4月任陕西师范大学副校长，直至1966年"文革"爆发。1976年恢复工作，1990年底离职休养，1992年病逝。从1949年3月到1979年12月，原政庭一直奋战在教育战线。他忠诚党的教育事业，认真贯彻党的教育方针，工作兢兢业业，为陕西教育事业做出了历史性贡献。

原政庭是民盟陕西组织的主要领导人之一。1944年初经杨明轩介绍加入中国民主同盟。1946年春，在中共地下组织和民盟西北总支部青年委员会的领导下，任教西北大学的原政庭支持学生开展反美爱国运动，同时在《秦风·工商日报联合版》上发表文章，揭露抨击反动当局。从1958年10月到1988年7月，原政庭一直担负着民盟陕西省委员会的主要领导工作。他认真贯彻"长期共存、互相监督、肝胆相照、荣辱与共"方针，坚决执行党的各项方针政策，围绕党和国家在各个时期的中心任务积极开展盟务活动，为参政党的建设和发展陕西经济做了大量卓有成效的工作。

1949年后，原政庭曾任全国第二、三届人大代表，全国第三届政协委员；民盟中央第三、四届委员会委员，第五届委员会常委，民盟中央参议委员会常委；陕西省第五、六届人大常委会副主任，第七届人大代表；政协陕西省第四届委员会常委；民盟陕西省第二、三、四届委员会副主任委员、主任委员，第六、七届名誉主任委员等。在 1979 年 12 月至 1988 年 6 月担任陕西省人大常委会副主任期间，原政庭经常深入实际调查研究，为省人大及其常务委员会依法行使职权和推进陕西民主法治建设做出了重要贡献。

王 鲁 南

王鲁南（1916—？），山东平原人。1957年10月至1960年4月任陕西师范学院党委第一书记。

王鲁南幼时家贫，缺吃少粮，但其父母省吃俭用，供其读书。王鲁南于1925年入平原县红庙村读书，1930年入平原初级中学。1933年入山东聊城师范学校，1936年毕业后被强制集中到济宁接受"乡村建设"训练。1937年2月被派到武城县沙庄乡区担任"乡村学校"校长，开始参加抗日救亡宣传工作。七七事变后，王鲁南开始流亡生活，经山东、河南到达陕西，然后在西安八路军办事处得知陕北公学招生，遂徒步奔赴延安。

王鲁南于1938年入陕北公学，同年加入中国共产党。1938年夏至1939年末，在陕北公学分校与华北联合大学（1939年陕北公学分校、工人学校、鲁迅艺术学院、青年干部学校组成华北联合大学，迁至敌后抗日根据地晋察冀边区）任教务部秘书。1940年1月至1941年12月任晋察冀边区政府学校教育科长，其间曾任边区政府机关党支部书记。1942年春至1943年6月任晋察冀边区平山县县长，1943年下半年任灵丘县县长。1944年初至1945年8月在晋察冀中央分局党校学习。1945年9月至1946年8月在天津工作委员会负责训练地下工作人员。1946年9月至11月，作为冀中区党委组织参观团团员到山东参观群众运动。1947年1月至1948年10月任晋察冀边区政府干部教育科长，1948年11月至1949年6月进驻太原参与接收伪山西省政府。

王鲁南于1949年8月至1952年12月任开滦矿务局人事部部长兼矿区人事处处长，1953年1月至1957年12月任电力工业部水电勘测设计局副局长、水电建设总局副局长、水电总局机关党委书记，1954年随电力部组织的代表团赴苏联学习水力发电站建设经验。1957年10月至1960年4月任陕西师范学院党委第一书记，1960年5月至1972年2月任陕西工业大学党委书记。"文革"前期受到冲击，1972年4月被认定为"政治历史清楚"。1972年3月至1978年12月任西安交通大学党委副书记、副校长。1979年1月至1982年3月任电力工业部教育司司长，1983年4月离休。1995年12月经中组部批准享受部级医疗待遇。

王鲁南到陕西师范学院工作后，了解到师生对业务知识的学习都很重视，但部分师生对德育和思想政治教育认识不足。于是在较长时间内，组织全校师生开展"又红又专"专题大讨论，并在专题讨论结束时做总结报告，从理论与实践结合层面详细论述两者的关系。这次讨论在师生中引起很大反响，引起社会媒体关注。担任陕西师范学院党委第一书记期间，他非常重视贯彻党的知识分子政策，指出：贯彻执行知识分子政策，必须贯彻"百花齐放，百家争鸣"方针，使不同意见的人能够畅所欲言，形成学术自由气氛，提高科学水平。

在教学方面，王鲁南认为，要提高教学质量，教材建设非常重要。他主张根据学院的师资力量和兄弟院校现有教材情况，选用质量较高的交流讲义或教科书作为教材。如果没有合适的，可以组织编写质量较高的教材。他强调基础课和政治理论课的教学及研究，要求这些课程建设要能反映前沿科学成就，体现理论联系实际。他经常深入教学一线调查研究，要求所有领导干部成为业务内行。他认为，党员负责干部讲政治课和学习专业知识，是提高教学质量和领导水平的有效措施，必须坚持。只有这样，才能逐步掌握教学工作的规律，熟悉教学业务，发现和解决教学中的问题，帮助教师总结教学经验，不断提高教学质量。

王鲁南重视青年学子的政治思想教育工作。他在陕西师范学院团代会上指出：对青年学子进行政治思想教育，要把正面引导和适当批评结合起来，把热情爱护和严格要求结合起来，把集中教育和个别教育结合起来，把发挥青年的积极性、创造性和培养青年的组织性、纪律性结合起来。此外，他还鼓励青年学子独立思考，深入钻研，发掘问题，创造性开展学习。

王鲁南在西安3所高校（陕西师范学院、陕西工业大学、西安交通大学）工作了二十余年，积累了丰富的教育经验。在电力工业部教育司，他把在西安总结的经验传授给武汉水电学院等高校。

郭　琦

郭琦（1917—1990），四川乐山人。1960年4月至1966年8月任陕西师范大学党委副书记、副校长，主持学校工作。

青年时期，郭琦先后就读于成都师范学校和四川大学中文系。1936年加入中国共产党外围组织中华民族解放先锋队。1938年春赴延安，在抗大、鲁艺学习，同年冬由组织派往四川大学，从事中共地下党领导的文化活动和学生运动。1939年4月加入中国共产党。1940年7月重返延安，在青年干部学校学习，次年5月调中央财经部任秘书组长，后转任中央研究院经济研究室研究员。1942年秋任绥德师范教员。1946年至1954年，历任中共中央西北局宣传部干部、副科长，学校教育处副处长、办公室主任。1954年秋调中共中央宣传部高教处。1957年3月，郭琦担任西安师范学院党委副书记、副院长，开启长达二十余年的高教生涯。1990年9月在西安逝世。

西安师范学院期间，作为班子成员，郭琦在打破旧的教学体制、建立新的教学体制的变革中，面对党对教育的领导、知识分子政策、政治与业务的关系等系列重大问题，进行了艰难的探索和实践，提出了许多具有实际指导意义的真知灼见。他提出："党领导教育工作，就是要保证教育方针的贯彻执行"，"高等教育要出人才，出成果，就必须依靠广大知识分子"，"党委书记和校长要敢于把调动教师的积极性作为中心环节来抓"。他驳斥将"又红又专"曲解为"先红后专"和"以红代专"的形而上观点，强调将政治上的"红"落实到业务上的"专"，做到又红又专，德才兼备。在高校偏离党的教育方针的时候，他以最大的努力把因错误造成的损失减少到最小限度；在党修正错误时，他主动承担错误，进行自我批评；当党的教育方针在高校全面贯彻时，他不满现状，开动脑筋，综合集体智慧，提出奋斗目标，尽力付诸实践。

1960年，西安师范学院和陕西师范学院合并成立陕西师范大学。郭琦任党委副书记兼副校长，主持学校全面工作。郭琦领导其他班子成员，审时度势，于1960年提出两个鼓舞人心的办学目标：一是"五年小成，十年中成，十五年大成"。"小成"指拿下教学任务，闯过教学关；"中成"指拿下科研任务，闯过科研关；"大成"指教学、科研两方面赶上全国水平。二是"出潼关、进北京、争取全国发言权"，指不仅在陕西省成为一流学校，还要在国内具有一定知名度。很快，全校200多名教师承担科研项目，发表科研论文，开始在省内小有成就。71名教师的169篇论文在省内外发表，11本专著出版，崭露头角的青年教师在苏轼研究、《文心雕龙》研究、农民战争史研究等学术领域取得"发言权"。与此同时，在郭琦的领导下，学校健全完善教师队伍的专业结构和年龄结构，形成学术梯队，为陕西师大的学科发展奠定了坚实基础，为向全国一流大学迈进拉开了帷幕。

20世纪50年代末60年代初，陕西师大曾围绕着要不要开设新兴的历史地理学科展开了一场争论。当时不少人认为，师范院校面向中学、面向教学，不应设置这类偏重学术研究的学科。郭琦力排众议，认为高等院校既要靠"共性分类"，更要靠"个性立身"，高等院校的学科设置，应当办出特色，办出个性，办出自己的品牌学科，为此，坚决支持史念海教授开办历史地理学。历史地理学随之在陕西师大生根、开花、结果，21世纪初成为全校第一个教育部重点学科，学校成为全国历史地理学学术重镇。

艰难困苦，玉汝于成。在郭琦等老一辈师大人的努力下，陕西师大得以快速发展。

郭琦是中国共产党的优秀党员，著名的马克思主义哲学家、教育家、史学家和社会活动家。他长期在高等教育战线上从事领导工作，并致力于社会科学的实践和理论研究，以其杰出的组织才能、出色的领导艺术以及活跃的社会活动能力，在陕西理论界、教育界和文化界享有崇高威望，广受人们尊敬。

王 志 恒

　　王志恒（1922—？），男，山西长治人。1938年3月加入中国共产党。1938—1942年任战士、班长、指导员。1942—1945年先后在抗日军政大学第七分校、延安炮兵学校学习。1945—1956年任解放军某部炮兵连连长、营长、团参谋长、副团长、团长。1956—1960年在解放军炮兵学院学习。1960—1970年任解放军炮兵学院教研室主任、系副主任。1970年12月至1973年11月任陕西师范大学军宣队代表、党的核心领导小组组长，陕西师范大学党委书记、革委会主任等职。

丛 一 平

丛一平（1917—1998），安徽安庆人。1972 年初任陕西师范大学党委副书记、革委会副主任，1973 年 11 月至 1977 年 6 月任党委书记、革委会主任。

"浪迹江湖卅五年，沸腾生活等云烟。志坚金石依马列，怀抱冰霜羡昔贤。营垒分明归无产，干戈扰攘斗强权。何当重忆少年事，把酒临风话万千。"这是丛一平 1962 年的《四十五述怀》（其一）。这首诗概括了他为革命的前半生。

丛一平幼时家贫，勤奋好学。1936 年入青岛国立山东大学学习。当年冬，参加中华民族解放先锋队，先后在民先队山东大学队部和青岛地方队部工作。1937 年 7 月，弃学参加革命，在山西汾西县参加牺牲救国同盟会（简称"牺盟会"），历任汾西县牺盟会工作员、三区区长、特派员等。1938 年 5 月加入中国共产党。1939 年 10 月到延安，先后任马列学院、中央党校、中央研究院宣传干事、助教、研究员等。1942 年 11 月到晋绥工作，先后任山西省河曲县委宣传部部长、中央晋绥分局政策研究室研究员、岢岚县委书记等。

1946 年，丛一平与调查研究室主任段云，研究员方正之、梁膺庸、李质等，经过在晋西北 9 县 20 村农村阶级关系和土地占有情况的调研，形成《怎样划分农村阶级成分》一书，经晋绥分局下发各地，对农村基层干部掌握党的政策帮助很大。后因"左"倾路线影响，该书被收回烧毁。1948年4月，毛泽东在和晋绥干部谈话中说："在你们这里，马克思主义本来就不多，有那么一点还烧掉了。"

1946年8月，丛一平调任山西岢岚县委书记。1948年4月，毛泽东、周恩来、任弼时等北上路过晋绥岢岚县，听取丛一平工作汇报，给予高度评价。丛一平原名王华美（又名陈戈），为革命需要，在山东青岛时改当地丛姓，并改名。革命胜利后，很多领导子女都恢复原姓，但他的子女一直是以丛为姓。原因是毛泽东在岢岚县时，对丛一平的"丛"姓非常关注，确认百家姓中的"丛"姓确实存在。

1949年初，丛一平到中共中央西北局工作，先后任西北局青委委员，青年团西北工委宣传部部长兼西北青年干部学校党委书记、副校长，西北团校党委书记、副校长等。1952年后历任中共西安市委委员、秘书长，西安市委常委、宣传部部长，市委宣传文教工作领导小组组长等。1959年被定为"右倾机会主义分子""反党分子"，保留市委委员，连降四级，下放到小寨公社任第四副社长。1963年平反，回到市委恢复常委职务。"文革"中被打成"三反分子"，关进"牛棚"。1971年分配到陕西师范大学工作，1972年3月任陕西师范大学党委副书记、革委会副主任，1973年11月任党委书记、革委会主任。1973年，主持《陕西师大学报（哲学社会科学版）》复刊。1979年4月任西安市委常委、常务书记，兼任市委党校校长、市人大常委会副主任等。1990年7月离休。

离休后的丛一平婉拒各种名誉职务，潜心主持编撰帮助青少年树立唯物主义世界观的"天·地·人丛书"，被共青团中央等单位向全国青少年荐读。主编西北地区杂文选集《杂文萃录》，组织编写西安事变研究资料《杨虎城言论集》《西安事变研究》等。在生命的最后时刻，他还在医院病榻上关注《丝绸之路大辞典》的编写工作。

1996年12月，丛一平拿出个人积蓄，动员子女、亲友，凑足10万元捐赠给西安联合大学（西安文理学院前身），作为助学基金扶持品学兼优的贫困大学生。2007年12月，为纪念丛一平九十周年诞辰，其夫人黄柏龄教授再次向西安文理学院"丛一平奖助学基金"捐赠5万元。美国休斯敦大学丛小平教授谨承家风，多次专程到西安文理学院通过文理大讲堂给师生开展讲座、传授知识。2017年，丛小平主编的《丛一平百年诞辰纪念集》由雷珍民题签、陕西人民出版社出版。

丛一平生活朴素，对子女教育严格，注重家风传承，孩子们积极上进，有四个孩子成为教授。

李　绵

李绵（1912—2007），陕西韩城人。曾任西安师范学院党委副书记、副院长，陕西师范大学党委副书记、书记、校长。

1930年，李绵中学毕业后在当地做教员，同年10月加入中国共产党。1931年春至1936年初，受党组织派遣到杨虎城部十七路军四十二师师部参谋处和绥靖公署交通处当文书。其间，1932年在陕西潼关工作时，同许寿真、薛向晨参加上海世界语者协会主办的世界语函授学校学习，后加入上海世界语者协会。1935年参加西京世界语学会，翻译短篇小说《良心》《俩兄弟》等。晚年曾任陕西省世界语协会会长。1936年春，在上海参加新文字救亡报《我们的世界》的编辑工作。西安事变后，回到杨虎城部十七师政治处任政治员，开展党的统战工作。1937年5月，参与创办救亡刊物《西北生活》，宣传党的抗日主张。抗日战争全面爆发后，奔赴延安陕北公学学习。毕业后，先后在安吴青训班、陕北公学、新文字干部学校、延安大学、延安中学、延安行知中学、西北第四野战医院等单位从事教育教学、理论研究、新文字扫盲教育、战地救护以及报刊编辑（《新文字报》主编）等工作。1948年8月至1949年10月，历任韩城县教育科科长、洛川黄龙专署教育科副科长和陕甘宁边区教育厅关中东府教育工作小组组长。其间，主持筹办司马迁自修大学。

1949年10月后，在西北军政委员会教育部普教处和中教处担任处长，分

管西北片区的基础教育工作。1953年3月至1960年4月，先后任西北大学师范学院副院长，西安师范学院党委副书记、副院长等职。1960年7月至1966年10月，任陕西省高教局局长兼党组书记。"文革"初，下放到陕西咸阳泾阳县杨梧村的五七干校。1972年12月恢复工作，任西安外国语学院（今西安外国语大学）党委副书记。1973年11月回到陕西师大，先后任党委副书记（至1977年6月）、党委书记、校长（至1983年11月）等职。1983年底任学校顾问，兼任中共陕西省委第一届顾问委员会委员。1990年12月离休时享受副部级待遇。2007年1月辞世。

1953年2月，李绵到西北大学师范学院任副院长，1954年该院独立设置并更名为西安师范学院后，兼任党委副书记，直到1960年。这段时间是西安师院创建发展的关键时期，他以虚怀若谷、不争人先的博大胸襟，与班子其他成员一起，将学院建成陕西地区知名的高师院校。1973年11月回到陕西师大后，又带领班子成员，为把陕西师大办成一所卓有特色、跻身一流师范大学行列的师范院校，付出了巨大努力和艰辛劳动。1978年陕西师大划归教育部直属，是陕西师大发展史上具有里程碑意义的标志性事件。

改革开放后，党对教育工作指导思想做出调整，提出"三个面向"。李绵从师范院校的特点出发，提出陕西师大的工作重心：一是培养合格的全面发展的人民教师。教师是人才，但教师又是育人之人。因此高师院校培养的人才，除人才培养的共同要求外，还要具备适应师范教育特殊要求的能力。为此，他采取了系列具体措施，如"三基"教学，建立教师主讲责任制，建立实习基地，加强教师队伍建设等。二是强化科学研究。提出"摆正科研和教学的关系""结合四化建设研究应用科技课题""发展基础科学研究的专题"等观点，陕西师大的学术研究因此得到较大发展，科研反哺教学成效明显。

在全面主持学校工作的同时，李绵结合工作实践和工作需要，就高师教育的内容、性质、方法等开展探讨与研究，先后撰写《必须重视师范教育》《教育理论研究要为教育体制服务》《教育是培养人才之本》《充分发挥知识分子在科研工作中的积极作用》《如何加强政治思想工作》《进一步落实党的知识分子政策》《到祖国最需要的地方去》《论提高教学质量的几点意见》等文章，这些教育工作经验和教育思想后结集形成《李绵教育文选》。1994年主持编撰《陕西师范大学编年纪事（1944—1984）》《陕西师范大学校史（1944—1994）》。

李绵是党的老一代教育史学家。他长期致力于陕甘宁边区新教育建设事业研究，对边区教育有着深厚的感情、独到的见解和史家的智慧。西安师范学院期间，他与刘泽如院长一起成立陕甘宁边区教育研究室，开始整理和研究陕甘宁边区教育史。之后由李绵主编完成300多万字的《陕甘宁边区教育资料》《陕甘宁边区教育大事记》《陕甘宁边区新文字教育运动编年纪事》《陕甘宁边区教育史》等，为陕甘宁边区教育史料整理做出了贡献。

李绵一生革命和工作在教育战线，对中国现代师范教育的发展无论在理论方面还是实践方面都做出了重大贡献。陕西省教育学会原会长刘宪曾评价说，李绵同志"有多方面的教育工作经历和长期刻苦的教育实践。既有教书的经验，又有管理的经验；既有普教管理的经验，又有高教管理的经验，这些长期积累的经验，丰富了他的教育思想，尤其对师范教育，他在理论与实践上都有建树"，"这种理论和经验，在当前仍具有现实意义"。

张 肇 民

张肇民（1929—2024），山东招远人。"西迁精神"践行者，1983年11月至1987年9月任陕西师范大学党委书记。

抗战期间，张肇民在招北县任四区青年抗日救国会儿童团长。解放战争期间，历任安八区抗日救国会干事、会长、北海区支前支队三中队副教导员，招北县支前指挥部政治干事，招北县民政科员，胶东区建设学校学员、中队长，其间任支援鲁南大会战运输队副教导员，荣立二等功。

1949年后，任华东人民革命大学教育助理、副股长，上海交通大学政治辅导员。1952年随校西迁，1954年入中央党校师资部学习。回到西安交通大学后，1956年8月任西安交通大学马列教研室讲师、副主任，1962年12月任西安交通大学无线电系党总支副书记。1970年8月起，先后任西安交通大学校务部办公室主任、校务部代部长、校长办公室主任，校党委常委、副校长。1983年11月至1987年9月任陕西师范大学党委书记。

1984年12月，张肇民在陕西师大"双代会"闭幕会上做题为《清"左"破旧，努力开创改革新局面》的报告。他说：改革是一场深刻的革命，要迈出改革的步伐，开创工作新局面，必须坚决地彻底地清"左"破旧，解放思想，尤其是各级领导的思想，跟上改革的形势和时代潮流。教育改革的根本目的和根本任务就是要贯彻执行邓小平同志关于"三个面向"的指示，全面贯彻党的教育方针，按照党中央的要求把马克思列宁主义基本原理同中国实际相结合，正确对待外国的经验，进一步解放思想，走自己的路，把陕西师大办成具有中国特色、具有自己特色的一流水平的社会主义高等师范院校，培养出适应"四化"要求的一代新人。

1989年4月，张肇民在西安交大校级调研员岗位上离休。在担任西安交大老龄委副主任和离退休总支副书记、分党委委员期间，他把反映和帮助解决老同志的困难看成自己的责任。他非常注意学习、钻研相关的政策文件并经常征求和听取大家的意见。他平易近人，联系群众，大家有事都喜欢找他谈。他对老同志中的住房、医疗、子女教育等问题及家庭生活困难，总是按有关政策规定积极向有关部门呼吁帮助解决。他能坚持党性和政策原则正确对待、处理问题，坚持以合理、合法、有序的方式表达个人和群众的诉求，坚持以政策规定做群众工作，统一思想，解决问题。

"做人，首先要做一个真正的爱国者，要不负人民的重托，勇挑历史的重任。要把国家的利益、全民族的利益、人民的利益摆在至高无上的地位，必要时愿为它牺牲一切，包括自己宝贵的生命。"张肇民在西安交大纪念抗战胜利六十周年座谈会上满怀激情地道出人生感悟。2015年7月，在西安交大党代会上，最年长的党代表张肇民为中国西部科技创新港点赞。他认为，创新港不单是量的增加、物理空间的扩充，还是交大对中国特色社会主义大学模式的全新探索，值得期待。

2019年1月，春节前夕，西安交大校长王树国看望慰问张肇民，听他讲交大西迁的故事，并介绍了近年来学校的发展和创新港建设情况。5月，张肇民被诊断为结肠肿瘤。为最大限度保障手术安全，西安交大一附院由佘军军教授团队使用达芬奇机器人手术系统，为其实施手术，让"达芬奇"接续起不舍的西迁情怀。"西迁精神是怎么来的，是从实践中来的，马克思主义告诉我们，存在决定意识，我们要立足历史，立足现在，去理解西迁精神。"

2019年国庆前夕，西安交大党委书记张迈曾、校长王树国等来到张肇民家中，送去"庆祝中华人民共和国成立 70 周年"纪念章，详细询问了他的身体状况和日常生活，代表学校党委送上节日的问候和祝福。同月，张肇民对西安交大励志书院学生党员说，正因为见证过艰难困苦、国破家亡的日子，才更能体会今日时光的来之不易，也更能明白只有共产党才能救中国的道理，更理解中华民族伟大复兴的含义。

作为一名党龄七十多年的老党员，几十年一直忙碌在高校的前沿，为祖国的教育事业贡献了毕生，无怨无悔，正如他在自传中所说："人最宝贵的是生命，这生命属于每个人只有一次。我的一生应当这样度过：当回忆往事的时候，我没有因为虚度年华而痛悔，也没有因为过去的碌碌无为而羞愧。现在，我可以这样说：我的一生一直在为我的理想，我所从事的工作而努力。"

陈 立 人

陈立人（1924—1999），广东梅县人。1977年6月至1983年11月任陕西师范大学党委副书记、副校长，1983年11月至1986年5月任陕西师范大学校长。

陈立人于1944年考入重庆北碚复旦大学生物系。大学期间，他除在校参加学生革命活动外，还受中共南方局青年组委派，到川东农村和重庆中华海员工会从事地下革命活动。1946年3月到延安，后在米脂游击队做政治工作。延安时期，历任陕甘宁边区米脂中学、延安大学附中和黄陵联合中等学校教师、团委书记等。1949年5月西安解放后，任教育厅督学、陕西工农速成中学校长、党支部书记。1955年调陕西省委工作，先后担任省委讲师团讲师、哲学室主任，省委宣传部部委委员、理论处处长。1972年调陕西省教育局工作，任政工组组长，1973年到1977年任陕西省教育局党的核心小组成员、领导小组副组长。

1977年6月，陈立人到陕西师范大学工作。此时，"文革"刚刚结束，正值拨乱反正时期，他和学校班子其他成员一起，揭批极左路线，致力于整顿、改革、发展。贯彻十一届三中全会、中央科学大会和全国教育工作会议精神，落实党的知识分子政策和干部政策，狠抓教学、科研秩序的整顿工作，调整学校机构、干部队伍，健全中层领导班子，等等。提出将学校办成"两个中心"（教学中心和科研中心），将工作重点聚焦教学科研，为此狠抓教学改革，加强基本理论、基本知识、基本技能的"三基"教学，强化科学研究工作。同时，改革学校教育结构，实行多层次、多形式、多规格的办学制度。

　　1983年11月，陈立人任陕西师范大学校长。他贯彻党的路线方针政策，有较高的理论水平和较强的领导能力，工作积极，敢于负责，作风雷厉风行。工作中善于抓大事，抓关键问题，注意研究基层情况，解决实际问题。党的生活中，坚持民主集中制原则，作风民主，严于律己，为政清廉，生活朴素。1985年，陈立人在学校双代会上做题为《解放思想，锐意改革，齐心协力，开拓前进，为办好陕西师范大学而努力奋斗》的报告，指出：一要充分认识改革的必要性和紧迫性，明确改革的目的性。改革的目的在于把教育搞上去，把学校办好，使教育更好地为实现党的总路线、总任务、总目标服务；在于调动广大教职工的积极性，多出人才，出好人才，满足四化建设对人才的需要。二是改革的目标是到1990年，有计划有步骤地把学校建设成为西北地区的教学、科研、图书资料、教育实验中心，学科比较齐全，设备比较先进，办学形式层次多样，教学和学术水平居于全国高等师范院校先进行列，向国内外开放的一所重点师范大学。三是后勤改革，为实现学校发展规划提供相应的物质条件。四是改革计划外资金管理和住房分配等办法。进一步落实知识分子政策，调动积极性，增强信心。五是改革人事管理、人员培训制度，加强三支队伍建设。教学、科研队伍是办好学校的主体，必须采取有力措施建设好。六是改革管理体制，改进领导作风，保证改革目标实现。

　　在陕西师大工作十多年，陈立人先分管教学和科研工作，后主持全面工作，善于发挥集体领导力量，重视调查研究，为学校的改革发展做出了重要贡献。他还重视文献资源建设和国际交流合作工作，1982年9月访问香港大学、香港中文大学时，着重考察图书馆，为学校图书馆、西北综合图书资料中心购置大量图书和现代化设备。1984年6月访问美国加州州立大学北岭分校、北爱荷华大学和马萨诸塞州大学时，签订校际合作关系协议书，促进陕西师大与这些学校在教师交流、学生互换、科研合作、信息共享、合作办学等方面开展交流合作。

陈立人长期从事哲学、教育科学的研究工作，曾兼任陕西省哲学学会副会长，陕西省社科联副主席、顾问等职。在做好党务行政管理工作的同时，给研究生讲授列宁的《唯物主义和经验批判主义》。1989年12月离休后，致力于教育家陶行知的研究和宣传工作，曾任陕西省陶行知研究会会长、中国陶行知基金会副会长等。1991年组织主持在陕西师大召开的陕西省纪念陶行知诞辰一百周年大会，撰写《纪念陶行知，学习陶行知》等文。晚年，陈立人任陕西师大关心下一代工作委员会主任，积极为学校的改革发展建言献策。

王 国 俊

王国俊（1935—2013），陕西渭南人。数学家、教育家，曾任陕西师范大学校长，拓扑分子格理论创建者。

王国俊原籍陕西渭南，1935年11月出生于北京。小学时随父工作调动先后在陕西省平利县、礼泉县、乾县、咸阳县、长安县等地上学。1948年春以第一名的成绩考入西安市右任中学。1948年秋到1954年秋就读于西安市圣路中学（今西安市第四中学）。1954年高考时，王国俊成绩优异，被录取到西安师范学院数学系。

大一时，王国俊受李珍焕教授讲授的梅莱劳定理启发，写了一篇关于"多边形与直线相截的定理"的文章，投到《数学通讯》。没想到文章很快发表，这激发了他学习数学的动力。大学期间，他自学了数论、一般拓扑学及哈尔莫斯的测度论、И.П.那汤松的实变函数论等课程。大学四年级，他的一篇关于"什菲尔定理的推广"的论文刊登在《西北大学学报（自然科学版）》（1958年第3期）上，另一篇关于"可微函数的开拓"的论文，刊登在《数学进展》（1958年第4期）上。论文的发表，显示了王国俊的数学天赋，也使他牢固树立了终身从事数学研究的决心。

1958年，王国俊于西安师范学院数学系毕业后，在陕西省汉中市第一中学、长安县引镇中学、长安教师进修学校等校任教。1978年调入陕西师范大学数学系，先后任基础数学研究室主任、数学研究所所长、《陕西师大学报（自然科学版）》编委会主任。1986年起任陕西师范大学校长。

1978 年至 1985 年，王国俊先后在《中国科学》《科学通报》《数学学报》和美国《数学分析与应用》（Journal of Mathematical Analysis and Applications）等国内外刊物上发表论文 20 多篇；4 次获得陕西省科研成果一、二、三等奖。其中《拓扑分子格（Ⅰ）》《一种比较理想的 Fuzzy 紧性》和《Fuzzes 上的序同态》等 3 篇论文均被国家科委列为重大科技成果。1985 年，"拓扑分子格理论"被评为国家教委优秀科研成果。1986 年，王国俊被评为国家级有突出贡献的中青年专家。

1986 年后，王国俊将主要精力用于学校治理。他思想解放，求真务实，倾心管理，成效显著。他带领班子成员真抓实干、迎难而上，为推动学校发展付出了极大努力。他重视生源质量，经常为提高师范院校生源质量而奔走呼吁，在《光明日报》《陕西招生报》等报刊上撰文，呼吁社会各界重视师范教育。他提出师范院校要打破陈规，在加强教学工作的同时还应积极开展科学研究。此外，他为学校的学科建设、师资队伍建设、基础设施建设、文化产业发展以及加强学校管理体制改革等方面做出了重要贡献，为推动学校快速发展奠定了良好基础。在这期间，他发表学术论文 20 篇，出版学术专著两部。

1994 年 10 月卸任校长后，王国俊奋力开辟新的研究方向，敏锐地觉察到多值逻辑和模糊逻辑是数学和计算机科学的结合点之一，在非经典数理逻辑研究领域取得了一系列科研成果。其研究主要包括：关于一般拓扑学中 S- 闭空间及半拓扑空间的研究；关于 Fuzzy 拓扑学理论的研究；关于 L-Fuzzy 拓扑学的研究；拓扑分子格理论的建立；关于模糊推理与模糊逻辑的研究。这一时期，其研究的突出贡献是创建了拓扑分子格理论，以及被国际数学界称为"中国紧性"的良紧性。

王国俊在格上拓扑学的研究得到国际数学界的关注和认可。1984 年 7 月，拓扑学家、比利时安特卫普大学的尼·罗文教授致信王国俊："您在模糊拓扑学方面的贡献，是模糊数学界众所周知的"。2004 年 7 月，王国俊在美国盐湖城召开的信息科学联合会议上当选为不确定性数学学会副理事长。

王国俊于 1983 年、1985 年两次获得陕西师大教学质量优秀奖，1985 年被评为陕西省优秀教师、先进工作者，1993 年获曾宪梓教育基金会高等师范院校教师奖一等奖。1986 年被国务院学位委员会批准为博士研究生导师，1988 年被国家人事部评为国家级有突出贡献专家。曾兼任中国数学会理事，中国系统工程学会模糊数学与模糊系统专业委员会副主任，中国计算机学会多值逻辑与模糊逻辑专业委员会副主任，陕西省数学会理事长，陕西省科协常委，美国传记学会顾问，纽约科学院成员，《模糊系统与数学》副主编，《东北数学》《数学研究与评论》《工程数学学报》《纯粹数学与应用数学》及《模糊数学》（*Fuzzy Mathematics*）编委等。

赵 小 松

赵小松（1933—2010），陕西大荔人。1983年11月至1993年9月任陕西师范大学副校长，1987年9月至1988年2月任陕西师范大学党委代理书记，1988年2月至1993年9月任陕西师范大学党委书记。

赵小松于1933年7月出生于陕西省大荔县埝桥乡同堤村。大荔合阳一带，古称同州。赵家是同州的大家族，实力雄厚，其下有字号"一林丰""协合成""兴记""源记"等。赵氏家族富而有德，乐善好施，大荔民间流传着很多夸赞赵氏家族赈灾行善、爱国济民的故事。1939年大荔中学创办时，赵小松的父亲赵松泉先后两次捐赠一万七千银圆。1943年，赵松泉当选为大荔县参议员，但有胆有识，掩护地下党员。1956年，赵松泉由上海到兰州，响应党和政府的号召，将赵家全部资产纳入公私合营资产，先后担任兰州"大众服务公司"董事长和兰州市工商联常委、副主任，以及兰州市政协委员等。

赵小松起初在陕西师大物理系任教。1982年在《陕西师大学报（自然科学版）》发表论文《关于从狭义相对论出发推导麦克斯威方程组》，指出"在狭义相对论的基础上，从一些必要的实验事实或基本假设出发，导出电磁现象的普遍规律——麦克斯威方程组，虽然与历史的发展进程相反，但在目前

相对论作为物理学的基础而在普通物理中已为学生所掌握的情况下，在电动力学教学中采用这一途径得到麦克斯威方程和洛伦兹力公式，也不失为一种可取的方式"。

1983年11月，赵小松出任陕西师范大学副校长，负责教学工作，着力推进教材建设工作。1984年11月，根据教育部文件精神，由十三院校协编组秘书组主持的"《中学数学教材教法》总论（十三院校协编）教材修订讨论会"在陕西师大召开，提出组织力量编写一套适合我国高师院校实际情况，供"教学法"课程使用的《中学数学教材教法》教学参考书。时任陕西师大校长陈立人、副校长赵小松等分别在会上发表讲话，表示支持；中国教育学会数学教学研究会理事长魏庚人教授、副理事长余元希副教授和与会代表一起讨论"总论"修订方案，落实修订计划。1986年至1993年，赵小松兼任教育部西北高校师资培训中心主任。

1987年9月，赵小松任陕西师范大学党委代理书记。陕西师大第六次党代会于1987年12月在联合教室召开。赵小松代表上届党委向大会做了题为《加强党的建设，深化教育改革，为全面提高我校办学水平而奋斗》的工作报告。报告分五个部分：过去七年的工作回顾；学校当前面临的形势和办学指导思想上必须解决的几个问题；进一步改进和加强思想政治工作；改革领导体制，加强民主建设；从严治党、加强党的建设。大会认为，第五届党委的工作报告比较全面地总结了过去七年在全校党员和师生员工努力下所取得的成绩，指出了存在的缺点和问题，在初步分析校情的基础上提出了学校近期和今后一个较长时期的发展目标。大会号召全校共产党员特别是党员领导干部在党的十三大精神指引下，坚持党的基本路线，加强党的团结，密切联系群众，振奋精神，求实创新，以自己的模范行动完成大会提出的任务，为全面提高学校的办学水平，更好地培养现代化建设需要的合格的人民教师而奋斗。

1992年，赵小松与刘存侠合编的《经典物理与相对论》由陕西师范大学出版社出版。同年9月，全国力学、理论力学教学教材研讨会暨《力学基础》

教材修订征求意见会在陕西师大召开。作为党委书记，赵小松到会祝贺，表示陕西师大将努力为推动我国综合院校力学教材建设深入发展贡献力量。

1994年，赵小松在《高等师范教育研究》第5期上发表《关于我国师范教育体制的几点思考》，对市场经济体制对师范教育体制产生的影响，师范教育适应不断发展提高的经济、科技的要求，我国应建立怎样的师范教育体制以及如何调整其结构层次等问题进行了研讨，指出"从我国师范教育的实际出发，借鉴世界师范教育发展与改革的经验教训，面向二十一世纪，我国的师范教育体制应该是以定向型师范院校为基础，其他各类高等学校也承担部分师资培养特别是职业技术教育师资培养任务的，以定向为主、定向与非定向结合的师范教育体制"。显然，这篇文章体现了他在治理师范院校的实践基础上，对师范院校教育体制建设的思考。

1993年9月，赵小松卸任党委书记一职。1994年退休，2010年7月病逝。

谢 振 中

谢振中，生于 1936 年，甘肃民勤人。1985 年 5 月至 1993 年 9 月任陕西师范大学党委副书记，1993 年 10 月至 1994 年 10 月任陕西师范大学党委书记。

谢振中于 1936 年 8 月出生在甘肃民勤一个偏远的农村家庭。祖辈虽以农耕为主，但重视读书、崇尚耕读传家。他的父亲读过四书五经，擅长作文书法，爱好小曲创作。他 7 岁进入北新沟初小上学，1948 年秋进入泉山镇完全小学，接受了比较正规的小学教育。1950 年 7 月，他刚读完五年级，加入中国新民主主义青年团（后更名为中国共产主义青年团）。

1951 年，谢振中考入民勤中学。1953 年，他在《甘肃农民报》首次发表短文，这对他后来喜欢文科有很大影响。1956 年，他被选为全县团代表之一，第一次走出县城，赴兰州参加了甘肃省团代会。同年 12 月，加入中国共产党。

1957 年，谢振中考入西安师范学院政治教育系，1961 年毕业留校，在政教系科学社会主义教研室工作，担任"国际共产主义运动史"助教。1964 年春，赴延安参加农村社教运动半年。1965 年冬，他给学生讲授"科学社会主义"专题课时，撰写了《社会主义社会是否属于阶级社会》的商榷文章，发表在《西安晚报》上，引起了一定反响。1968 年底，谢振中被学校革命委员会临时抽调做新改版的校刊《新师大通讯》的负责人和编辑工作。1973 年 10 月，《陕西师大学报（哲学社会科学版）》复刊，谢振中离开教师岗位，开始了长达十二年的学报编辑工作，先后任编辑室（科级）副主任、主任，编辑部（处级）副主任，主持全面工作，兼任陕西省高校学报研究会副理事长。1977年5、6月，谢振中被临时抽调，参加了由杨存堂撰成初稿的《必须正确对待知识分子——批判"四人帮"把知识分子与资产阶级画等号》一文的修改工作。此文经杨存堂、寇效信、谢振中在《红旗》杂志编辑的具体指导下，分工协作、集体反复修改后，最终以"陕西师范大学大批判组"名义发表在《红旗》杂志（《求是》前身）1977年第7期。1977年7—9月，他与中文系寇效信、畅广元又被教育部抽调到北京，参与理论文章的集体写作，先后完成了《学习毛主席教育思想体系，搞好教育革命》《一定要办好一批重点学校》两篇文章的头几稿，后经教育部有关人员反复修改定稿，以"教育部理论组"的名义、"程锦"的笔名分别发表在《人民教育》（1977年第1期）和《光明日报》（1978年1月31日）上。

1979年3、4月间，谢振中针对当时学报工作中存在的实际困难和突出问题，积极建议学校党委制定文件，规范学报编辑工作，受党委托起草了《关于进一步办好我校哲学社会科学学报的决定》。文件根据教育部有关文件和会议精神，就学报的性质与定位、方针与任务，编辑工作流程，编辑部建设与人员编制等，做了明确的规定，提出了许多重要举措，作为改进编辑工作、提高办刊质量的基本遵循。1983年，他根据上级和学校党委的有关决定精神，总结多年实践经验，编著了《学报编辑工作概述》（内部刊印），并发起召开了高等学校学报学术研讨会议，北京大学、北京师范大学、华东师范大学、四川大学、中国科技大学、山西大学和黑龙江大学等近20所高校学报负责人参会，共同总结交流经验，积极探讨学报编辑工作规律。此后，在学校党委的领导下，在编辑部全体人员的共同努力下，陕西师范大学学报工作在实现"学报学术化与个性化""编辑专业化与学者化""工作规范化与科学化"等方面迈出了新步伐，学报在栏目设置、体现教师教育特色、突出学科和人才优势、反映区域地方特点等方面都有新的亮点，有力促进了哲学社会科学的繁荣发展，发现并扶植了大批青年学术人才健康成长，从而在业内和学术界产生了广泛的影响。

为此后《陕西师大学报（哲学社会科学版）》进入"教育部高校哲学社会科学名刊工程"首批入选期刊、"全国双十佳社科学报"、"全国综合性人文社科类核心期刊"奠定了坚实的基础。1984年4月，他代表编辑部出席了教育部在北京大学召开的全国高校文科学报工作座谈会，成为9名大会重点发言人之一。他的发言稿被浙江高校学报研究会主办的《学报研究》在《高校文科学报会议论文摘要》栏目下，以复旦大学、陕西师大、山东大学、北京大学、华中师大为序摘要发表。

1985年3月，谢振中被调到学校党委整党办公室工作，5月被教育部党组任命为党委副书记，分管思想宣传和学生工作。针对当时学生思想政治工作中存在的突出问题，他通过近半年的调研，执笔起草、党委常委会讨论通过，以党委1986年1号文件下发了《关于加强学生思想政治工作几个问题的决定》，文件客观冷静分析了学生思政工作总体形势，在充分肯定主流的同时，旗帜鲜明地指出了存在的问题，从八个方面提出了改进意见和解决措施。在党委统一领导下，通过学习贯彻文件精神，使学生工作面貌发生了较大变化，理顺了学生思政工作管理体制。20世纪80年代末期，尽管全国高等学校处于多事之秋，但陕西师大始终处于"方向未变、队伍未散、工作未断、大局未乱"，学校工作、学习、生活秩序基本稳定的状态。其间，他还兼任学校思想政治教研室主任，团结带领思政工作部门和广大政工干部队伍，创办业余党校并兼任校长，坚持亲自上课；成立学校思想政治工作研究会，引导学生工作干部参与理论研究；与西安交大党委副书记龚兰芬等主编出版了《党的基本知识简明读本》，成为许多高校、党校的教材。所有这些，在陕西高校产生了良好的影响。这一时期，他还兼任陕西省高校思想政治教育研究会副会长、《思想教育》杂志主编等。

1991年4月，谢振中作为中国师范教育代表团成员赴美国参加"美中师范教育联合会"第五届国际研讨会年会，并做了题为《我对中国师范教育未来发展趋势的认识》的大会发言。

1993年10月，谢振中出任学校党委书记，主要开展了以下工作：一是凝聚班子力量，将大家的精力和智慧集中在学校中心工作上；二是制定发展规划，以进入"211工程"为目标凝聚人心、鼓舞斗志；三是推动学科和队伍建设，特别是加强人才有断层现象的历史地理学、中国古典文学两个旗帜型重点学科建设；四是强调发扬真抓实干的工作作风，为教职工排忧解难；五是筹备、举办了陕西师范大学建校首次庆典（五十周年）。

1994年10月，谢振中卸任学校党委书记后，兼任国家教育委员会西北高校师资培训中心主任。1997年退休后，先后担任学校老龄工作委员会名誉主任、关心下一代工作委员会主任、老年体协名誉主席等职，积极为学校改革发展建言献策。

江 秀 乐

江秀乐（1949—2023），山东青州人。先后任陕西师范大学副校长（1987年12月至1990年12月、1993年9月至1994年10月）、党委书记（1994年10月至2010年12月）。

江秀乐于1949年1月出生于陕西阎良，1969年2月参加工作。1972年进入陕西师范大学数学系学习。他后来追忆说，在陕西师范大学数学系学习期间，除过完成本专业教学计划内的学业以外，还利用课余时间大量涉猎哲学和人文社会科学知识，初步构建了比较合理的知识结构，为此后的进一步学习、教学和研究打下了基础。江秀乐于1973年加入中国共产党，1975年毕业后留校任教。1981年在陕西师范大学研究生毕业，获哲学硕士学位。后任陕西师范大学马列教研部副主任，校党委常委、学工部部长。1987年任副校长。1990年至1993年任陕西省教委秘书长。1993年再任陕西师范大学副校长，1994年10月至2010年12月任党委书记，2010年12月卸任。2016年2月退休，2023年6月病逝。

留校工作后，江秀乐承担着繁重的教学工作。他热爱教师职业，始终以立足三尺讲台教书育人为己任，任教近四十年，先后讲授过马克思主义哲学、自然辩证法等课程。即使1987年走上学校领导岗位以后，仍然坚持不脱离教学。除1990年至1993年担任陕西省教委秘书长期间之外，自1988年以来，一直承担哲学专业研究生"系统科学及其哲学问题"课程的教学工作；1995年起担任"现代科技革命与马克思主义"的博士生课程教学。在教学中，江秀乐联系改革开放和社会主义现代化建设实际，密切联系学校工作实际和学生思想状况，在传授知识的同时，着力培养学生运用所学的知识观察、分析和解决实际问题的能力，特别是注重拓宽学生视野，培养学生科学的思维方法，引导他们树立正确的世界观、人生观和价值观。

由于深感所学知识欠缺，江秀乐在国家恢复研究生招生的第一年，考入陕西师大哲学专业攻读硕士学位。从此，他把现代认识论和科学技术方法论作为自己的主攻方向，尤其重视研究现代科学技术发展的内在规律。在此后的教学科研实践中，他对产业革命与科技进步的相互关系特别是新技术革命中的哲学问题进行了深入研究，对 20 世纪 70 年代以来发生的世界新技术革命的背景、特征、对科学技术及世界经济发展的影响，进行了深入分析和理论阐述，受到同行认同。之后，他围绕现代科技进步的哲学问题，系统研究和阐述现代认识论和科学方法论；围绕高技术领域国际合作的特点、内因及发展趋势等相关问题，开展探索研究，以期为我国制定高技术领域国际合作的方针、政策和方式等建言献策。其《认识论研究重心的转移及其趋势》《高技术领域国际合作的特点与内因》等论文引起有关部门和专家学者的重视。

江秀乐主动探索高等师范教育的改革发展问题。在 2000 年全国师范大学改革与发展咨询会议上，江秀乐提出"从当前西部地区的实际出发，西部的高等师范院校还是应该以师范教育为主，坚持把师范专业办好"，引起与会代表的共鸣。在长期的工作实践中，他与陕西师大其他党政领导共同思索办学目标、办学定位问题，逐步明确了在坚持师范特色、坚持为基础教育服务的同时，适应西部大开发、高等教育加快发展的需要，努力办好全国一流的教学科研型综合性师范大学。在 2005 年召开的陕西师大第九次党代会上，确定了建设"以教师教育为主要特色的、综合性研究型大学"的办学目标。这一办学目标直到 2020 年陕西师大制定"十四五"规划时，才做了适度调整，但"有特色、综合性、研究型"的核心目标、坚持师范大学的初心使命没有改变。此外，围绕学校工作，江秀乐还撰写了一系列联系工作的研究论文，对学校坚持正确办学方向，不断深化改革，推进改革发展起到了积极的指导作用，有多篇在《高校领导参考》上刊发。

教育部对江秀乐担任陕西师范大学党委书记期间的工作给予高度肯定。教育部党组成员、中纪委驻教育部纪检组组长王立英指出，江秀乐"忠诚党的教育事业，认真贯彻党的教育方针，坚持正确的办学方向，带头贯彻执行党的民主集中制原则，注意团结带领领导班子的全体同志，积极支持校长工作，恪尽职守，勤勉敬业。熟悉学校的情况，领导经验非常丰富，驾驭全局的能力强，善于谋大事、抓大事、把方向。重视党的建设和思想政治工作，注意抓领导班子和干部队伍建设，关心教职员工的切身利益，正确地处理了改革、发展和稳定的关系，为推动学校跨越式发展作出了重要贡献"。

赵 世 超

赵世超，生于 1946 年，河南南阳人。先秦史研究专家，陕西省社会科学界联合会名誉主席，1994 年至 2004 年任陕西师范大学校长。曾任教育部历史教学指导委员会副主任。

1946 年 10 月，赵世超出生于河南省南阳市。1965 年以第一志愿被北京大学历史系录取。系里名师荟萃，资源丰富，学习环境优越，可惜第二年"文革"爆发，"未能聆听大学问家传道授业"。1970 年大学毕业后，赵世超被分配到河北省定县（今定州市）"接受贫下中农再教育"，不久被抽调到"县三支两军办公室"。后申请到博物馆从事专业工作，参与定县八角廊大型汉墓的发掘和整理研究。1976 年调入开封师院（今河南大学）历史系，被中国古代史教研室主任朱绍侯指派为孙作云先生的助手。未及两年，孙先生去世，转向郭人民老师请教。郭先生像教授私塾弟子一样，耳提面命、口授笔述，"老师长期积累的心得如春风化雨般融入胸中"。

1985 年，赵世超考入四川大学历史系攻读博士学位，师从史学大家徐中舒先生。由于徐先生身体欠佳，罗世烈教授作为副导师参与指导。赵世超于 1987 年底完成了 23 万字的博士学位论文《周代国野制度研究》。后经加工完善，论文于 1991 年由陕西人民出版社初版（1993 年台湾文津出版社出版繁体字本，2020 年人民出版社推出修订本）。论著从国、野问题入手，理清了中国古代早期文明逐步摆脱氏族制羁绊的成长轨迹，认为西周的国、野关系是在两种族团间结成的服役关系，国、野制度和指定服役制度是西周的两大基本制度。经春秋至战国，国、野对立渐渐消失，指定服役让位于履亩而税和按乘丘出兵赋，中国由此完成早期国家向领土国家的转变。这是赵世超关于中国古代早期国家制度研究的代表作和标志性学术成果，在该研究领域产生了一定影响。

1988年获得历史学博士学位后，赵世超到陕西师范大学任教，先后任历史系副主任、主任。其学术研究重视民族学、文化人类学在先秦史研究中的参考价值，注重西方早期国家理论对重构中国上古史的指导作用。他在以古为镜，古为今用，传承灿烂历史文明，增强民族文化自信的同时，更满怀对现实和未来的忧患意识；他推陈出新，寄希望于借鉴，用一切先进思想和文化的"他山之石"来"攻"新时代中国建设之"玉"。

赵世超师古而不泥古，尊师而不盲目迷信权威，敢于坚持真理、守正创新、以理服人，形成了自己独特的研究个性和学术风格。以《周代国野制度研究》所阐发的古史观为基础，赵世超早年的研究主要集中在周代制度及早期国家的统治模式等方面，后逐步扩展至先秦两汉思想史、文化史等领域，近年主要对古代等级制度的起源、引礼入法的得与失等问题做了重新思考与诠释。其主要论著有《周代国野制度研究》《中西早期历史比较研究》《历史人物评传选》《春秋史谭》《浴日御日与铸鼎象物研究》及学术论文集《瓦缶集》等多部，先后在《历史研究》《中国经济史研究》《中国史学》《史学月刊》《古代文明》《社会科学战线》《北京师范大学学报》《陕西师范大学学报》等刊物发表学术论文《巡守制度试探》《浴日和御日》《铸鼎象物说》《"天人合一"述论》《周代的均齐思想和救济制度》《巫术的盛衰与西汉文化》《中国古代引礼入法的得与失》《论战国时期的百家争鸣运动》《指定服役制度略述》《西周为早期国家说》《炎帝与炎帝传说的南迁》《中国古代等级制度的起源与发展》《服与等级制度》等50多篇。赵世超曾获陕西省教委优秀社科成果一等奖及曾宪梓教育基金会首届全国高等师范院校教师奖，兼任中国史学会理事、中国先秦史学会顾问。

1994年，赵世超出任陕西师范大学校长。在任期间，他进一步明确学校为基础教育服务的教师教育办学特色和建设综合性研究型大学的目标定位；坚持教学和科研并重，相互促进、协调发展的办学方针，大刀阔斧推进学校管理体制综合改革，明确提出并坚持"教师为本，人才第一"理念，确立教学科研工作的中心地位，确立教师、学生在学校的主人翁角色，精简党政机构；利用评价和分配杠杆调整导向，引导教师开展层次高、影响力大的科学研究，提高学校的科研水平和学术声誉；改善学校教师的学缘结构，减少"近亲繁殖"，优先选用国内外名校培养的高学历高素质高水平师资，从根本上为加强学科建设、提高教学科研和人才培养质量奠定了坚实的人力资源基础；推进后勤社会化改革，创造了全国高校后勤社会化改革"上海模式""武汉模式"之外，唯一以学校命名的"陕西师大模式"；为适应西部大开发、高等教育跨越转型发展的新形势，从根本上改善办学条件，2000年在长安县郭杜镇（今长安区郭杜街道）征地拓展办学空间，开工兴建长安校区，承载起面向新时代"双一流"大学建设的光荣与梦想。

回首陕西师范大学发展的历史长河，赵世超校长时期的大刀阔斧、革故鼎新，坚守和凸显教师教育特色、推进教学科研并进、强化人才强校、开展绩效评价和后勤社会化改革等举措，为陕西师大后来进入"211工程"和"双一流"建设高校奠定了坚实的基础。

房　　喻

房喻，生于 1956 年，陕西西安人。2002 年起任陕西师范大学副校长，2004 年至 2014 年任陕西师范大学校长。中国科学院院士。

1956 年 9 月，房喻出生于陕西省临潼县（今西安市临潼区）。1974 年高中毕业后回乡"接受贫下中农再教育"，一年后到乡村一所新建学校任民办教师。1978 年 2 月进入陕西师范大学化学系学习，毕业时以年级第一的成绩留校任教。1987 年在华中师范大学获理学硕士学位。1993 年应邀到国际著名生物工程学家、英国伯明翰大学化学系约翰·肯尼迪教授的碳水化合物和蛋白质工程实验室从事研究工作。1995 年初转到英国兰卡斯特大学大分子中心，师从高分子光物理学家兰恩·苏塔教授深造，1998 年通过博士学位论文答辩，获哲学博士学位。1998 年回国后，先后任陕西师范大学化学系（2001 年成立化学与材料科学学院，2011 年分别成立化学化工学院和材料科学与工程学院）主任、化学与材料科学学院院长，2002 年起任陕西师范大学副校长，2004 年至 2014 年任陕西师范大学校长。

"教育是一项神圣的事业，是一项可以惠及千家万户的事业，更是一项可以让个人成才、国家强大、民族进步的事业。"房喻积极倡导并身体力行"教授为本科生授课"。在课堂教学上，房喻教授坚持启发式、互动性和因材施教的教学方法，以落落大方的教态、富有感染力的教学语言和极富亲和力的人格魅力，使得严肃甚至枯燥的教学过程得以在宽松愉悦的条件下进行，深得历届学生好评。房喻是国家级物理化学教学团队负责人、国家级物理化学精品课程主持人，化学"笃学班"班主任。曾任国家教材委员会委员，连续担任国家基础教育专家工作委员会副主任（2009—2018）、教育部国家化学专业教学指导委员会副主任（2012—2018）、国家高中化学课程标准修订组组长、国家义务教育化学课程标准修订组组长等。2022年，房喻领衔申报的教学成果获国家级高等教育教学成果（研究生教育）二等奖。先后被评为全国优秀教师、全国高校教学名师，获宝钢优秀教师特等奖提名奖等。

1998年，放弃国外优厚待遇回国的房喻，主持筹建大分子科学实验室。该实验室于2005年升格为陕西省重点实验室，2007年成为应用表面与胶体化学教育部重点实验室。房喻不仅重视实验室的硬件建设和制度建设，倡导科学精神，带头恪守学术道德，弘扬正气，还十分重视文化建设，以健康向上的实验室文化和浓郁的学术氛围熏陶培养品格高尚、科学严谨、乐观向上的青年人才。房喻院士团队主持863重点、重大科学仪器专项、重点国际合作、国防973课题、教育部/财政部科技成果转化专项、国家外专局/教育部学科创新引智基地等项目30余项，以第一完成人获教育部科技成果一等奖1项，陕西省科学技术奖一等奖3项、二等奖1项，国家知识产权局优秀专利奖1项；兼任中国化学会常务理事、中国化学会应用化学学科委员会副主任等职，中国化学会《物理化学学报》《化学进展》《应用化学》，以及 *Research* 和 *Journal of Physical Chemistry Letters* 等刊物顾问编委；先后获国家五一劳动奖章、全国劳动模范、全国先进工作者、中国软物质研究杰出贡献奖和"庆祝中华人民共和国成立70周年"纪念章等荣誉。

房喻强调在重视基础研究的同时，必须重视做有价值的研究、做有应用的研究，通过科研创新突破关键技术瓶颈，用"中国制造"打破国际垄断，提升中国高新科技产业的国际竞争力，以原创性研究转化为新质生产力，带动高新技术产业和高附加值产品的高效产出，进而推动中国式现代化建设高质量发展。在传感器硬件结构方面，房喻团队首创叠层式薄膜传感器结构，打破波导管结构一统天下的局面，研制出国人具有完全自主知识产权、达到世界先进水平的隐藏爆炸物荧光气相探测技术和装备，主持完成的"爆炸物/毒品薄膜荧光传感器关键技术及便携式探测装备"入选国际纯粹与应用化学联合会（IUPAC）2022 化学十大新兴技术，依托房喻团队技术创建的深圳砺剑防卫技术有限公司现已发展成为在业界具有重要影响的化学传感器公司。房喻被誉为"国际薄膜荧光传感领域的领军人物"，2021 年成为 1955 年以来在陕西任职的科学家中当选中国科学院化学学部院士的唯一一人。

从 2004 年到 2014 年，房喻担任陕西师范大学校长十年，以自己先进的教育理念进行大学治理的成功探索，为"教育家办学"理念做出了无愧时代的实践诠释。他带领班子成员明确学校改革、建设和发展思路，系统提出学校在新形势下的定位、目标与奋进路径，明确提出"以教师教育为主要特色的综合性研究型大学"的发展目标，创造性提出并实施特色发展战略、人才兴校战略、教育教学质量提高战略、学术环境优化战略等，全面推进学科建设、教学科研、人才培养质量提升、师资队伍建设以及校园文化建设等。这一时期，学校学科建设取得突破性进展，学校事业快速发展，综合实力显著提高，形成了以"三南一陕"为代表的师范院校快速发展新模式，开创了陕西师大发展态势良好的历史局面，尤其是 2005 年进入"211 工程"重点建设大学，为 2017 年学校进入首批"双一流"建设高校奠定了坚实基础。

甘　晖

甘晖，生于 1957 年，甘肃平凉人。2010 年 12 月至 2018 年 1 月任陕西师范大学党委书记。

1977 年，甘晖在甘肃省武都县东江公社半山大队插队，做民办教师。恢复高考后，甘晖作为 1977 级学生考入兰州大学。甘晖回忆说："'七七级'是中国改革开放的报春者，象征着一个时代的结束，和一个新时代的开端"，"是一种社会形态向另一种社会形态转型的活标本。因为有了一群思想者的追寻，跋涉着的历史才有了一个睿智的未来"。

1978 年 2 月至 1982 年 1 月，甘晖在兰州大学中文系学习。1981 年加入中国共产党。毕业后留校任教，先后担任兰州大学校学生会专职秘书长、校团委副书记、数学力学系党总支副书记、校团委书记、人事处处长、研究生处常务副处长、"211 工程"办公室主任、研究生院副院长等。2001 年 1 月任兰州大学党委副书记，2002 年 10 月兼任兰州大学副校长。先后在《高等教育研究》《中国高等教育》《高等理科教育》《思想教育研究》《兰州大学学报》《光明日报》等刊物、报纸上发表文章 20 余篇，主持或参与全国学位与研究生教育发展中心、全国教育科学规划办、教育部研究课题，获甘肃省 2003 年度高等学校教学成果二等奖、中国学位与研究生教育学会"九五"学位制度和研究生教育研究课题三等奖、甘肃省 1999 年度教学成果省级一等奖。并被甘肃省委、省政府授予优秀德育工作者称号。

2010年12月，甘晖被教育部任命为陕西师范大学党委书记。在陕西师大期间，甘晖按照党和国家的规定，按照教育部的要求，努力做到懂教育、懂高校、懂管理，积极践行他在任职时"充满感情、付出心力、担当责任"的表态和承诺，尊重高等教育规律，遵从、把握现代高等学校治理的规律和特点，团结带领领导班子，充分依靠广大教师、干部、职工办学治校；全面推进党的建设，不断凝聚内涵发展的强大动力，努力开创高校党的建设工作新局面。强化思想引领，坚持马克思主义的指导地位，牢牢把握意识形态工作领导权、管理权、话语权；坚持立德树人，把培育和践行社会主义核心价值观融入教书育人全过程，为中国特色社会主义事业培养合格建设者和可靠接班人；坚持和完善党委领导下的校长负责制，以深化综合改革为契机，建立健全中国特色现代大学管理的体制机制，推进学校治理体系与治理能力现代化；坚持"建设以教师教育为主要特色的综合性研究型大学"的办学定位和奋斗目标不动摇，坚持师范教育主业，着力推进学校改革发展；强化推进制度建设，进一步完善学校内部治理结构，建立学校党委、行政、学术、民主权力的制约监督机制，进一步彰显学校办学特色与学术文化；关注人才队伍建设，积极倡导、着力促进学科建设的内涵发展、融合发展和交叉发展，探索学科建设新的运行机制与学术组织的结构形态，努力培育和建设优势学科。在高等教育发展的新格局下，结合陕师大的实际，分析优势、短板，明确提出"蓄势追赶"的发展策略，为学校进入"双一流"建设奠定了良好的思想基础和必要的工作准备。

2013年11月，人民教育出版社受温家宝同志委托，分别向甘晖、房喻赠送《温家宝谈教育》。收到赠书后，甘晖、房喻于年底向温家宝同志致信，表达感谢之情，汇报学校相关工作。2014年2月，甘晖、房喻收到温家宝同志回信，信中对陕西师大的师范生教育、出版工作和教育博物馆建设给予关注，对国家免费师范生培养取得的成绩给予肯定，指出"国家要重视教育，就必须重视培养教师的师范教育"，并"真诚希望陕师大越办越好"。

结合工作实践，甘晖于2015年1月在《中国社会科学报》发表《风好正是扬帆时——坚持党的教育方针办好中国特色社会主义大学》，于2015年2月在《中国教育报》发表《固本铸魂是社会主义大学的必然选择》；2017年11月在第十一届中国社会科学前沿论坛发言指出，"加快构建新时代中国特色哲学社会科学，必须牢牢将马克思主义作为理论基础，将新时代中国特色社会主义思想作为理论航标，按照'立足中国，借鉴国外，挖掘历史，把握当代，关怀人类，面向未来'的基本思路精准研究，通过概括有规律性的新实践来推动构建新时代中国特色哲学社会科学体系"。

在做好本职工作的同时，甘晖还兼任中国学位与研究生教育学会学术委员会委员、评估委员会副主任，中国高等教育学会理事，中国高等教育学会师资管理研究分会副理事长，中国高等教育学会薪酬管理研究分会副理事长，等等。2018年1月，甘晖卸任陕西师范大学党委书记职务，2018年5月起任陕西省社会科学界联合会主席。

程 光 旭

程光旭，生于 1960 年，山东菏泽人。2014 年 4 月至 2018 年 1 月任陕西师范大学校长，2018 年 1 月至 2020 年 9 月任陕西师范大学党委书记。

程光旭 1978 年至 1982 年就读于西安交通大学机械系，获学士学位，1986 年获西安交通大学硕士学位，毕业后留校任教。1986 年 5 月加入中国共产党。1993 年获西安交通大学固体力学专业博士学位。曾在加拿大滑铁卢大学（University of Waterloo）做博士后研究、美国麻省理工学院（Massachusetts Institute of Technology）做科学研究工作。此后，曾任西安交通大学环境与化工学院院长，学校招生办主任、教务处处长、副教务长等。1998 年被评为陕西省优秀留学回国人员、陕西省高校系统优秀共产党员。2009 年 1 月至 2014 年 6 月任西安交通大学副校长。2014 年 4 月任陕西师范大学校长，2017 年 4 月任陕西师范大学校长、党委副书记。2018 年 1 月任陕西师范大学党委书记，2020 年 9 月卸任。任陕西省第十三届人民代表大会常务委员会人事代表选举工作委员会副主任，2018 年至 2024 年担任陕西省欧美同学会（留学人员联谊会）会长等，2016 年至 2023 年担任陕西省科学技术协会副主席，2019 年担任陕西省高等院校科学技术协会联合会会长。

教学工作上，程光旭主讲本科生的化工过程设备专业课程、硕士生的化工压力容器技术进展课程和博士生的化工系统安全分析课程；作为研究生导师分别在西安交通大学和陕西师范大学，在化学工程与技术学科、动力工程及工程热物理学科指导培养研究生。积极开展教学研究和改革创新，负责和参加教育部教学改革项目2项，陕西省教学改革重点项目1项。主编出版西安交通大学"十五"规划教材《综合与集成》《千秋基业——西安交通大学本科教育的百年历程》《嬗变与启示——改革开放四十年来中国大学发展的道与思》。先后在《中国高等教育》《西安交通大学学报》《国家教育行政学院学报》等期刊发表教学研究论文10余篇。2002年被评为全国高等学校优秀骨干教师。以第一完成人获得国家级教学成果一等奖1项、二等奖1项。被聘为教育部高等学校专业设置教学指导委员会副主任（2018—2023）。

在学术研究方面，程光旭主要致力于化工过程系统集成与安全运行研究，研究和解决大型化工系统长周期安全运行的重大基础理论问题。作为项目负责人完成国家自然科学基金5项、陕西省科技发展计划项目1项、中国石化工股份公司科技项目2项、中国石油股份公司科技项目2项、工业界科研项目等共20余项。作为负责人承担和完成国家高新技术研究发展计划"863计划"课题、国家重点基础研究发展计划"973计划"课题和国家重点研发计划课题等。获得发明专利10项和实用新型专利8项、计算机软件著作权5项。在化工过程装备可靠性及安全运行方面的研究成果处于国内先进水平。2001年获陕西省科技进步一等奖（第一完成人），2020年获得中国石油与化学工业联合会科技进步一等奖（第一完成人）。2002年被聘为西安交通大学"腾飞人才"特聘教授，2002年入选陕西省高层次"三五人才"，2013年入选陕西省"三五人才工程"学术技术带头人。2018年被评为教育部科学技术委员会化学化工学部委员。

出任陕西师范大学党委书记后，程光旭开始更多地思考如何更好地在党的领导下发展高等教育事业，如何通过思政课建设落实立德树人根本任务。2018年7月30日，程光旭在《光明日报》发表《坚持党的领导 办好中国特色社会主义高等教育》一文。文章指出，正是中国共产党坚强有力的领导，开创了中国特色社会主义高等教育的壮丽事业。中国共产党指明了中国高等教育发展的政治方向，为中国特色社会主义高等教育事业发展制定了重要战略规划，保障了不同时期高等教育发展目标的实现，为中华民族伟大复兴和人类和平发展做出突出贡献。牢牢坚持党的领导是建设教育强国的根本保障，只有在中国共产党领导下，才能把"四个自信"转化为办好中国特色世界一流大学的自信，中华民族才能实现建设教育强国的梦想，以强大的高水平高等教育支撑社会主义现代化强国建设。2020年1月5日，程光旭在《人民日报》发表《高校怎样上好"关键课程"》一文，指出"思想政治理论课是落实立德树人根本任务的关键课程"是对思政课在中国特色社会主义教育体系中战略地位的创新认识和科学把握。师范大学要培养高素质师范人才，要围绕人才培养的根本问题，在"四有"好老师培育过程中充分发挥思政课的关键课程作用，从源头上加强教师队伍建设，努力培养造就一批批党和人民满意、能够担当民族复兴大任的好老师。"关键课程"要落实于高素质师范人才理想信念、道德情操、扎实学识、仁爱之心的培养。